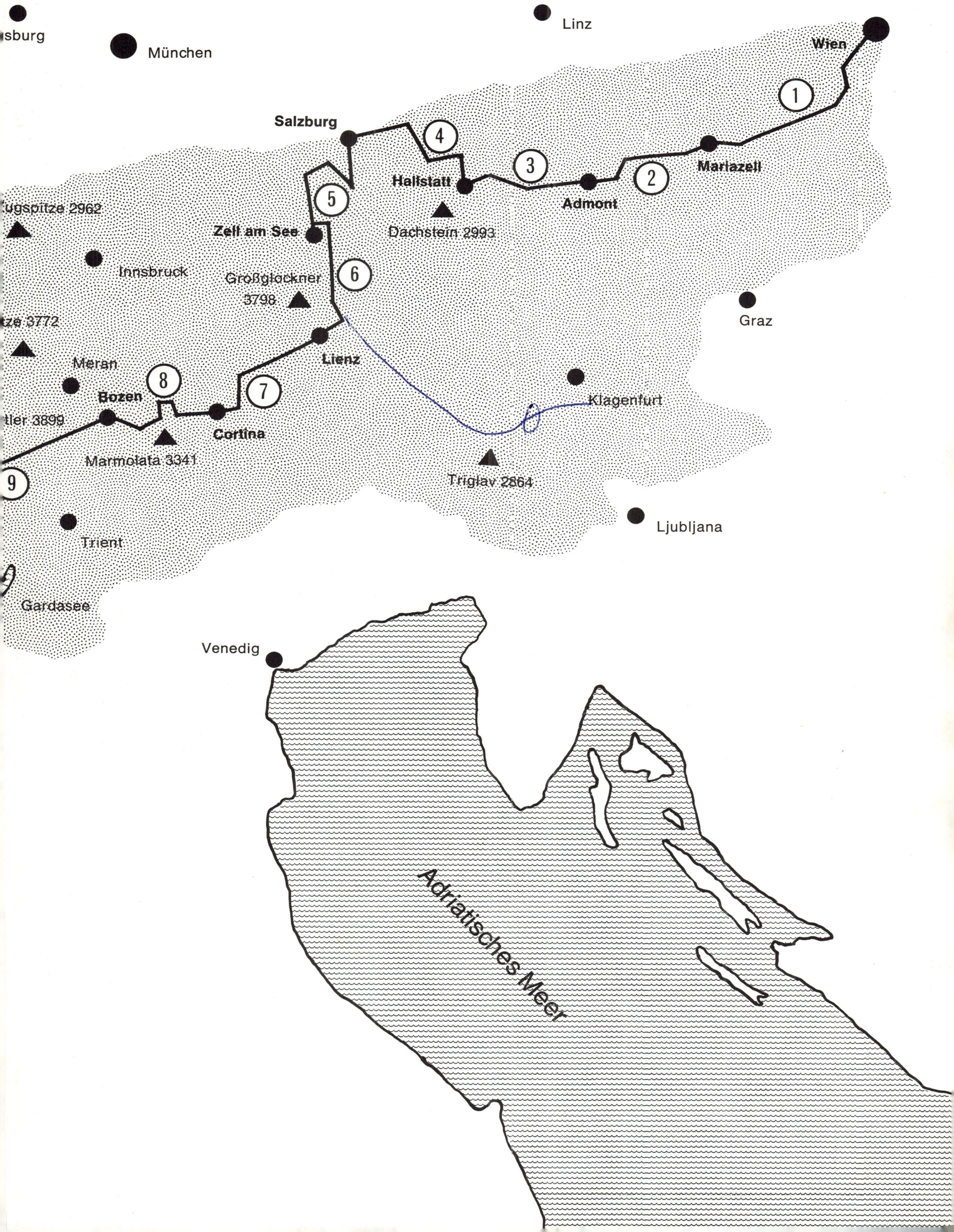

sburg
München
Linz
Wien
1
Salzburg
4
3
2
Mariazell
Hallstatt
Admont
5
Zugspitze 2962
Zell am See
Dachstein 2993
Innsbruck
Großglockner
3798
6
Graz
tze 3772
Lienz
Meran
8
7
Klagenfurt
Bozen
tler 3899
Cortina
Marmolata 3341
Triglav 2864
9
Trient
Ljubljana
Gardasee
Venedig
Adriatisches Meer

TRAUMSTRASSE EUROPAS

Dieter Seibert

TRAUMSTRASSE EUROPAS

Durch die Alpen von Wien bis Nizza

Süddeutscher Verlag

Mitarbeiter an diesem Buch:
Rüdiger Merckell, La-Tour-de-Peilz
Dr. Franz Hauleitner, Wien
Georg Zwerger, München

Skizzen: Gert Schöbel

Farbfotos: Foto-Anthony 46, 58, 83, 90, 152; Foto Ernst Baumann 45, 48, 55, 160; Foto-Bavaria 36, 80, 84, 134, 149, 167, 183; Foto Willi P. Brukhardt 97, 100, 106, 113, 114, 115, 121, 122, 124, 131, 132, 141, 142; Foto-Cedri 168, 170; Foto Cosy-Kunstverlag 38, 44, 56, 64; Foto Elisabeth Fuchs-Hauffen 66, 91; Foto Lisa Gensetter 98, 105, 140, 150; Foto Ghedina 72, 74; Foto Ernst Höhne 92, 176, 177, 178; Foto Robert Löbl 10, 19, 29, 43, 54, 79, 108, 162; Foto Mauritius 63; Foto Rüdiger Merckell 144, 159; Foto Max Puntigam 28; Foto Dieter Seibert 53, 71, 82, 89, 126, 139, 175; Foto Max A. Stöckle 169; Foto Lothar Stutte 154; Foto Yves Temple 153, 161; Foto Hans Wagner 15, 16, 18, 20, 25, 26, 27, 35.

Schwarzweißfotos: Foto Bahnmüller 118; Foto Bavaria 180; Buchillustration von 1783 60; Foto Cosy-Kunstverlag 32; Foto Lois Dengg 68; Foto Milan Doubek 22; Foto Wenzel Fischer 76; Foto Lisa Gensetter 136; Foto Rolf Lindel 102; Foto Robert Löbl 12; Lithographie von Olivier (1815) 50; Foto Wolfgang Reichert 172; Foto Dieter Seibert 94; Foto Hans Schmied 164; Foto Schweizer Verkehrszentrale 128, 146; Foto Verkehrsverein Locarno 110; Foto Verkehrsverein Meran 86; Foto Verkehrsverein St. Wolfgang 40; Foto Jürgen Winkler 156.

1987

ISBN 3-7991-5699-2

Printed in Germany.
Reproduktion: Welsermühl, Wels, Oberösterreich.
Druck: Karl Wenschow GmbH, München.
Bindearbeit: Oldenbourg, München.

Inhalt

Bildverzeichnis

Vorwort

Mit Recht bezeichnen wir Mitteleuropäer die Alpen als eine der schönsten Landschaften der Welt. Kein anderes Gebirge auf der Erde bietet eine derartige Abwechslung und verschwenderische Vielfalt, und das auf verhältnismäßig engem Raum, wenn man die Alpen mit den riesigen Gebirgszügen der Rocky Mountains, der südamerikanischen Cordilleren oder gar mit den himmelhoch ragenden Gebirgen Asiens vergleicht. Die großen Kontraste liegen oft nur wenige Autostunden voneinander entfernt; von den Gletschern des Engadin gelangt man schnell zu den oberitalienischen Seen mit ihrer üppigen Vegetation, von der steinernen Wunderwelt der Dolomiten ist man in kürzester Frist in der Wärme und Überfülle des Etschlandes mit seinen Wiesen und Weinbergen, bei Chamonix stehen vereiste Felsnadeln von ewigem Schnee umgeben, während nebenan im Wallis die Obstkulturen prangen, und die Riesen der Seealpen blicken auf das Mittelmeer. Und erst die Vielfalt der Seen im Alpengebiet: Die vielbefahrenen des Salzkammergutes im Kontrast zur Härte des Grimselsees, die Zartheit des Lago Maggiore und die unwahrscheinliche Bläue der Seen des Engadin, die Seen der Talsperren, dort wo die Technik ihren Tribut fordert.

Und zu allem, womit die Natur die Alpenwelt so reich beschenkt hat, kommt noch das Werk der Menschen, die dort leben. Dieses Nebeneinander von Natur und Menschenwerk, die Verbindung von ernstem, strengem Hochgebirge und einer alten eigenständigen Kultur gibt der Alpenwelt erst ihren vollen Reiz. Die eigentlichen Gebirgler, die mit Mühe und Schwierigkeiten sich ihren Lebensraum in den Alpen erkämpften, haben sich der Landschaft anzupassen gewußt. Ihre Häuser und Kirchen, ihre Straßen und Almen wurden ein Teil von ihr. Ein Jammer, daß in neuerer Zeit eine angebliche Zivilisation es für nötig befand, Fabriken, Staudämme, Seilbahnen usw. als Fremdkörper in diese Landschaft zu setzen, Straßen wie Wunden in das Gelände zu schneiden, Flüsse zu Betonpisten zu erniedrigen!

Um die Vielfalt der Alpenwelt richtig auszukosten, geht die »Traumstraße« ihre eigenen Wege. Sie will weder die schnellste Strecke sein, noch muß sie unbedingt die höchsten Alpenpässe alle überqueren, sondern sie will möglichst viel von den Eigenheiten dieser weiten und so verschiedenartigen Gebiete zeigen. Die Suche nach einer möglichst idealen Route – für die es ja unerschöpfliche Varianten gibt – führte zu der Gestaltung, wie sie hier gegeben wird.

In zwanzig Tagesabschnitten, von denen jeder nur eine nicht sehr große Zahl von Kilometern hinter sich bringt und viel Zeit zum Schauen und Wandern läßt, wird die Gesamtstrecke von 2381 km bewältigt. Der Gang der Reise ist so gedacht, daß man nicht nur die Landschaft wie ein Panorama hinter den Fensterscheiben des Autos vorbeiziehen läßt, sondern daß man die Fahrt des öfteren unterbricht und daß der, der sich vom geliebten Wagen wenigstens für zwei Stunden freizumachen vermag, für jeden Tag einen Wandervorschlag im Umfang von 2–5 Stunden findet, der auf besondere Kostbarkeiten aufmerksam macht, wie z. B. die ungezählten Burgen und Klöster mit ihren oft nur wenig bekannten Kunstschätzen, aber auch auf hervorragende Aussichtspunkte, die man zu Fuß oder mit Bergbahnen und Sesselliften erreichen kann. Überall wird der Reisende Schönes finden, nicht zuletzt in den Städten, die zum Alpengebiet gehören und die von ebensolcher Vielfalt sind wie die Natur. Man denke nur an Wien oder Salzburg, beide erfüllt von historischen Gebäuden und Kunstdenkmälern, beide aber auch erfüllt von heutigem Leben, oder an Bozen, die alte Handelsstadt, durch die schon Roms Legionen nach Norden marschierten, oder an Sion mit seinen mittelalterlichen Bauwerken, oder an das kleine, noch von Vauban befestigte Briançon mitten in den französischen Hochalpen, oder an Lugano mit seinem südlichen Flair und seiner schweizerischen Behaglichkeit, oder schließlich – am Endpunkt der Reise – Nizza, wo gleichzeitig das Meer zum Baden und die Berge zum Wandern einladen. Kunst und Natur, Historie und Gegenwart, Einsamkeit der hohen Berge und pralles Leben in den Städten – kann man von einer Traumstraße noch mehr erwarten?

Dieter Seibert

1

Wien – Mariazell

MÖDLING – HEILIGENKREUZ – ROHRER SATTEL – ST. AEGYD AM NEUWALDE

Eine Traumfahrt durch die Alpen kann nicht irgendwo beginnen. Es gibt nur einen Ausgangsort, und das ist Wien. Am letzten Nordostzipfel des gut tausend Kilometer langen Alpenbogens liegt die ehemalige Kaiserstadt, zwar bereits unten in der Donauebene, doch wenigstens noch an die letzten Höhen des Wienerwaldes geschmiegt. Über Jahrhunderte war sie das Zentrum eines gewaltigen Reiches, schmiedete kräftig mit am Geschick Europas, wirkte bestimmend mit an der Kultur des Abendlands, lockte die große Welt. Das Reich mit seinen 58 Millionen Menschen bei Ende des ersten Weltkrieges ist zerfallen, es blieb die Republik Österreich, ein kleiner Staat mit sieben Millionen Einwohnern. Doch in Wien finden wir noch den Glanz der alten Zeiten, wir wandern durch Prachtstraßen, gesäumt mit Palais und stattlichen Bürgerhäusern, überall treffen wir auf Schlösser und Schlößchen. Jede Epoche hat ihre Baudenkmäler hinterlassen. Das Herz Wiens, die Innere Stadt, ist klar umschlossen vom »Ring«. Die malerischen Gassen, angefüllt mit geschäftigem Leben, laden ein zu einem Bummel, zur Schaufensterpromenade, zum Besichtigen der zahlreichen bedeutenden Gebäude und Sammlungen. Die absolute Mitte ist der Stephansdom mit seinem 137 m hohen Turm, dem Wahrzeichen der Stadt. Doch Wien soll nur der Startplatz unserer 2400 km langen Alpenfahrt sein. Wir müssen uns losreißen, wollen wir doch heute noch den berühmten Wallfahrtsort Mariazell in der Steiermark erreichen.

Um vom Land und seinen Eigenheiten möglichst viel kennenzulernen, meiden wir die schnellen nördlichen Straßen und fahren quer durch die typische Voralpenlandschaft auf einer kleinen, kurvenreichen, aber umso reizvolleren Strecke. Als erstes lockt uns die Weinstraße in das hübsche Perchtoldsdorf, mit seinen gemütlichen Heurigenlokalen ein beliebtes Abendziel der Wiener, und weiter in das niederösterreichische Städtchen Mödling, das bis heute den mittelalterlichen Kern bewahren konnte. Hier biegen wir nun endgültig ins Bergland ab, kommen in die parkähnliche Landschaft der Vorder- und Hinterbrühl mit ihrer Attraktion: ein ehemaliges Gipsbergwerk ist teilweise mit Wasser gefüllt und bildet so den größten unterirdischen See Europas; wir können darauf mit einem Boot spazierenfahren. Bevor wir in das bewaldete Tal des Mödlingerbachs einbiegen, kommen wir an der Höldrichsmühle vorbei, in der Franz Schubert seine Müllerlieder geschrieben haben soll. Föhren mit schirmähnlichen Kronen säumen die Straße; sie sind charakteristisch für den südlichen Wienerwald mit seinem trockenen, kalkreichen Boden. Unsere nächste Station heißt Heiligenkreuz, ein Zisterzienserkloster, dessen Geschichte bis ins 12. Jahrhundert zurückreicht, mit einer großartigen, dreischiffigen Stiftskirche, die Elemente aus der Romanik, der Gotik und des Barocks vereinigt. Durch eine freundliche Hügellandschaft geht es nun zügig nach Süden, Waldrücken wechseln mit Wiesenflächen, wir kommen am Schloß Mayerling vorbei, fahren durch Raisenmarkt nach Schwarzensee. Hier beginnt ein Fußweg zu den Peilsteinwänden, dem großen Klettergarten der Wiener Bergsteiger. Immer tiefer dringen wir in das Bergland ein, Höhen und Täler modellieren sich stärker heraus. Bei der waldreichen Auffahrt zu unserem ersten richtigen Paß mit dem kennzeichnenden Namen Hals muß das Auto bereits 300 Höhenmeter emporklettern, beim nächsten, dem Rohrer Sattel, sind's gar 400 m. Im Süden steht als breites Massiv der Schneeberg, 2075 m hoch und damit der östlichste Zweitausender der Alpen. In das strenge, stark bewaldete Gebiet sind immer wieder freundliche Wiesen eingestreut mit sauberen Dörfern, beliebte Sommerfrischen der Wiener, wie Rohr im Gebirge oder St. Aegyd am Neuwalde. Durch das Halltal erreichen wir schließlich Mariazell mit seiner herrlichen barockisierten Wallfahrtskirche, die Pilger und Touristen aus ganz Europa anlockt.

Wien. Blick vom Hochhaus über das Dächermeer der inneren Stadt auf den Stephansdom, das Wahrzeichen Wiens. Der spätgotische Südturm ragt 137 m empor, in seiner sich ständig verjüngenden Form das Idealbild eines gotischen Kirchturms.

Das typische Bild eines
Wiener Heurigen-Lokals

1 **Wien.** 171 m. 1,7 Mill. Einwohner, 17 800 Fremdenbetten. Hauptstadt Österreichs. Gründung der Römer um die Zeitwende, seit 1276 Kaiserstadt. Kulturelles und künstlerisches Zentrum, in Wien wirkten u. a. Haydn, Mozart, Beethoven, Schubert, Brahms, Bruckner, Grillparzer, Hebbel. Sehenswerte Innenstadt, die überall noch den Glanz der Kaiserzeit widerspiegelt, breite Prunkstraßen, unzählige Palais. Stephansdom, das Wahrzeichen Wiens, ursprünglich spätrom. Pfeilerbasilika, heute mit got. Chor und spätgot. Langschiff, gewaltiger got. Südturm von 137 m Höhe, der wohl schönste got. Turm der Welt, kleinerer Nordturm. Die Ringstraße, die Prunkstraße Wiens, umschließt die Innenstadt, an ihr liegen: Kunsthistorisches und Naturhistorisches Museum, Hofburg, Rathaus, Parlament, Burgtheater, Oper und Votivkirche. Ein glanzvolles bar. Bauwerk ist der Winterpalast des Prinz Eugen. Bar. Lustschloß Schönbrunn mit schöner Parkanlage. Heurigenlokale in Grinzing, Gumpoldskirchen usw. Informativer Blick auf Wien vom Kahlenberg, vom Leopoldsberg und vom Kobenzl, oder vom Drehrestaurant am Donauturm. An der Donau der Vergnügungspark Wiener Prater.

2 **Perchtoldsdorf.** 256 m. Hübscher alter Ort mit Wehrturm aus dem Mittelalter und einigen interessanten Renaissancehäusern. Sehenswerte dreischiffige got. Pfarrkirche. Zahlreiche Heurigenlokale.

3 **Mödling.** 240 m. 17 000 Einwohner, 154 Fremdenbetten. Reizvoller, mittelalterlicher Kern, alte Schlösser. Spätgot. Pfarrkirche mit bar. Ausstattung. Spätgot. Spitalkirche und bar. Dreifaltigkeitssäule. Rathaus im Renaissancestil. Heimatmuseum. Frei- und Hallenbad.

Wien	km
Perchtoldsdorf	13
Mödling	18
Heiligenkreuz	32
Pottenstein	49
Gutenstein	75
Rohrer Sattel	85
Rohr im Gebirge	92
St. Aegyd am Neuwalde	112
Terz (Halltal)	136
Mariazell	**144**

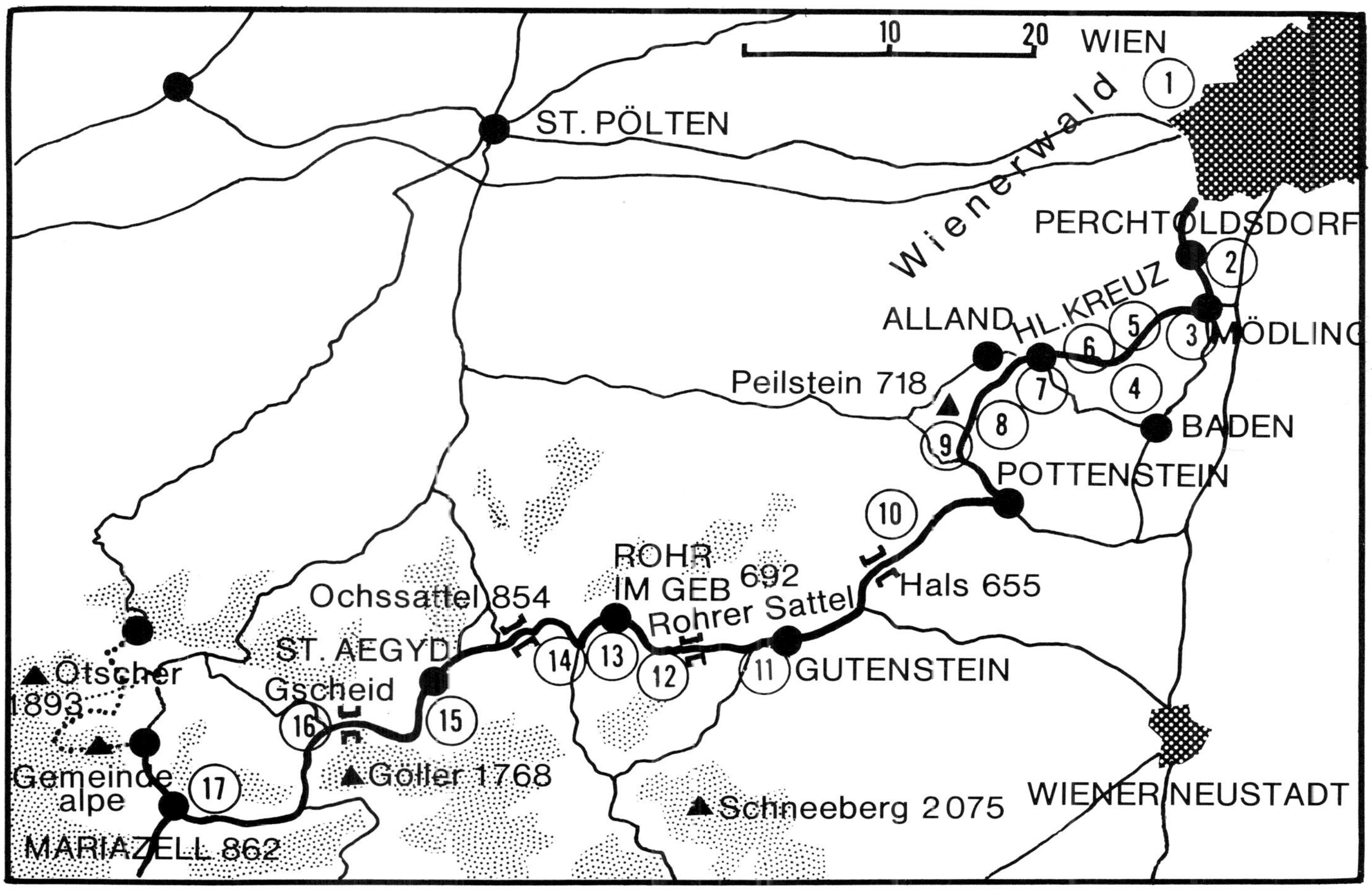

4 **Föhrenwälder.** Auf dem Flyschboden des nördlichen Wienerwalds treffen wir vor allem Laubwälder, hier im kalkfelsigen südlichen Wienerwald herrscht die Föhre vor. Mit den häufig zutage tretenden Felsklippen stellen sie das besondere Charakteristikum dieser Gegend dar.

5 **Vorderbrühl.** Linker Hand auf einer Anhöhe der Husarentempel, ein auf dorischen Säulen ruhendes Mausoleum (1813). In einem eh. Gipsbergwerk größter unterirdischer See Europas, die sog. Seegrotte (6000 qm). Motorbootverkehr.

6 **Höldrichsmühle.** Beliebtes Ausflugsziel der Wiener bei Hinterbrühl. Hier hat Franz Schubert seine Müllerlieder geschrieben.

7 **Heiligenkreuz.** 305 m. Dorf im Wienerwald. Berühmt durch die von Leopold III. 1135 gestiftete Zisterzienser-Abtei. Herrlicher Kreuzgang aus dem 13. Jahrh., Stiftskirche in dreischiffigem, rom. Gewölbebau und mit got. Chor. Schöne Glasmalerei.

8 **Mayerling.** 311 m. Eh. Jagdschloß Prinz Rudolfs, jetzt Kloster, bekannt geworden durch den Selbstmord des Kronprinzen Rudolf und seiner Freundin Vetsera.

9 **Peilstein.** 718 m. Zu Fuß von Schwarzensee in 30 Min. zum Gipfel und kurz durch den Wald zum Westabfall, den Peilsteinwänden (beliebtester Klettergarten der Wiener). Herrlicher Blick über den westlichen Wienerwald.

10 **Hals.** 655 m. 11%. Bewaldeter Sattel.

11 **Gutenstein.** 482 m. Kleiner Markt und Sommerfrische im Piestingtal. Villa und Grab des Wiener Dramatikers Ferdinand Raimund (1790 bis 1836). Im Süden auf einem Hügel bar. Wallfahrtskirche.

12 **Rohrer Sattel.** 853 m. 8%. Moderne, breite Straße, bei der Auffahrt schöner Blick zum Wiener Schneeberg, bei der Abfahrt enger Graben mit viel Wald.

13 **Rohr im Gebirge.** 692 m. Verstreutes Dorf im oberen Schwarzatal, Sommerfrische. Wiesen und viel Wald.

14 **Ochssattel.** 854 m. 12%. Bewaldete Einsattelung, doch schöner Blick nach Westen und Nordwesten.

15 **St. Aegyd am Neuwalde.** 588 m. 3200 Einwohner, 500 Fremdenbetten. Beliebte Sommerfrische der Wiener. Ideales Wandergebiet. Schwimmbad.

16 **Gscheid.** 982 m. 13%. Weiter, langgezogener und wiesenreicher Sattel nordwestlich des Göllermassivs.

17 **Mariazell.** 862 m. 2350 Einwohner, 3000 Fremdenbetten. Meistbesuchter Wallfahrtsort Österreichs, beliebte Sommerfrische, jedoch auch Wintersportzentrum. Sehr schöne got. Kirche, 1644 bis 1704 barockisiert, mit drei Türmen, Hochaltar von Fischer von Erlach, im Innenraum reizvoller Stuck, Gnadenkapelle (17. Jahrh.). Hallenbad. Seilbahn zur Bürgeralpe (1267 m). Schöne Wanderungen in der Umgebung wie Gemeindealpe, Ötscher, Ötschergräben, Erlaufsee.

Durch den Ötschergraben

WANDERUNG ABWÄRTS DURCH EINE KILOMETERLANGE FELSSCHLUCHT

1

Gleich unsere erste Wanderung in den Alpen serviert uns die verschiedensten Spezialitäten: eine Fahrt mit dem zweiteiligen Sessellift von Mitterbach zur Gemeindealpe (1626 m), einen ungehinderten Rundblick über ein weites Bergrevier, eine der großartigsten Felsschluchten Österreichs, zwei Wasserfälle und, zur Abrundung, die Fahrt mit der Mariazeller Schmalspurbahn, einer richtigen Spielzeugeisenbahn für Erwachsene. Auch die schönste Autofahrt kann kein Ersatz sein für dieses unmittelbare Erleben der Bergwelt; und nie sind wir so wohlig müde und zufrieden, als wenn wir uns das Abendessen durch eine solche Tour redlich verdient haben.
Von Mariazell gondeln wir mit unserem Auto auf der kleineren, westlichen Straße nach Norden, machen kurz Station beim Hotel Herrenhaus, um den Erlaufsee anzuschauen und vielleicht auch zu baden. Dann geht es weiter zur Talstation des Sessellifts direkt vor Mitterbach. In zwei Sektionen zieht er über die zunächst bewaldeten Hänge empor, führt ein Stück auf einem ausgeprägten Grat entlang, um dann über steile Wiesen hinweg den Gipfel der Gemeindealpe zu erreichen. Obwohl nur ein bescheidener Voralpenberg, präsentiert sie uns eine ungewöhnliche Aussicht; vor allem imponieren die großen Felsgipfel von Hochschwab und Gesäuse. Gleich gegenüber aber baut sich der lange, auffallend abgerundete Kamm des Ötschers (1893 m) auf. Zwischen ihm und unserem Standpunkt hat sich der Ötschergraben eingefressen, durch den unsere Wanderung führen soll. Von hier oben sehen wir jedoch nur waldbedeckte Hänge, die großartige Felsschlucht läßt sich noch nicht einmal ahnen. Unser ordentlich angelegter, rot markierter Weg zieht über den Westkamm abwärts und vermittelt immer wieder schöne Ausblicke. Beim »Eisernen Herrgott« verläßt er den Hauptgrat und biegt in die rechtsseitigen Hänge ab. Auf einem kleinen Rücken, Geißriedel genannt, führt er in ganz kurzen Kehren rasch hinab, biegt dann scharf nach links ab und erreicht durch Hochwald schließlich das Gasthaus Stöckl (888 m). Der Weiterweg verläuft im Greimelgraben, der bald in den Ötschergraben mündet. Gut 5 km sind's von hier bis zur Wegverzweigung bei der Lassing-Einmündung. In der langen Schlucht mit meist felsigen Seitenwänden treten an manchen Stellen die Mauern so nahe zusammen, daß sich der Ötscherbach durch eine regelrechte Klamm zwängen muß. Der gute, gelb markierte Weg nimmt uns alle Pfadfindersorgen ab, so daß wir uns ganz auf unsere Umgebung konzentrieren können. Bei jeder der unzähligen Talbiegungen sind wir von neuem gespannt, welche Felsszenerien uns diesmal geboten werden. Nach etwa einer halben Stunde im Ötschergraben kommen wir an dem Mira-Wasserfall vorbei, eine Viertelstunde später sind wir beim Ötscher-Hias, einer kleinen Gastwirtschaft – Jausenstation auf gut österreichisch. Auf dem weiteren Weg talauswärts ragen die Schluchtwände immer gewaltiger auf. Von rechts mündet der Erlaufgraben ein. Bald darauf haben wir den Stierwaschboden erreicht, wo sich der Weg verzweigt. Wir überqueren den Fluß, um den großartigen, 80 m tief herabstürzenden Lassingfall aus der Nähe zu sehen. Hier müssen wir uns nun entscheiden, ob wir gleich hinaufsteigen wollen nach Wienerbruck mit seiner Haltestelle der Mariazeller Bahn, oder ob wir unseren Ausflug noch um zwei Stunden verlängern, um auch die Hinteren Tormäuer, eine andere und fast noch schroffere Schlucht, kennenzulernen. Wir würden dann in dem Luftkurort Gösing auf die Schmalspurbahn treffen. Die Fahrt mit dieser kleinen Eisenbahn wird noch zu einem besonderen Vergnügen. Sie kämpft sich mühsam mit Hilfe von zahlreichen Tunnels, Brücken und Schlangenwindungen durch das sehr stark gegliederte Gelände. Dann liefert sie uns zuverlässig in Mitterbach ab, und wir müssen nur noch zur Talstation der Sesselbahn hinübergehen, um wieder bei unserem Auto zu sein.

St. Aegyd am Neuwalde, einer der typischen Ferienorte in den niederösterreichischen Voralpen.

Farbbild auf den Seiten 16/17:
Freundliche Voralpenlandschaft bei der Auffahrt nach Gscheid. Im Hintergrund der Gippel (1669 m).

Farbbild auf Seite 18:
Herbststimmung im obersten Halltal, wie der oberste Teil des Salzatals genannt wird. Bald nach dieser Stelle erreicht man den bekannten Wallfahrtsort Mariazell.

Farbbild auf Seite 19:
Die berühmte Wallfahrtskirche von Mariazell erhält ihr ungewöhnliches und unverwechselbares Aussehen durch das Nebeneinander des gotischen und der beiden barocken Türme.

2

Mariazell – Admont

SALZATAL – HOCHSCHWAB – ERZBERG – GESÄUSE

Die Flüsse Salza und Enns bilden eine kräftige Querfurche zwischen Mariazell und unserem nächsten Ziel Admont. Wir fahren nur durch Täler und kommen doch in eine grandiose Felslandschaft. Sie ist gewissermaßen spiegelbildlich aufgebaut; in unserer Nähe steigen die Wände nicht zu Graten und Gipfeln an, sondern stürzen herab in die tiefen Täler, die die beiden Flüsse – und ihre eiszeitlichen Gletscher – gegraben haben. Besonders urweltlich zeigt sich das Ennstal, das in diesem Abschnitt Gesäuse genannt wird und für seine Schönheit berühmt ist. Doch auch der mittlere Teil des Salzatals etwa zwischen Weichselboden und Wildalpen, begeistert durch die Felsszenerien.

Von Mariazell fahren wir kurz nach Süden bis nach Gußwerk, wo wir von der Hauptstraße nach rechts abbiegen müssen. Wiesenböden wechseln mit engen, gewundenen Talabschnitten. Hinter Greith zeigen sich die gegenüberliegenden Hänge das erste Mal felsdurchsetzt. Wenig später verschwindet der Fluß in der Klausschlucht, die von der Straße gemieden wird. Diese klettert über einen kleinen Nebensattel, der wieder einmal Hals heißt. Dieser Abschnitt erfordert erstmals etwas autofahrerisches Können, die Straße ist schmal und windungsreich, ermöglicht uns ein Vortraining für die wenigen etwas schwierigeren Teile unserer Fahrt. Über den kleinen Wiesenplan von Rotmoos geht es hinab in den Kessel von Weichselboden (677 m). Schlagartig ist die Landschaft alpin geworden, mächtig wachsen die Felswände auf allen Seiten empor, die Einmündungen von vier Tälern bilden gewaltige Tore. Besonders imposant ist die Vordere Höll, die wir in einer einstündigen Fußwanderung erforschen können. In einem großen Bogen zieht das Tal weiter, links oben die steilen Randabstürze des Hochschwabmassivs, ein langgestrecktes Plateaugebirge, gerade vor uns der Wald- und Felskopf der Riegerin (1939 m). Wir erreichen Wildalpen, einen kleinen Gebirgsort, dessen Name seine Umgebung charakterisiert. Das Tal bleibt weiterhin eng und waldreich, doch werden die abwechslungsreichen Felsbilder jetzt selten; so fahren wir rascher hinaus nach Palfau, wo sich die Straße verzweigt. Wir halten uns links, überqueren die Salza, um über Gams und die Radstatthöhe (594 m, 22%) direkt das weite Wiesenbecken von Mooslandl anzusteuern. Im Süden erscheint über dem Talausschnitt der schöne, dreikantige Lugauer (2217 m), der erste Gipfel der Gesäuseberge. Bei Lainbach erreichen wir die Enns, der wir nun bis Admont treu bleiben werden – es sei denn, wir unternehmen den 16 km langen Abstecher zum Leopoldsteiner See, der sich unter die gewaltige Seemauer duckt, und nach Eisenerz mit dem berühmten Erzberg, dessen Riesentreppen an eine Inkastadt erinnern. Dann fahren wir von Hieflau endgültig in das Gesäuse ein, dem ersten wirklichen Höhepunkt auf unserer Traumfahrt durch die Alpen. Wir überqueren auf der alten Scheibenbrücke die rauschende Enns. Ganz nahe treten nun von rechts und links die fast senkrechten Felswände heran. Nachdem wir durch diese engste Stelle des Gesäuses geschlüpft sind, taucht vor uns das Riesenpult der Planspitze auf. Das Tal wird weiter, wir passieren Gstatterboden, und im Süden öffnet sich der Blick auf die mächtigen Nordwände um das Haindlkar, blinkender, fast weißer Kalkfels, der das Herz der Kletterer höher schlagen läßt. Hochtor (2365 m) und Ödstein (2355 m) dominieren in der langen Mauer. Dem Bruckstein gegenüber mündet das Johnsbachtal aus, durch dessen dreieckigen Taleinschnitt die mächtige Felsbastion des Admonter Reichenstein (2247 m) lugt. Wir sind durch ein Felstor ins Gesäuse hineingefahren, ein anderes Portal zwischen Haindlmauer und Himbeerstein entläßt uns aus der Schlucht in das weite Wiesental von Admont. Schon aus der Ferne grüßen die Türme der Stiftskirche, das Wahrzeichen dieses uralten Marktes mit seiner bezaubernden Hochgebirgsumrahmung.

Im romantischen Salzatal bei Weichselboden. Typisch für diese Landschaft ist der ebene Talgrund, der von steilen, walddurchsetzten Felswänden flankiert wird.

Unterwegs in der Bergwelt des Hochschwabs

1 **Gußwerk.** 746 m. Kleiner Ort an der Abzweigung der Salzatalstraße von der wichtigen Nordsüd-Route über den Aflenzer Seeberg nach Bruck an der Mur. Mittelpunkt der eh. Mariazeller Eisenindustrie (um 1850), der Name deutet noch darauf hin. Ausgangsort für Voralpentouren wie Tonion oder Zeller-Hütte.

2 **Salzatal.** Tief eingeschnittener Talzug nördlich des Hochschwabs von großer landschaftlicher Schönheit. Waldige Abschnitte wechseln mit interessanten Felsschluchten, besonders malerisch die Strecke Weichselboden – Wildalpen. Sehr dünn besiedelt. Kurvenreiche Straße mit Zwischensteigungen bis 16%.

3 **Weichselboden.** 677 m. Kleiner Ort in einem Talkessel, der fast rundum von Felswänden eingeschlossen ist. Bis 1780 war Weichselboden noch von Urwäldern umgeben. Sternförmig strahlen vier Täler aus, jeweils scharf eingeschnittene Schluchten. Besonders eindrucksvoll die nach Südosten ziehende Vordere Höll.

4 **Hochschwab.** Großartiges, fast 40 km langes Plateaugebirge, von Ost nach West ausgerichtet. Nur leicht gewellte Hochfläche, doch gewaltige Randabstürze. Die höchste Erhebung heißt ebenfalls Hochschwab (2278 m).

5 **Wildalpen.** 607 m. Aufstrebender Ferienort in einer freundlichen, stark gegliederten Waldlandschaft. Kirche aus dem 17. Jahrh. Schöne Wanderung zum Hartlsee (798 m) im Naturreservat Siebenseen. Hier nimmt auch ein Teil der sog. Wiener Hochquellenleitung ihren Anfang, die die Millionenstadt mit Trinkwasser versorgt. Wildalpen ist Ausgangsort für zahlreiche Bergtouren.

6 **Hinterwildalpen.** 784 m. In einem südlichen Nebental des Salzatales, 4 km von Wildalpen. Zufahrt durch romantische, waldige Schlucht. Der Ort liegt bereits mitten in der Hochschwabgruppe, jedoch in einem überraschend weiten und von freundlichen Wiesen gebildeten Kessel. Ideale Sommerfrische in absoluter Ruhe.

Mariazell	km
Gußwerk	5
Weichselboden	24
Wildalpen	41
Erzhalden	57
Hieflau	74
Gstatterboden	86
Admont	**99**
(ab Wien	243)

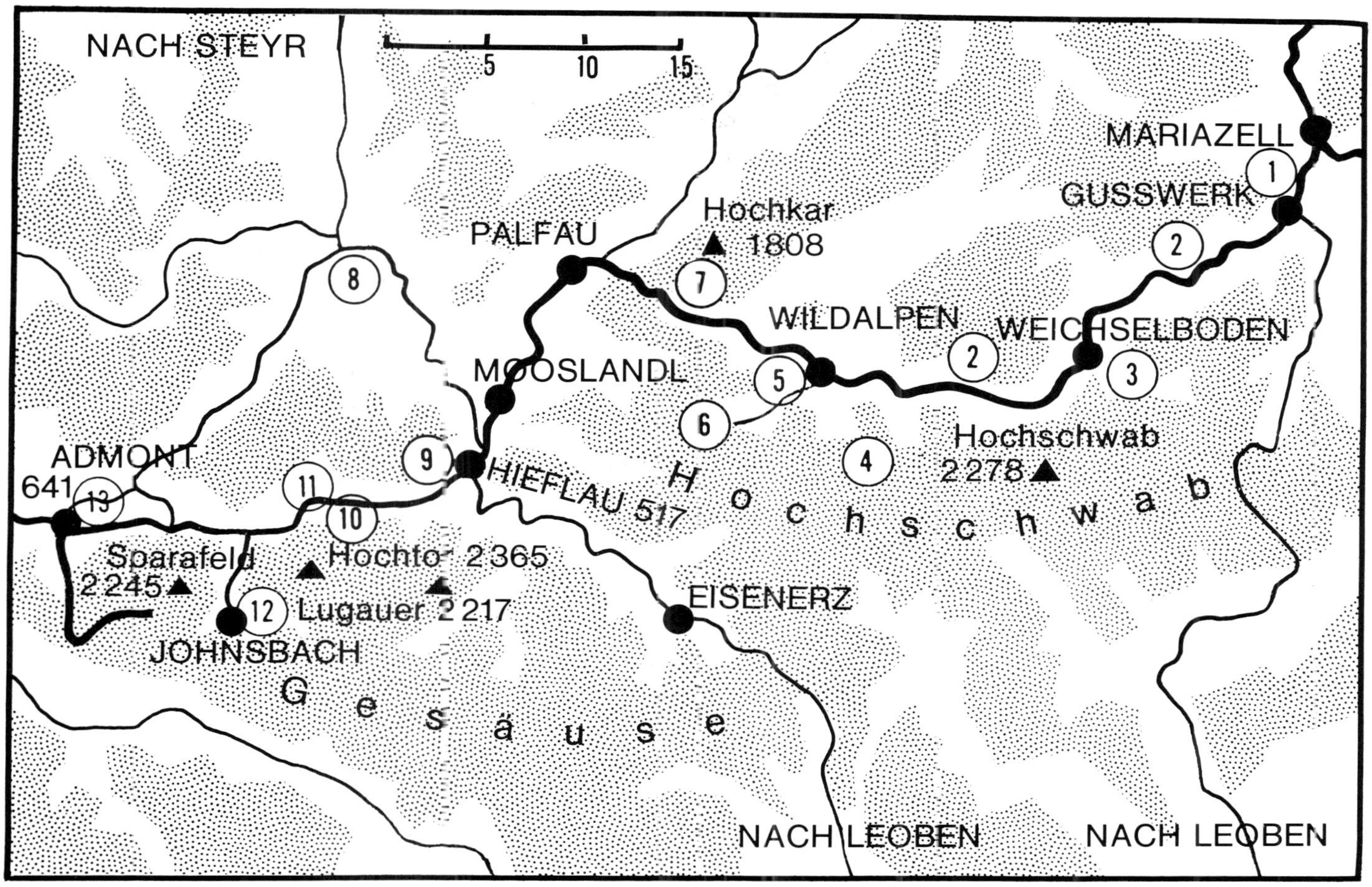

7 **Hochkar.** Abstecher von Erzhalden nach Lassing. Von hier Hochkarstraße (Maut) zum Hochkarboden (1480 m). Sessellift bis 1740 m, dann Wanderung in 10 Min. zum Hochkar-Gipfel (1808 m). Großartiger Blick auf den Hochschwab. Auf dem Hochkarboden künstlich geschaffener Eingang zum Hochkarschacht, einer Schauhöhle mit großen Hallen (Führungen).

8 **Enns.** Bedeutendster Fluß im nordöstlichen Teil Österreichs. Entspringt in den Radstädter Tauern, durchströmt das weite Ennstal zwischen Radstadt und Admont, durchbricht die Ennstaler Alpen im großartigen Gesäuse und biegt dann bei Hieflau nach Norden um. Zahlreiche Stauseen im weiteren Verlauf bis zur Mündung in die Donau bei Mauthausen. Länge 320 km.

9 **Hieflau.** 517 m. 1700 Einwohner, 170 Fremdenbetten. Sommerfrische am östl. Ausgang des Gesäuses. Freundliche Wald- und Wiesenlandschaft, im Süden der Lugauer (2217 m), das »Matterhorn der Steiermark«. Zentrale Lage für viele Ausflüge, besonders interessant ein Abstecher zum sehr tiefen Leopoldsteiner See und nach Eisenerz mit dem berühmten Erzberg.

10 **Gesäuse.** Ein Streckenabschnitt von großer landschaftlicher Schönheit, schluchtartiger Durchbruch der Enns durch eine der wildesten Berggruppen der Nördlichen Kalkalpen, die Gesäuseberge, die zu den Ennstaler Alpen gehören. Im Gegensatz zu Hochschwab- und Dachsteingruppe fehlen hier die Plateaubildungen. Im Norden des Tales die beiden Buchsteine und der Tamischbachturm, im Süden Hochtor- und Reichensteingruppe mit gewaltigen Felswänden gegen Norden, die auch aus dem Tal zu sehen sind.

11 **Gstatterboden.** 579 m. Einzige Häusergruppe im Gesäuse. Zentraler Ausgangspunkt für viele großartige Bergtouren. 3 km talaufwärts zweigt von der Straße nach links der Fußweg ins Haindlkar ab, das von den großen Gesäusewänden umrahmt ist. Herrliche Wanderung mit ungewöhnlich eindrucksvollen Felsbildern.

12 **Johnsbach.** Bekanntes Bergdorf in einem südlichen Seitental des Gesäuses. Berühmter Bergsteigerfriedhof. Ausgangspunkt für viele Touren. Der Ort liegt an der auffallenden Grenze zweier grundverschiedener Gesteinsformationen: nördlich Kalkberge mit schroffen Felsformen, im Süden Gipfel der Schieferhülle mit weichen, abgerundeten Kuppen, die bis oben bewachsen sind.

13 **Admont.** 641 m. 3400 Einwohner, 935 Fremdenbetten. Markt im steirischen Ennstal mit sehr schönem Blick auf die Reichensteingruppe, den Großen Buchstein und die Haller Mauern. Beliebte Sommerfrische. In der Benediktiner-Abtei große Bibliothek mit vielen alten Handschriften, herrlicher Barocksaal. Südlich oberhalb Schloß Röthelstein in sehr schöner Lage, alter Herrensitz mit historischer Einrichtung. Hallenschwimmbad.

1600 m über dem Gesäuse

AUF DAS FELSKASTELL VON ADMONTER KALBLING UND SPARAFELD

2

Nicht nur aus Spielerei oder zu statistischen Zwecken teilen die Bergsteiger ihre Touren in sechs Schwierigkeitsgrade ein. Jeder Alpinist muß die Grenze seiner Leistungsfähigkeit kennen und seine Bergfahrten im entsprechenden Bereich auswählen. Wer in der Schwierigkeitsskala zu hoch greift, der lebt gefährlich und risikoreich. Doch leider beziehen sich die sechs Grade nur auf das Felsgelände, in dem man richtig klettern muß. Dabei wären sie bei den ausgesprochenen Bergwanderungen ebenso wichtig. Es ist nämlich ein entscheidender Fehler, der schon manchen Unfall verschuldet hat, jeden angelegten Weg für einen Spazierweg zu halten, auf dem man ohne Mühen dahingehen kann, gleichgültig, ob er im Flachland oder im Gebirge verläuft. Sicher finden wir auch im Hochgebirge viele Steige (wie bei der gestrigen Tour in die Ötschergräben oder der morgigen, zum Lawinenstein), die jeder sorgenfrei begehen kann. Doch andere, ebenfalls angelegte Wege erfordern eine gute Portion bergsteigerisches Können. Es ist schon nicht jedermanns Sache, auf einem schmalen Steig über schroffen Felsabbrüchen entlangzuqueren. Läuft der Weg gar über steiles, oft felsiges Gelände, dann gehört schon einige Sicherheit und Entschlossenheit – und ein gutes Schuhwerk – dazu, um diese Stelle ohne Zittern zu überwinden, besonders dann, wenn nasses Gras oder feuchte Erde den Steig rutschig macht und die Schuhsohlen verschmiert. Es bieten eben auch Bergwanderungen auf richtig angelegten Wegen recht unterschiedliche Schwierigkeiten, und jeder muß für sich selber herausfinden, was er sich zutrauen kann, und, vor allem, was ihm noch Spaß macht.

Heute sind es die steilen Grashänge unter dem Kalbling, die trotz des Steiges einige Trittsicherheit verlangen. Das Sparafeld, das wir schon bei unserer Fahrt nach Admont mehrmals gesehen haben – besonders schön durch den Gofergraben –, zeigt sowieso ein reichlich wildes Aussehen, das mehr an eine strenge Klettertour als an eine Bergwanderung glauben läßt. Mancher mag im Stillen hoffen, daß sich die Rückseite des Bergstockes weniger felsig zeigt. In einem Dreiviertelbogen fahren wir um das Sparafeld, von Admont genau nach Süden in den Veitelgraben, biegen dann nach Osten in die Kaiserau mit ihrem Schloß ab und erreichen schließlich auf der Mautstraße das Kalblinggatterl (1543 m). Doch unser Gipfelziel ist nicht bescheidener geworden, ganz im Gegenteil, der Kalbling ragt als unglaublich kühner, glattwandiger Felsobelisk empor. Genau am Fuß der nahezu senkrechten Gipfelfelsen zieht unser Steig entlang, auf einer Grasabdachung, die wir schon gut von hier unten erkennen können. Doch wir wollen uns nicht von dem Anblick einschüchtern lassen. Durch Wald und Latschenfelder steigen wir rasch hinauf zum Beginn der Steilstufe, die der Steig nach rechts in einer weiten Kehre erklimmt, um dann am Fuß der Südkante nach links um die Ecke zu biegen. Nur wenig steigend zieht er immer an der recht eindrucksvollen Wand entlang und erreicht schließlich die steilen Grashänge, die eine Bresche in dem Felsgürtel von Kalbling und Sparafeld bilden. Über sie steigen wir auf die erstaunlich weite, grasbedeckte Gipfelabdachung hinauf, von der wir nun ganz bequem auf den nach Süden vorgeschobenen Kalbling (2196 m) hinausspazieren können. Vom Gipfelkreuz schauen wir über die Wände gerade zu unserem Auto im Kalblinggatterl hinunter. Doch die umfassendere Aussicht bietet das höhere Sparafeld (2245 m), das auch nur auf den letzten Metern etwas Fels zeigt. Von dort oben ist nun vor allem der Blick nach Osten auf die höchsten Gipfel des Gesäuses frei, auf die lange Wandflucht zwischen Ödstein und Planspitze, die wir schon bei der Fahrt durch das Ennstal bewundert hatten; inzwischen sind wir jedoch selbst bis zur gleichen Höhe hinaufgestiegen. Recht unnahbar zeigt sich auch unser unmittelbarer Nachbar, der Admonter Reichenstein, der uns um ganze zwei Meter überragt.

Bei Hieflau ist die Enns zu einem kleinen See aufgestaut. Im Hintergrund zeigt sich der Lugauer (2217 m), der erste Gesäuse-Gipfel.

Farbbild auf Seite 26:
Blick in den Talboden von Mooslandl, das von der Enns durchflossen wird. Im Hintergrund der Lugauer, davor der scharfe Taleinschnitt, durch den die Weiterfahrt nach Hieflau führt.

Farbbild auf Seite 27:
Auf dem Gipfel des Großen Ödsteins (2355 m) im Herzen der Gesäuse-Berge. Im Hintergrund das Hochtor.

Farbbild auf den Seiten 28/29:
Östlich der Admonter Wiesenlandschaft öffnet sich wie ein Tor der Gesäuse-Eingang zwischen Himbeerstein (links) und Haindlmauer, dahinter ragen die großen Gipfel der Hochtor-Gruppe auf.

3

Admont – Hallstatt

BAD AUSSEE – GRUNDLSEE – DACHSTEIN-HÖHLEN – HALLSTÄTTER SEE

Das Salzkammergut verdankt seinen Charakter vor allem den eiszeitlichen Gletschern. Nur ihrer urtümlichen Kraft war es möglich, die breiten Täler auszuhobeln und jene Mulden zu graben, die heute mit Wasser vollgefüllt sind. Die Seen sind der große Zauber des Salzkammerguts. Um diesem Reiseland aber letzte Vollendung zu geben, haben Natur und Menschenwerk noch ein paar echte Dreisterne-Kostbarkeiten über das weite Gebiet verstreut, wie etwa die Dachstein-Höhlen, Hallstatt und sein Salzbergwerk oder den berühmten gotischen Altar Michael Pachers in der Pfarrkirche zu St. Wolfgang. Doch wir sitzen noch in Admont im Ennstal, 50 km vom gesegneten Land entfernt.
Gleich nach den ersten 5 km unserer heutigen Fahrt werden wir noch einmal aufgehalten, denn an der barocken Wallfahrtskirche von Frauenberg, die wie ein Lug-ins-Land 100 m über der breiten Talsohle thront, können wir nicht vorbeieilen. Doch dann geht es zügig durch das breite Ennstal aufwärts. Außer feuchten Wiesen und Mooren, überragt von waldigen Bergrücken, gibt es nicht viel zu sehen. Wir passieren das Industriestädtchen Liezen und steuern dann auf den Grimming (2351 m) zu, der vor uns trotzig aus dem Tal wächst. Bis zu seinem Fuß bleiben wir auf der Hauptstrecke, dann biegen wir nach rechts ab, schlüpfen durch die Enge von Pürgg und kommen nach Klachau und bald in das freundliche Wiesental von Mitterndorf. Hier zweigt die Höhenstraße zur Tauplitzalm ab. Bei der Weiterfahrt fällt uns rechterhand die Feriensiedlung Mitterndorf auf, ein durchgeplanter, kleiner Ort aus Urlaubs- und Wochenendhäusern, ein gutes Beispiel, wie man der unerfreulichen Zersiedelung im Gebirge begegnen kann. Durch das enge Waldtal der Kainisch-Traun geht es rasch hinab nach Bad Aussee, dem Zentrum des Steirischen Salzkammerguts, einem hübschen Ort mit alten Bürgerhäusern und sehenswerten Kirchen. Jahrhundertelang lebte er fast ausschließlich von der Salzgewinnung; seit 1868 Kurbad, gehört er heute zu den beliebtesten Ferienorten und Heilbädern Österreichs. Einen guten Teil zu diesem Ruhm haben die beiden Seen beigetragen, die jeweils am Ende einer 5 km langen Stichstraße liegen und in ihrer Abgeschiedenheit und idyllischen Ruhe wie geschaffen sind für den Erholungssuchenden unserer hektischen Zeit. Die 800 m hohe Trisselwand verleiht dem Altausseer See ein strenges Gesicht, der größere Grundlsee wirkt trotz der steilen Ufer lieblicher. Wir können ihn mit dem Motorboot in seiner ganzen Länge von 6 km befahren, um dann in 20 Minuten zum Toplitzsee zu wandern, der auf drei Seiten von hohen Felswänden vollkommen eingeschlossen ist. Nach diesen Abstechern locken uns die beiden großen Dachsteinhöhlen weiter: Von Bad Aussee fahren wir durch das waldige Koppental hinüber nach Obertraun und zur Dachstein-Seilbahn. Die Gondel trägt uns in wenigen Minuten zum Schönberghaus hinauf, wo die Höhlenführungen beginnen. Links oben liegt der Eingang zur Rieseneishöhle, das Tor zu einem Märchenschloß aus Eis, mit Hallen und Gängen, mit engen Durchschlüpfen und Eisvorhängen. Die geschickte Beleuchtung zaubert großartige Effekte. Aber auch die Mammuthöhle wollen wir besuchen. Hier faszinieren die gewaltigen Ausmaße der unterirdischen Hallen und Gänge; den sogenannten Mitternachtsdom bildet ein Gewölbe von 40 m Höhe. Nach diesem Ausflug in die – allerdings hochgelegene – Unterwelt können wir die Seilbahnfahrt zum Gipfel des Hohen Krippensteins mit seinem begeisternden Dachsteinblick fortsetzen. Ein wenig Zeit und Aufnahmevermögen sollten wir uns aber für unser Ziel, den reizvollen Salzmarkt Hallstatt, aufbewahren. Unser Foto zeigt, wie malerisch der Ort an den Uferstreifen geschmiegt ist, wie steil er an den Hängen emporklettert. In einem kleinen Nebental liegt das berühmte Hallstätter Salzbergwerk, dessen Geschichte dreitausend Jahre zurückreicht.

Eine charakteristische Aufnahme des Grundlsees, der von steilen Felswänden überragt wird. Links die Häuser des Ortes Grundlsee, darüber der Backenstein mit seiner wilden Südwand.

1 **Frauenberg.** Wallfahrtskirche auf einem Hügel über dem Ennstal. Bar. Bauwerk mit sehenswertem Kreuzaltar von Joseph Thaddäus Stammel (1736). Kreuzweg mit Sandsteinfiguren von Stammel. Nördlich kleiner Badesee.

2 **Liezen.** 659 m. 8000 Einwohner, 300 Fremdenbetten. Bezirkshauptstadt und Industriegebiet. Enger Stadtkern. Wichtige Straßenkreuzung, Strecken durch das Ennstal, über den Pyhrnpaß nach Linz und den Schoberpaß nach Leoben.

3 **Wörschach.** 660 m. 230 Fremdenbetten. Kurort mit Schwefelbad. Ruine Wolkenstein. Sehenswert die nördlich gelegene Wörschach-Klamm. 4 km südlich der kleine, warme Putterersee.

4 **Pürgg.** 786 m. Nördlich steil über der Straße. Alter, malerischer Ort. Pfarrkirche aus dem 12. Jahrhundert. Johanniskapelle mit rom. Fresken.

5 **Klachau — Tauplitz.** 2500 Fremdenbetten. Von Klachau kurze Stichstraße nach Tauplitz (891 m). Sommerfrische und Wintersportort. Angeblich längster Sessellift der Welt zur Tauplitzalm. Hallenbad.

6 **Mitterndorf.** 797 m. 2600 Einwohner, 1700 Fremdenbetten. Sommerfrische in weitem Wiesental, Feriendorf. Thermalhallenbad und Kuranlagen in Bad Heilbrunn (3 km südlich). Abzweigung der Höhenstraße zur Tauplitzalm.

7 **Tauplitzalm.** 1600 m. Zu erreichen auf gut ausgebauter Höhenstraße von Mitterndorf. 9 km, 7 Kehren, 9%, Maut. Zahlreiche Gasthäuser, mehrere Skilifte, Sessellift zum Lawinenstein, Bergstation in 1920 m Höhe. Mehrere kleine Seen. Ideales Wandergebiet.

8 **Bad Aussee.** 659 m. 5200 Einwohner, 2500 Fremdenbetten. Zentrum des Steirischen Salzkammerguts, beliebter Kurort und Sommerfrische. Sole-, Kneipp- und Schlammbäder. Hübscher Ortskern mit alten Bürgerhäusern und drei Kirchen. Kammererhof aus dem 15. Jahrhundert. Schwimmbad. Heimatmuseum.

9 **Grundlsee.** 719 m. See und Ort mit gleichem Namen. Beliebte Sommerfrische mit 1200 Fremdenbetten. Der See liegt malerisch zwischen steilen Bergen. Länge 6 km, Fläche 4,2 qkm, Tiefe 67 m. Zahlreiche Badeplätze. Motorbootverkehr.

Im Tristandom der
Dachstein-Rieseneishöhle

Admont	km
Liezen	19
Mitterndorf	47
Tauplitz	56
Bad Aussee	80
Grundlsee	85
Obertraun	108
Hallstatt	**113**
(ab Wien	356)

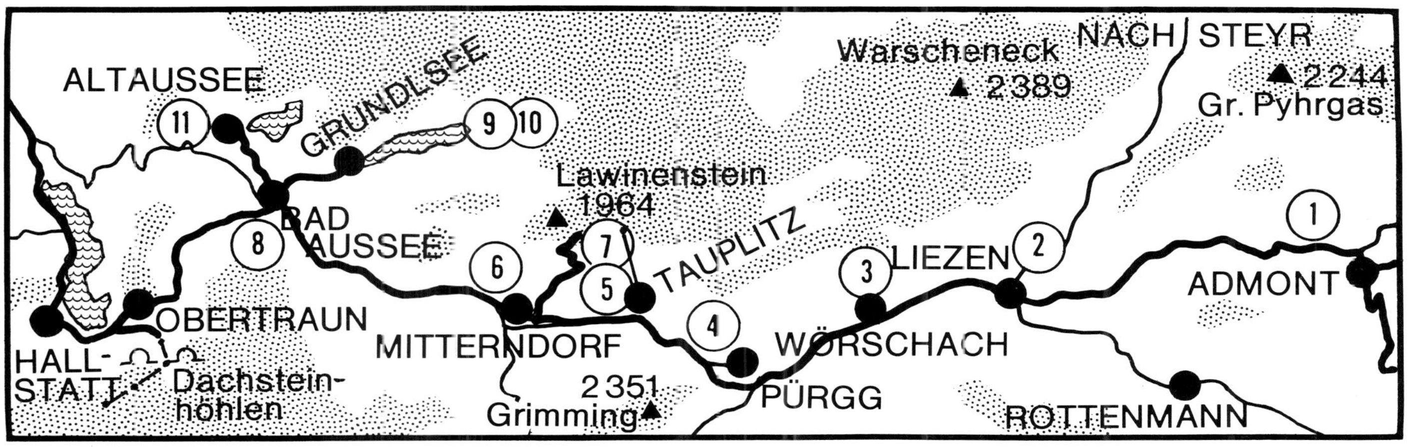

10 **Toplitzsee.** 20 Gehminuten oberhalb des Grundlsees. Von steilen Wänden eingeschlossen. Nur 1,8 km lang, trotzdem 107 m tief.

11 **Altaussee.** 721 m. 2100 Einwohner, 2000 Fremdenbetten. Beliebte Sommerfrische am Altausseer See (Länge 2,8 km, Tiefe 55 m). Sehenswertes Sakramentshäuschen von 1520. Salzbergwerk. Hallenschwimmbad.

12 **Koppenbrüllerhöhle.** Aktive Wasserhöhle mit Tropfsteinbildungen. Führungen. Zugang zu Fuß vom Gasthaus Koppenrast an der Straße Bad Aussee – Obertraun.

13 **Obertraun.** 512 m. 770 Einwohner, 1200 Fremdenbetten. Langgestreckter Ort östlich des Hallstätter Sees. In der Nähe Dachstein-Seilbahn.

14 **Dachstein-Seilbahn.** Dreiteilige Großkabinenbahn. Talstation 600 m, Mittelstation Schönberghaus (Höhlen) 1330 m, Gipfelstation Hoher Krippenstein 2075 m, Station Krippeneck 1770 m. Vom Krippenstein schöner Blick nach Norden auf den Hallstätter See, nach Süden zu den hohen Gipfeln des Dachsteinmassivs.

15 **Dachstein-Rieseneishöhle.** Großartige Schauhöhle, etwa 2 km Ganglänge, heute zwei Ausgänge, größtenteils eisführend mit einigen sehr schönen Eishallen. 1910 entdeckt, bereits 1928 mit elektrischem Licht ausgestattet. Führungen von etwa 1½ Std. Dauer. Warme Kleidung empfehlenswert. Zugang in 15 Min. von der Mittelstation der Dachstein-Seilbahn.

16 **Dachstein-Mammuthöhle.** Das größte Höhlensystem im Dachsteingebiet mit über 20 km Ganglänge. Bei der Führung wird nur ein kleiner Teil der Räume besucht. Eindrucksvoll vor allem die gewaltigen Ausmaße; das Gewölbe des Mitternachtsdoms weist eine Höhe von 40 m auf. Zugang ebenfalls von der Mittelstation der Dachstein-Seilbahn in 15 Min.

17 **Hallstätter See.** Sehr schöner, fjordartiger See mit steilem West-, Süd- und Ostufer. Von der Traun durchflossen. Länge 7,5 km, Fläche 8,6 qkm, Tiefe 135 m. Zahlreiche Badeplätze, Motorschiffahrt.

18 **Hallstatt.** 511 m. 1400 Einwohner, 1200 Fremdenbetten. Malerischer Markt am schmalen Westufer des Sees und in Stufen an den Hängen emporsteigend. Uralter Kulturboden. Got. Pfarrkirche mit sehr schönem holzgeschnitztem Flügelaltar von Leonhard Astl. Bekannt auch die Hallstätter Keramik. Museum mit äußerst interessanten prähistorischen Funden. Strandbad, Wassersport. Talstation der Seilbahn zum berühmten Salzbergwerk.

19 **Hallstätter Salzbergwerk.** Ältestes Salzbergwerk der Welt, das seine Blütezeit bereits vom 9. bis 2. Jhdt. v. Chr. erlebte. Gearbeitet wurde damals mit Bronzepickeln, die Stollen waren bis zu 500 m lang. Im Vorfeld des Bergwerks wurden in neuerer Zeit zahllose Gräber freigelegt. Die Funde dabei waren so bedeutend, daß man diese geschichtliche Epoche als Hallstattzeit bezeichnet. Heute ist das Salzbergwerk für die allgemeine Besichtigung erschlossen. Zufahrt mit der Salzberg-Seilbahn von Hallstatt aus.

Tauplitzalm – Lawinenstein

AUSSICHTSBALKON ÜBER DEM STEIRISCHEN SALZKAMMERGUT

3

Es ist etwas eigenartiges um Begriffe, die sich einmal im allgemeinen Bewußtsein festgesetzt haben. Sie lassen sich kaum wieder ausrotten. So gilt auch heute noch jener Gipfel als der schönste Aussichtspunkt, der den weitesten Rundblick ermöglicht, der uns ein unendliches Meer von Bergspitzen präsentiert, wie etwa die Zugspitze, der Großglockner oder natürlich der Montblanc. In Wirklichkeit schenken jedoch die eindrucksvollsten Ausblicke vor allem jene Balkone, die fast überall den großen und berühmten Bergen in halber Höhe vorgelagert sind. Nur von gegenüber und von einem etwas niedrigeren Standpunkt aus wirken ein Gipfel oder eine Felswand erst richtig imposant. Bei einem Blick schräg abwärts hingegen verlieren die Bergformen ihre Eleganz und Größe, werden bescheiden und charakterlos. Aus einem Flugzeug in 5000 m Höhe würde uns selbst das Matterhorn harmlos erscheinen.
Der Lawinenstein über der Tauplitzalm gehört zu den empfehlenswerten Aussichtsbalkonen. Durch seine nach Südwesten vorgeschobene Lage ist der Blick auf das Tote Gebirge, den Dachstein und den Grimming frei, während es uns die steilen Abhänge ermöglichen, auch die umliegenden Täler und auf den Grundlsee hinunter zu schauen. Die Tour zu ihm ist eine recht gemütliche Angelegenheit. Wir müssen heute mit unserer Zeit und den Kräften haushalten, wollen wir doch noch die beiden Dachsteinhöhlen besuchen (jede Führung dauert eine gute Stunde). Kurz vor Mitterndorf zweigen wir von der Hauptroute nach rechts ab und fahren hinüber zum Beginn der Tauplitzalmstraße. Auf dieser sehr gut ausgebauten Bergstrecke lassen wir uns ganz bequem von unserem Auto die ersten 700 Höhenmeter Richtung Lawinenstein hinaufbringen. Am großen Parkplatz ist die Straße zu Ende; wir ziehen die Bergstiefel an und stapfen dann auf einem Fahrweg gemächlich bergan. Nach fünf Minuten erreichen wir einen kleinen Sattel und hören das verführerische Schnurren eines Sessellifts. Noch einmal der Faulheit frönen und sich weitere 300 m bergauf tragen lassen? Oder den Dummen spielen und trotz des Lifts eine Stunde zu Fuß steigen? Jeder muß diese Frage selbst entscheiden. Mit der Bergstation des Sessellifts haben wir bereits eine Höhe von 1900 m erreicht, doch liegt der Gipfel noch ein gutes Stück zurück. Wir wandern über das wellige Hochplateau nach Westen, anfangs viel durch Latschengassen, dann werden die Hänge – und der Blick – immer freier. Nach einer halben Stunde haben wir die weite Gipfelfläche, unseren Aussichtsbalkon, erreicht. Doch der Rundblick ist ganz anders als erwartet. Nur der Grimming im Süden mit seiner langen Zackenkrone zeigt uns ein gewohntes Bild, während vom Dachstein und aus dem Toten Gebirge teils grüngesprenkelte (Latschen), teils fast gespenstisch weiße Hochflächen, die mit steilen Wänden in die tief eingeschnittenen Täler abstürzen, wie Mondlandschaften herüberschauen. Die riesigen Karstplateaus sind eine Besonderheit des Salzkammerguts und der Berchtesgadener Alpen. Hier verschwindet das Regen- und Schneeschmelzwasser vollständig in geheimnisvollen Löchern und Schächten und fließt dann unterirdisch durch riesige Höhlensysteme ab. Auch die Dachstein-Mammuthöhle, die wir heute Nachmittag von Obertraun aus besuchen wollen, war ursprünglich ein derartiges Höhlenflußnetz. Der Felsboden mancher Karstgebiete ist so durchlässig, daß selbst für einen bescheidenen Pflanzenwuchs kein Wasser zur Verfügung steht. Deshalb tritt überall der nackte, hellgraue Fels an die Oberfläche. Beim Rückweg vom Lawinenstein zum Auto verschmähen wir die Hilfe des Sesselliftes und laufen durch die Latschengassen und dann durch einen Wald alter, knorriger Arven bergab. Die Tauplitzalm liegt unter uns ausgebreitet und führt uns recht eindrucksvoll vor Augen, wie man auch das schönste Wandergebiet durch unkluge Zersiedlung verschandeln kann.

Die Tauplitzalm, die man von Mitterndorf auf einer guten Mautstraße erreicht, ist vor allem im Herbst ein herrliches Wandergebiet. Hier spiegeln sich die felsigen Südhänge des Traweng im Großsee.

Farbbild auf den Seiten 36/37: Hallstatt in der ersten Morgensonne. Der berühmte Salzort schaut auf eine Geschichte von zweieinhalb Jahrtausenden zurück. Am Südufer des Sees ist die Straße nach Obertraun zu erkennen, darüber ragen die nördlichsten Randgipfel der Dachstein-Hochfläche auf.

GASTHOF

4

Hallstatt – Salzburg

BAD ISCHL – WOLFGANGSEE – ST. WOLFGANG – MONDSEE

Von den sechs großen Seen des Salzkammerguts können wir nur vier besuchen, der Attersee und der reizvolle Traunsee liegen zu weit ab von unserer Route. Der Wolfgangsee, der Mondsee und Salzburg, die wohl schönste aller Alpenstädte, locken uns heute ohnehin an den nördlichen Rand der Berge hinaus. Die morgendliche Fahrt am Westufer des Hallstätter Sees bildet den rechten Auftakt für diesen vielversprechenden Tag. Steil stürzen die Hänge ins Wasser, die Straße muß sich kunstvoll in das teilweise felsdurchsetzte Gelände schmiegen. Eine recht alpine Landschaft in einer Höhe von nur 500 m!

Damit wir schneller von der Stelle kommen, fahren wir nun durch ein wenig attraktives Tal mit breiter Straße abwärts über Bad Goisern nach Bad Ischl, dem Zentrum des gesamten Salzkammerguts. Wie Bad Aussee stieg auch dieser Salzmarkt im vergangenen Jahrhundert zum Kurbad auf. Als 1854 gar Kaiser Franz Joseph hier seine Sommerresidenz aufschlug, begann die große Blüte für Bad Ischl. Das Kaisertum ist vergangen, die ruhmvolle Zeit verflogen, heute herrscht nur noch das geschäftige Leben eines rührigen Ferien-Kurortes. Aber bei einem Bummel durch die Straßen begegnen wir noch immer auf Schritt und Tritt den Zeichen des 19. Jahrhunderts, nur sitzt heute an den Kaffeehaustischen statt der k. u. k. Hofräte und Offiziere das Volk der Sommerfrischler. Unsere nächste Station heißt St. Wolfgang. Wohl dem Ferienort, für den eine weltberühmte Operette die Werbetrommel schlägt! Natürlich steht das Hotel »Weißes Rößl« noch heute am Ufer des Wolfgangsees. Am Marktplatz bilden die historischen Bürgerhäuser den Rahmen für die Pfarrkirche, die mit dem gotischen Flügelaltar von Michael Pacher eine seltene Kostbarkeit birgt. Nur durch großes Glück ist uns dieses Kunstwerk erhalten geblieben: Ein verständnisloser Abt des 17. Jahrhunderts wollte den Altar durch etwas Zeitgemäßes ersetzen; der Bildhauer Thomas Schwanthaler vom Kloster Mondsee wurde damit beauftragt. Doch er respektierte die Arbeit seines Kollegen aus dem Mittelalter und schuf nur zusätzlich einen Doppelaltar, so daß wir heute die Meisterwerke zweier Epochen in der gleichen Kirche bewundern können. Westlich von St. Wolfgang fallen die Hänge steil in den See ab. Wir müssen zurück ans Ostufer und hinüber nach Strobl, wo wir wieder auf die Hauptstraße gelangen. Nach schöner Fahrt direkt am See erreichen wir den Ferienort St. Gilgen. Dann geht es auf kurzer, aber abwechslungsreicher Strecke über einen kleinen Paß hinüber zum Mondsee, unserer letzten Station im Salzkammergut. Nach einem Besuch im Markt Mondsee mit seiner sehenswerten Stiftskirche machen wir uns endgültig auf den Weg in die Mozartstadt Salzburg. Schneller erreichen wir unser Ziel über die Autobahn, schöner ist die Strecke über Thalgau zur Straße Fuschlsee-Salzburg, die uns bei der Einfahrt einen umfassenden Blick auf die Stadt ermöglicht. Was soll man auf so begrenztem Raum über Salzburg schreiben? Alles Interessante ist zusammengedrängt zwischen der Feste Hohensalzburg und dem Schloß Mirabell. Die großartigen kunsthistorischen Sehenswürdigkeiten, die Residenz, die Kirchen, Brunnen, Bürgerhäuser – alles liegt im Bereich eines Nachmittagsbummels, als sei die Innenstadt von Salzburg ein riesiges Museum. Zum Abschluß des erlebnisreichen Tages lassen wir uns ein echtes Salzburgerisches Essen schmecken. Das gehört dazu.

Der Mozartbrunnen in St. Gilgen. Der beliebte Ferienort liegt am Nordwestzipfel des Wolfgangsees.

Der berühmte Pacher-Altar in der Kirche von St. Wolfgang, eines der schönsten Werke gotischer Schnitzkunst

1 **Bad Goisern.** 500 m. 6200 Einwohner, 2800 Fremdenbetten. Luftkurort und Jodschwefelbad in weiter, hügeliger Landschaft. Badeanstalt und kleines Thermalfreibad.

2 **Bad Ischl.** 460 m. 14 000 Einwohner, 4000 Fremdenbetten. Zentrum des Salzkammerguts. Ursprünglich Salzstadt, dann Kurort und Sommerresidenz des österreichischen Kaiserhofs. Heute Heilbad und Sommerfrische. Sole-, Kochsalz-, Schwefel-, Glaubersalz- und Kneippkuren. Lehár- und Operettenstadt, im Sommer Operettenwochen. Sehenswert die Lehár-Villa und die Sommerresidenz von Kaiser Franz Joseph I. Schwimmbad.

3 **Traun.** Zentraler Fluß des Salzkammerguts mit drei Quellflüssen, die sich bei Bad Aussee vereinigen. Durchfließt den Hallstätter See und den Traunsee und mündet nach 180 km bei Linz in die Donau.

4 **St. Wolfgang.** 549 m. 2500 Einwohner, 2300 Fremdenbetten. Berühmter, alter Ferienort am Nordufer des Wolfgangsees in sehr ruhiger Lage. Bereits 976 gegründet. Hübsche alte Bürgerhäuser. Spätgotische Pfarrkirche mit St.-Wolfgang-Altar, ein hervorragendes Kunstwerk von Michael Pacher (1481), und einem ebenfalls sehenswerten bar. Sakramentsaltar von Schwanthaler (1675). Am See das durch Ralph Benatzkys Operette weltberühmt gewordene Gasthaus »Weißes Rößl«. Talstation der Zahnradbahn zum Schafberg (1783 m). Schwimmbad, Strandbäder, Wassersport.

5 **Wolfgangsee.** 539 m. Freundlicher, zwischen Wiesen und Waldberge gebetteter See. Beliebtes Ferienziel und Badesee. Länge 10,2 km, Fläche 13,2 qkm, Tiefe 114 m. Motorschiffahrt.

6 **Strobl.** 544 m. 2200 Einwohner, 2100 Fremdenbetten. Reizvoller Ferienort am Südostende des Wolfgangsees. Strandbad. Moorbäder.

Hallstatt	km
Bad Ischl	20
St. Wolfgang	38
Strobl	44
St. Gilgen	56
Mondsee	69
Salzburg	**98**
(ab Wien	454)

7 **St. Gilgen.** 546 m. 2800 Einwohner 4500 Fremdenbetten. Sehr beliebte Sommerfrische, neuerdings auch Skistation, in sehr schöner Lage am Nordwestende des Wolfgangsees. Hübsch gestalteter Mozartbrunnen. Strandbäder. Bergbahn zum Zwölferhorn (1522 m).

8 **Mondsee.** 481 m. Lieblicher See am Alpennordrand mit steilem Südufer. Abfluß in den nahegelegenen Attersee. Beliebtes Ferienziel. Länge 10 km, Fläche 14,4 qkm, Tiefe 67 m. Motorschifffahrt.

9 **Mondsee.** 493 m. 2500 Einwohner 3000 Fremdenbetten. Markt am Nordwestende des Mondsees in schöner Lage. Sehr alte Siedlung. Gründung von Stift Mondsee 748 durch den Agilolfinger-Herzog Odilo von Bayern. Stiftskirche St. Michael, spätgot. Staffelkirche mit guter bar. Innenausstattung, zwei Altäre, Kanzel und Orgel von Meinrad Guggenbichler (1678). Hochaltar von Hans Waldbauer (1626). Schöne Barockhäuser am Markt. Heimatmuseum und bäuerliches Freiluftmuseum mit Rauchhaus aus dem 12. Jahrh. Strandbäder, Wassersport.

10 **Salzburg.** 424 m. 120 000 Einwohner, 8200 Fremdenbetten. Hauptstadt des Landes Salzburg, Universität, Landestheater, Mozartmuseum, Salzburger Festspiele. Geburtsstadt Mozarts. Bedeutendes kulturelles Zentrum. Einzigartiges Stadtbild. Die Altstadt ist zwischen Mönchsberg und Kapuzinerberg zusammengedrängt enge Gassen, alte Bürgerhäuser, zahlreiche Kunstdenkmäler. Auf dem Mönchsberg als Wahrzeichen der Stadt die Feste Hohensalzburg, erbaut 1077, heutige Form von 1519, Standseilbahn zur Feste. Sehenswert die Getreidegasse mit dem Geburtshaus Mozarts. Weiträumiger Residenzplatz mit der Fürstbischöflichen Residenz, bar. Residenzbrunnen. Sehr schön der bar. Domplatz mit Mariensäule, Aufführungsort des berühmten »Jedermann«. Dom St. Rupert, gewaltiger Kirchenbau in italienischer Spätrenaissance. Benediktinerabtei Nonnberg, ältestes bestehendes Frauenkloster. Franziskanerkirche mit rom. Langhaus, got. Chor und bar. Altar mit einer Madonna von Michael Pacher. Auf der anderen Salzachseite Schloß Mirabell und Mirabellgarten mit schönem Blick auf die Feste.

11 **Salzach.** Wichtigster Nebenfluß des Inns, 220 km lang. »Lebensader« des Landes Salzburg. Entspringt am Gerlospaß, durchströmt Pinzgau, Pongau und die Stadt Salzburg, dann deutsch-österreichischer Grenzfluß.

12 **Gaisberg.** 1288 m. Aussichtsberg im Südosten der Stadt Salzburg mit Straßenanlage bis zum Gipfel, 13% Steigung.

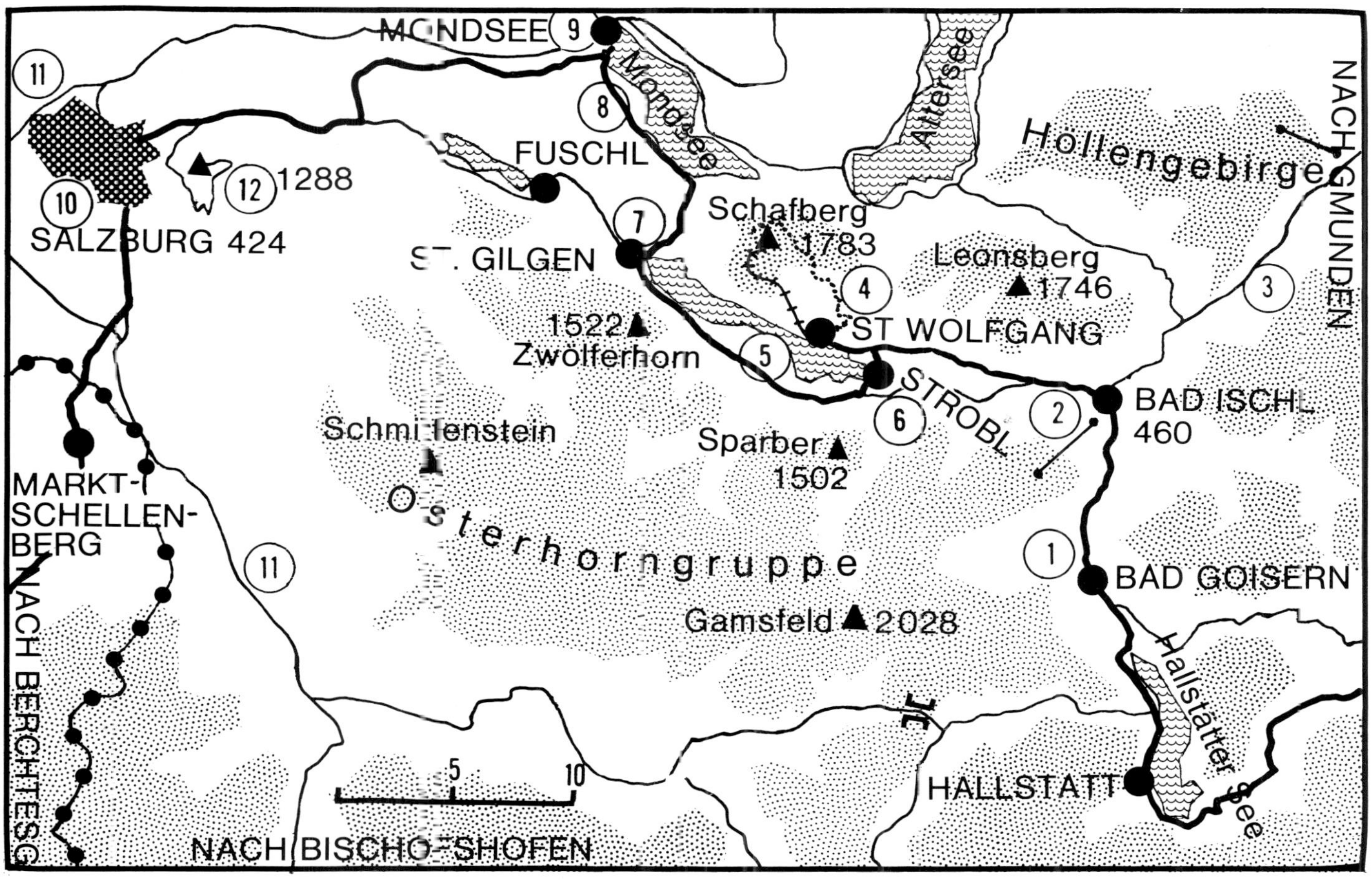

Schafberg-Rundtour

DIE SCHÖNSTE AUSSICHTSWARTE DES SALZKAMMERGUTS UND SECHS SEEN

4

Steigen wir zu Fuß von St. Wolfgang zum Schafberg hinauf, dann wird man auch uns für Schafe halten: Es ist kein Vergnügen, neben den Gleisen einer Zahnradbahn herzulaufen. Nein, für den Aufstieg wollen auch wir die Bahn benützen, dafür beim Abstieg aber einen ganz besonderen und sehr reizvollen Weg wählen, der an drei stillen Bergseen vorbeiführt. Die Schafbergbahn, immerhin schon rund 80 Jahre alt, ist ein wahres Museumsstück. »Der Romantik zuliebe« läßt man noch heute die alten Wagen laufen, die Lokomotiven stammen aus dem Eröffnungsjahr 1893 – ein ungewöhnlicher Qualitätsbeweis. Ganze sieben Stundenkilometer darf die Bahn fahren; überschreitet sie dieses Tempo, dann wird sie von einem automatischen Steuerungssystem gebremst und zur Ordnung gerufen. Eine Stunde ist sie unterwegs, eine Stunde, die uns nicht lang wird, bieten sich doch immer neue, überraschende Ausblicke.
Der Schafberg mit seinen 1783 m gilt als der schönste Aussichtsberg des ganzen Salzkammerguts. Er verdankt diesen Ruf vor allem seiner Lage zwischen Wolfgangsee, Mondsee und Attersee, zu denen er jeweils recht steil abfällt und damit besonders schöne Tiefblicke ermöglicht. Aber auch alle großen Berggruppen der Umgebung gehören zum Schafbergpanorama, das Tote Gebirge und der gletschergeschmückte Dachstein, die gewellte Hochfläche des Tennengebirges und das Gipfelmeer der Berchtesgadener Alpen. Auf der höchsten Schneide steht ein großes Gasthaus. Gleich dahinter stürzen die Felswände 200 m nahezu lotrecht in die Tiefe. Treten wir ganz an die Kante vor, so schauen wir auf den kleinen Suissensee hinab, unser erstes Zwischenziel. Die Alpendohlen, diese schwarzen Kobolde haben es einfach: sie legen die Flügel an und schießen in einigen Sekunden hinunter. Wir jedoch müssen die Wände weit nach Westen auf dem Himmelspfortensteig umgehen, und trotz der guten Weganlage und den Sicherungen wird mancher, dem das Gelände zu steil und zu ausgesetzt ist, lieber zum Schafberggipfel zurückkehren. Doch haben wir erst einmal die kurze Felspassage überwunden, dann wendet sich der Steig nach rechts und quert die Steilhänge rasch hinüber zum kleinen Rücken am Suissensee. Hier liegen nun alle Schwierigkeiten bereits hinter uns. Diese Lacke, die kaum den Namen See verdient, versteckt sich in einem 50 m tiefen, abflußlosen Kessel. Das Wasser sucht sich unterirdisch einen Ausgang. Bei der Verzweigung halten wir uns rechts und spazieren, immer in gleicher Höhe bleibend, zu einem kleinen Nebengrat hinüber, dabei ständig begleitet von den steilen Schafbergwänden rechts über uns. Dort oben sind wir vor relativ kurzer Zeit noch gestanden und haben auf diesen Weg herabgeschaut. Wir kommen nun bald zum größeren Mittersee. Vom jenseitigen Ufer müssen wir kurz zu einer Schulter aufsteigen, die gleich links neben dem auffallenden Felszacken eingebettet ist. Drüben geht es durch steilen Wald rasch hinunter zum dritten See des Tages, dem Münichsee (1262 m), der in einer freundlichen, nach Süden geöffneten Mulde liegt. Vier Wege zweigen hier ab; wir schlagen den linken ein und wandern über die leicht ansteigenden Matten nach Südosten zur Vormaueralm, dem Inbegriff einer Voralpenalm mit weitem Wiesenplan, aus Holz gebauten Hütten, Kühen und Schafen und Viehbrunnen. Der Bergsteiger in uns verleitet noch zur Besteigung des nahen Vormauersteins (1451 m), von dem wir ein letztes Mal sehr schön den Schafberg sehen. Nach der Rückkehr zu den Almhütten umgehen wir den Gipfel ziemlich tief unten in der bewaldeten Ostflanke und kommen bei den Sommeraualmen wieder auf die Südseite. Hier zeigt unser so harmloser Vormauerstein gewaltige Felsabbrüche, eben jene Mauer vor dem Schafberg. Der Steig zieht gerade abwärts durch den Wald, bis wir bei einer Kapelle auf den größeren Weg vom Schwarzensee treffen, der uns wieder hinüberbringt nach St. Wolfgang.

St. Wolfgang mit seiner Pfarrkirche und dem berühmten Gasthaus »Weißes Rößl«. Im Hintergrund der Schafberg.

Farbbild auf Seite 44:
Bad Ischl ist das Zentrum des Salzkammerguts. Im vergangenen Jahrhundert hatte der Kurort Weltruhm als Sommerresidenz des österreichischen Kaiserhauses. Wir schauen bei dieser Aufnahme aufwärts durch das Tal der Traun bis zum Dachstein, neben dem der Hallstätter Gletscher eingebettet ist.

Farbbild auf Seite 45:
Die Getreidegasse in der malerischen, engen Altstadt Salzburgs. In ihr steht auch das Geburtshaus Mozarts.

Farbbild auf den Seiten 46/47:
Der alte Kern Salzburgs mit der Salzach und der Feste Hohensalzburg. Im Hintergrund der Untersberg.

1720.
Sternbräuerei
1938
AUTOMOBILE
G.u.M. HASLAUER
Schuhe

5

Salzburg – Zell am See

ROSSFELDSTRASSE – BERCHTESGADEN – KÖNIGSSEE – BAD REICHENHALL

Im Berchtesgadner Land führt unsere Straße das einzige Mal über deutsches Gebiet. Das Gebiet ist ein wahres Schmuckkästchen für den, der nicht nur in aller Eile mit seinem Auto hindurchfährt. Denn hier ist das Sehenswerte nicht auf einem breiten Präsentierteller ausgelegt, man muß in das Gebiet eindringen. Die Berchtesgadener haben mit viel Geschick für Fremdenverkehr, aber durchaus mit Gefühl, ihr Land für den Touristen erschlossen. Sie locken damit jedoch so viele Besucher an, daß an schönen Sommertagen – vor allem am weltberühmten Königssee – oft ein arger Trubel herrscht. Wir kommen von Salzburg über Marktschellenberg ins gelobte Land, darum beginnen wir unsere Erforschung mit der Roßfeld-Ringstraße, die ja schon in Unterau, also 4 km vor Berchtesgaden, abzweigt. Diese ausschließlich für den Touristen gebaute Strecke (Maut) verdient den häufig unberechtigt verliehenen Titel Panoramastraße wirklich.

Schon beim ersten Stück der Auffahrt begeistert die Sicht auf Berchtesgaden und die großen Felsgipfel, die es im weiten Rund umstehen, auf den Untersberg, die Reiteralm, den Hochkalter, den Watzmann. Hinter dem Zinkenkopf öffnet sich der Blick nach Norden auf Salzburg, und wieder eine Stufe höher schauen wir über das tief eingeschnittene Salzachtal bis hinüber zum Dachstein. Die Krönung schließlich bildet die südlichste Stelle der Straße, wo wir dem Hohen Göll (2522 m) mit seinen wilden Nordabstürzen unmittelbar gegenüberstehen. Nach der Abfahrt auf dem südlichen Teil der Ringstraße kommen wir zum Obersalzberg. Bei Abstechern zum Kehlstein (Bus und Lift) oder zum Jenner mit seinem eindrucksvollen Blick zur Watzmann-Ostwand – mit 1800 m die höchste Felswand der Ostalpen – sammeln wir neue Eindrücke für unser Berchtesgadener Mosaik. Eine recht steile (21%), aber sonst ganz harmlose Straße bringt uns durch dichten Wald nach Berchtesgaden hinunter. Ein Rundgang durch den reizvollen Ort mit dem Schloß, der gotischen Stiftskirche und dem romanischen Kreuzgang, immer mit dem Watzmann als Wahrzeichen im Hintergrund, steht ebenso auf unserem Programm wie der Ausflug zum Königssee. Die Straße führt uns nur bis an seinen äußersten Nordzipfel, an eine winzige, waldumsäumte Bucht ohne jeden Ausblick. Wollen wir den berühmten, fjordartigen See, in den die Felswände teilweise senkrecht und aus einer Höhe von 1000 m abbrechen, wirklich kennenlernen, müssen wir entweder die 20 Minuten hinüberwandern zum sogenannten Malerwinkel oder eine Rundfahrt mit dem Motorboot unternehmen – ein unvergeßliches Erlebnis. Für die Weiterfahrt wählen wir die Deutsche Alpenstraße, denn wir wollen uns doch den Rückblick vom Wachterl auf den Hochkalter mit dem steilen Blaueisgletscher nicht entgehen lassen. Wie ein schmutziger Lappen hängt er zwischen den Felsgraten, von den hohen Wänden so ideal gegen die Sonne geschützt, daß er sich trotz der geringen Höhe immer noch gegen das Abschmelzen behaupten kann. In Unterjettenberg zweigen wir von der Alpenstraße nach rechts ab und fahren am Saalachsee entlang hinüber nach Bad Reichenhall, dem noblen Fremden- und Kurort. Wir können in den Kuranlagen des Solebads spazierengehen, können das Spielcasino besuchen oder etwas für unsere Bildung tun und die einzigartige romanische Kirche St. Zeno besichtigen. Entlang dem Thumsee geht es über Schneizlreuth zurück ins Österreichische, immer saalachaufwärts in einem engen, meist wenig markanten Waldtal, an den beiden Ferienorten Unken und Lofer vorbei, bis dann nach 40 km Fahrt bei Saalfelden die Landschaft wieder weiträumig wird. Im Osten schließt die zinnenbewehrte Mauer des Steinernen Meeres das weite Becken recht eindrucksvoll ab, während durch eine Bresche in den südlichen Bergen die ersten Eisgipfel der Hohen Tauern lugen. Genau in jener Bresche liegt Zell am See.

Auf der Roßfeld-Ringstraße, der höchsten Bergstraße Deutschlands, mit Blick nach Norden. Im Hintergrund der Untersberg. Nach der Sage soll Karl der Große mit seinem gesamten Hofstaat im Inneren des Berges schlafen, um eines Tages zurückzukehren und ein neues Kaiserreich aufzubauen.

Berchtesgaden und Watzmann. Lithographie von Olivier (1815)

Salzburg	km
Marktschellenberg	14
Roßfeld	32
Berchtesgaden	43
Königssee	48
Ramsau	58
Bad Reichenhall	76
Lofer	103
Saalfelden	126
Zell am See	**140**
(ab Wien	594)

1 **Hellbrunn.** Am Südrand von Salzburg. Lustschloß von Santino Solari im Frühbarock. Älteste bar. Parkanlage im deutschsprachigen Gebiet. Tierpark.

2 **Roßfeld-Ringstraße.** 13%. Am Ahornbüchsenkopf 1553 m hoch. Höchste öffentliche Straße Deutschlands, echte Panoramastraße. Sehr schöner Blick in den Berchtesgadener Kessel, in das Salzachtal mit Salzburg und auf die umliegenden Gipfel.

3 **Kehlstein — Jenner — Hinterbrand.** Abstecher vom Obersalzberg, Ausflugsziele östlich über Berchtesgaden. Die Kehlsteinstraße ist für den allgemeinen Verkehr gesperrt, Postbusverkehr vom Obersalzberg, Aufzug zum Gipfel (1837 m). Stichstraße vom Obersalzberg nach Hinterbrand. Dazwischen Mittelstation der Jennerseilbahn. Bergstation in 1802 m Höhe. Vom Jenner-Gipfel (1874 m) interessanter Blick auf die Watzmann-Ostwand.

4 **Berchtesgaden.** 568 m. 25 000 Einwohner, 21 800 Fremdenbetten (gesamtes Berchtesgadener Land). Sehr beliebtes Touristenzentrum in reizvoller Lage, schöne Hochgebirgskulisse. Hübscher, alter Marktplatz. Ehem. Stift, dann königliches Schloß der Wittelsbacher mit Kunstsammlung, u. a. Holzplastiken von Veit Stoß und Erasmus Grasser. Rom. und got. Stiftskirche. Heimatmuseum. Salzbergwerk mit Besichtigungsfahrt. Solebäder. Hallenbad und Freibad Aschauer Weiher nördlich des Ortes.

5 **Königssee.** 602 m. Einer der schönsten Alpenseen mit teilweise fast senkrechten Ufern. Großartige Motorbootrundfahrt (Dauer 1,50 Std.). Die Anlegestelle St. Bartholomä ist Ausgangsort für die Besteigung der Watzmann-Ostwand. Vom Südende des Sees 10 Min. Fußwanderung zum einsamen Obersee. Länge 8 km, Fläche 5,2 qkm, Tiefe 188 m.

6 **Watzmann.** 2713 m. Gewaltiger Berg, das Wahrzeichen Berchtesgadens. Östlich anschließend die sieben Watzmannkinder und der Kleine Watzmann. Nach der Sage eine königliche Familie, die wegen ihrer Grausamkeit versteinert wurde. Berühmt die Watzmann-Ostwand, mit 1800 m die höchste Felsflanke der Ostalpen. Für erfahrene Bergsteiger ist die Erkletterung nicht allzu schwierig.

7 **Ramsau.** Urlaubsgebiet westlich von Berchtesgaden in sehr ruhiger Lage. Von der Wimbachbrücke in 15 Min. zu Fuß in die erschlossene Wimbachklamm. Hübsch der Hintersee, in dem sich die glatten Südwände der Reiteralm spiegeln, Badegelegenheit.

8 **Schwarzbachwacht.** 868 m. Kleiner Paß im Zuge der Deutschen Alpenstraße. Sehr schöner Blick auf das Massiv des Hochkalters (2607 m) mit dem kleinen, aber sehr steilen Blaueisgletscher.

9 **Bad Reichenhall.** 472 m. 14 500 Einwohner, 10 000 Fremdenbetten. Bekannter Kurort im weiten Tal der Saalach, nahe dem Alpennordrand. Solebad mit schönem Kurpark. Dom St. Zeno, größte rom. Kirche Bayerns, Innenausstattung spätgot., am Portal Reliefs aus dem 9. Jahrh. Im Südwesten auf einem Felsen 100 m über der Stadt die bar. Kirche St. Pankraz. In Nonn Kirche St. Georg von 1513. Heimatmuseum mit Ausgrabungen bis zur Bronzezeit. Schwimmbad, Freibad am nahen Thumsee. Spielbank. Seilbahn Predigtstuhl, Bergstation in 1560 m Höhe.

10 **Thumsee.** 530 m. Stiller Waldsee gleich westl. von Bad Reichenhall. Badeanstalt.

11 **Steinpaß.** 8‰. Unbedeutende Höhe parallel zum Saalachtal zwischen Bad Reichenhall und Lofer. Deutsch-österreichische Grenze.

12 **Unken.** 563 m. Sommerfrische im engen Waldtal der Saalach. Abzweigung auf einer öffentlichen Almstraße ins Heutal (1000 m).

13 **Lofer.** 626 m. 1600 Einwohner, 2000 Fremdenbetten. Beliebter Ferienort im Saalachtal, schöner Blick auf die Felsgipfel der Loferer Steinberge. Kirche von 1330. Schwimmbad, Moorbad, Kneippanlagen.

14 **Vorderkaserklamm.** Schöne Felsschlucht in einem Nebental. Fahrweg bis zum Eingang. Abzweigung von der Hauptstraße 6 km südlich von Lofer.

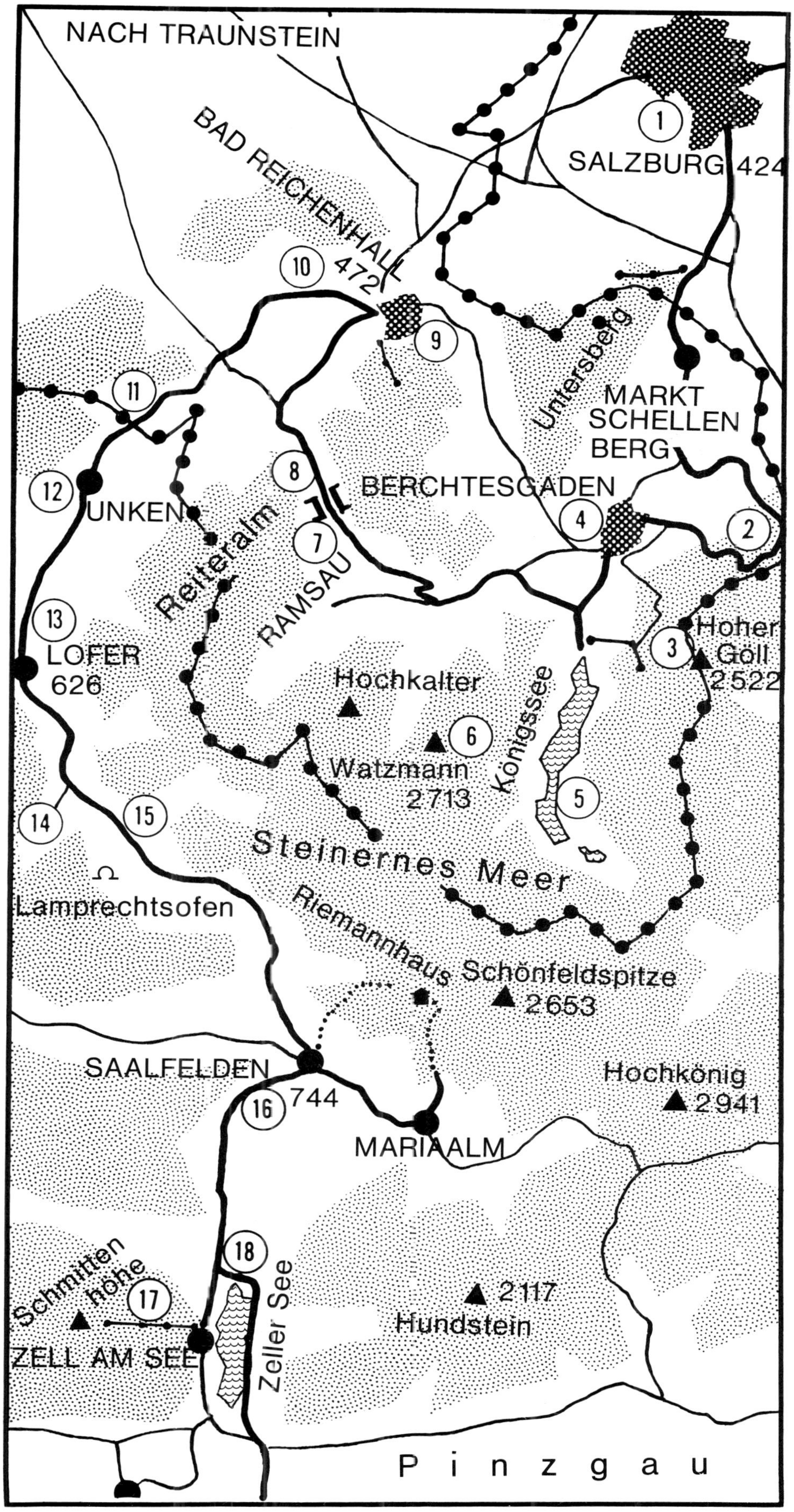

15 **Lamprechtsofen.** Mit 10 km Ganglänge eine der großen Höhlen, wasserführend. Weg bis zu unterirdischen Wasserfällen. Der Eingang liegt in unmittelbarer Nähe der Straße Lofer – Saalfelden.

16 **Saalfelden.** 744 m. 9500 Einwohner, 2350 Fremdenbetten. Beliebte Sommerfrische und Wintersportplatz mit herrlicher Hochgebirgskulisse. Sehenswertes Krippenmuseum in Schloß Ritzen. Zwei Freibäder.

17 **Zell am See.** 757 m. 7000 Einwohner, 7000 Fremdenbetten. Berühmter Ferienort am Zeller See, Wintersportzentrum. Strandbäder, Wassersport, Hallenbad, Segelflugschule. Seilbahn zur Schmittenhöhe (1965 m) mit großartigem Blick auf die Hohen Tauern.

18 **Zeller See.** 750 m. Freundlicher Gebirgssee mit flachen Ufern im Norden und Süden. Sehr schöner Blick über den See auf die Eisgipfel der Hohen Tauern. Länge 4 km, Tiefe 68 m.

Saalfelden – Riemannhaus

EIN DRAHTSEILVERSICHERTER STEIG IN WILDER FELSLANDSCHAFT

5

Vor 100 Jahren begann der Alpenverein, der große Verband der Bergsteiger Deutschlands und Österreichs, unseren Alpenanteil mit Hütten und Wegen zu erschließen. Zum ersten Mal drang nun auch der allgemeine Tourismus in die Hochregion vor. In den nächsten Jahrzehnten wurde mit einem wahrhaft erstaunlichen Idealismus gebaut und gebaut. Fast alle Wege verlaufen auch heute noch auf den alten Trassen, ein Beweis für das hohe technische Können dieser Pioniere.
Wer mit scharfen Augen von Saalfelden zum Hauptkamm des Steinernen Meeres hinaufschaut, wird in der Ramseider Scharte, die links vom behäbigen Breithorn, rechts vom Sommerstein mit seinen senkrechten, rotbraunen Wänden eingefaßt wird, das Riemann-Haus entdecken, eine der typischen, kühn gelegenen Hütten des Alpenvereins. Bereits vor 88 Jahren wurde der erste Teil dieses Stützpunktes erbaut. Der Zugang erscheint von dieser Seite ganz unmöglich, und doch führt ein Steig in geschickter Linienführung mitten durch die Felswüste dort hinauf. Er gehört zu den großartigsten Hüttenzugängen in den Alpen, zeigt uns Felsszenerien von grandioser Wildheit, wie wir sie sonst vielleicht nur in den Dolomiten oder den Julischen Alpen Jugoslawiens finden. Es sei hier jedoch von Anfang an ausdrücklich betont, daß diese Tour bestimmt kein Spaziergang mehr ist, sondern trotz des angelegten Weges eine ernstzunehmende Bergfahrt, die unbedingt Bergschuhe, einige Ausdauer und vor allem Schwindelfreiheit erfordert. Selbst die Zufahrt mit dem Auto, die uns eine gute Stunde des Aufstiegs erspart, verlangt eine gewisse alpine Erfahrung, denn das Straßerl wird gegen Ende eng, steil und arg holperig. Bei einer Schranke ist endgültig Schluß mit der Faulheit. Wir steigen nun auf dem noch breiten, bequemen Weg über ein riesiges Geröllfeld an, das uns recht eindringlich zeigt, daß auch die »ewigen Berge« vergänglich sind. Weiter oben klimmt der nunmehr kleine Steig mit Hilfe von Serpentinen rasch über eine Steilstufe hinauf bis zu einem schmalen, grasigen Vorsprung. Dann biegt er nach rechts in die wilde Felsschlucht ein, quert unter senkrechten Abstürzen hindurch in den hintersten, scheinbar ausweglosen Kessel. Doch links ist der Fels etwas weniger schroff: Hier klettert das Wegerl empor. Drahtseile und einige in das Gestein geschlagene Eisenklammern machen dieses alpine Gelände auch für uns begehbar. Nachdem wir dem Schlund entstiegen sind, gelangen wir über Gras- und Schrofenhängen schnell zur Hütte hinauf. Hier oben erwartet uns nicht nur eine ausgezeichnete Brotzeit, sondern auch ein großartiger Blick nach Westen. 1400 m unter uns liegt Saalfelden ausgebreitet, und darüber steht als gewaltiger, eisiger Wächter der Großvenediger (3674 m). Im Osten der Hütte aber breitet sich eine weite Karsthochfläche mit dem treffenden Namen »Steinernes Meer« aus. Wir wollen noch ein wenig umhergehen, um diese eigenartige Verwitterungsform aus der Nähe kennenzulernen. (Lesen Sie bitte über die Entstehung des Karstes in unserem Wandervorschlag Nr. 3 nach). – Für die Touristen, die sich den Schwierigkeiten dieses Hüttenaufstiegs nicht gewachsen fühlen, haben wir noch einen anderen Tourenvorschlag von Saalfelden aus bereit. Wie wäre es mit einer Besteigung des Kienbergs (1333 m), der als steiler Waldrücken nördlich des Ortes aufragt? Bis zu den Wiesen unter dem Gipfel dient uns der Weg zur Wiechenthaler-Hütte als zuverlässige Leitlinie, dann steigen wir gerade über Gras zum höchsten Punkt empor. Die hübsche Aussicht zeigt uns die verschiedensten Bergformen von den sanften Kuppen der Saalbacher Gipfel über die schroffen Kalkberge des Steinernen Meeres bis zu den großen Eisgipfeln der hohen Tauern. Wer noch über einige Kraftreserven verfügt, wird eine weitere Stunde emporsteigen zur kleinen Wiechenthaler-Hütte (1708 m), ebenfalls ein Stützpunkt des Alpenvereins.

Beim Aufstieg von Mariaalm zum Riemannhaus. Der Steig läuft durch das felsige Gelände bis zur Scharte links des Sommersteins, den man an seinen rotbraunen Abstürzen erkennt.

Farbbild auf Seite 54:
Ein typisches Bild aus dem Berchtesgadener Land. Im Mittelgrund der Markt Berchtesgaden mit der beherrschenden Stiftskirche, dahinter als Wahrzeichen des ganzen Gebietes der mächtige Watzmann.

Farbbild auf Seite 55:
Ein Blick quer über den Königssee gegen die Kapelle St. Bartholomä und die ein gutes Stück dahinter liegende Watzmann-Ostwand, die höchste Felsflanke in den Ostalpen.

Farbbild auf den Seiten 56/57:
In einem freundlichen Wiesental liegt Saalfelden. Es wird von den Felsgipfeln des Steinernen Meeres überragt. Der dominierende Berg heißt Breithorn, rechts daneben sieht man die kecke Felsgestalt des Sommersteins. In der scharf eingeschnittenen Lücke zwischen beiden liegt das Riemann-Haus.

6

Zell am See – Lienz

ZELLER SEE – GROSSGLOCKNER – MÖLLTAL – AGUNTUM

Schon 590 km sind wir seit Wien gefahren und haben – abgesehen von unseren Abstechern und Wanderungen – die Alpenwelt nur in den Tälern erlebt. Heute jedoch werden wir bis in die Gletscherregion vordringen – nicht als Bergsteiger, sondern ganz bequem mit unserer Benzinkutsche. Die berühmte Glocknerstraße macht es möglich. Den Auftakt bildet die Fahrt um den Zeller See, wollen wir doch zuerst drüben von Thumersbach zum Ochsenkopf und Hundstein emporsteigen. Auf dem kleinen Straßerl am Ostufer genießen wir dann noch kurz die Ruhe, bevor wir uns bei Bruck in den großen Urlaubsstrom einreihen. Bei der Kreuzung nach einem Kilometer biegen wir rechts ab über die Salzachbrücke und fahren hinauf ins breite Wiesental von Fusch. Hinter diesem freundlichen Ferienort beginnt sie nun, die berühmteste aller Paßstraßen, die Großglockner-Hochalpenstraße, 41 km lang, bis zu 12% steil, 26 Kehren, zwei Tunnels, zwei Stichstraßen, Höchstpunkt 2571 m, nicht gerade billige Maut. Sicher macht man etwas zu viel Rummel um diese Straße, doch ohne Zweifel bietet sie manchen großartigen Ausblick und gehört bestimmt zu den schönsten Abschnitten auf unserer langen Reise durch die Alpen.
Interessant bei der Auffahrt die verschiedenen Vegetationsgürtel, die wir hier in einer guten halben Stunde passieren, ein Erlebnis, das sonst nur durch das Überqueren unzähliger Breitengrade bis hinauf in den hohen Norden möglich wäre. Begeisternd auch der immer freier werdende Blick auf den weiten Gletscherzirkus um das Kefertal mit dem Großen Wiesbachhorn (3570 m) und dem Fuscherkarkopf (3336 m) als markanteste Gipfel. Vom ersten Paß, dem Fuscher Törl (2404 m), lassen wir uns natürlich den Abstecher zur Edelweißspitze (2571 m) nicht entgehen – wo kann man schon einen Berg dieser Höhe mit dem Auto »besteigen«! Man hat den obersten Gipfel abgetragen, um Raum für einen großen Parkplatz, für den Aussichtsturm, für das Restaurant zu schaffen. Die Weiterfahrt vom Fuscher Törl beginnt mit einer Schleife um den Törlkopf, die man nur wegen der Aussicht angelegt hat. Wiesenböden, Steilhänge und vegetationslose Schuttströme in rascher Folge prägen die hochalpine Landschaft bis hinüber zum Nordportal des Hochtortunnels; auf dieser ganzen Strecke bleibt unsere Straße immer in einer Höhe zwischen 2250 und 2500 m. Dann fahren wir in das breite Maul des Tunnels ein, der uns nach 300 m in eine völlig neue Landschaft entläßt. In der Tiefe ahnen wir das Mölltal, am Horizont stehen die schwarzen Felshörner der Schobergruppe. Über neue Wiesenböden geht es rasch abwärts und hinüber zum Tauerneck, das erstmals den Blick auf den Großglockner freigibt. Die elegante, fein zugespitzte Felsgestalt in ihrem dicken Eismantel scheint sich ihrer Würde als »König der österreichischen Alpen« voll bewußt. Ihm zu Ehren hat man eine eigene Straße erbaut, die taleinwärts bis zum Franz-Josephs-Haus führt und über der Zunge der Pasterze endet. Wir können hier in Begleitung unzähliger Schaulustiger zu dem breiten Eisstrom hinuntersteigen, um auch einmal auf einem richtigen Gletscher spazierenzugehen. Nach diesem eisigen Abstecher fahren wir mölltalabwärts, vorbei an dem Fremdenort Heiligenblut mit seiner gotischen Kirche und ihrem auffallend spitzen Turmhelm, durch Döllach, einst Zentrum des Goldbergbaus, bis nach Winklern. Hier verlassen wir das Tal nach rechts und erreichen auf der guten Straße bald den Iselsberg, die Scheide zwischen Kärnten und Osttirol. Bei der Abfahrt ins Drautal bestaunen wir die Felsgipfel der Lienzer Dolomiten und fahren bald darauf in Lienz ein, einem reizenden Städtchen mit einem ruhigen, gemütlichen Marktplatz. Hier können wir an einem der Kaffeehaustische unter freiem Himmel den Tag beschaulich ausklingen lassen, falls uns nicht der Wissensdurst zum Schloß Bruck mit dem Heimatmuseum treibt oder gar zu den römischen Ausgrabungen von Aguntum.

Am Nordufer des Zeller Sees. Jenseits der Wasserfläche die Häuser von Zell am See. Dahinter das Imbachhorn, der erste Gipfel der Hohen Tauern.

Aus Hacquets »Mineralogisch-botanische Lustreise von dem Berg Terglou in Krain zu dem Berg Glockner in Tyrol« (1783)

1 **Thumersbach.** 756 m. Sommerfrische am Ostufer des Zeller Sees, Zell genau gegenüber. Strandbad, Wassersport.

2 **Moserboden und Kitzsteinhorn.** Das Kapruner Tal wurde durch menschliche Bauwerke gewaltig verändert. Auf dem Wasserfallboden und dem Moserboden entstanden zwei große Stauseen (2,5 und 3 km lang), in denen sich die gewaltigen Fels- und Eisberge Großes Wiesbachhorn (3570 m) und Klockerin spiegeln. Die Zufahrt erfolgt mit eigenem Pkw durch das Kapruner Tal bis zum Hotel Kesselfall, von dort mit Bussen und einem Schrägaufzug. Kurz vor dem erwähnten Hotel liegt die Talstation der dreiteiligen Kitzsteinhornbahn, die wohl kühnste Anlage in Österreich. Bergstation in 3029 m Höhe. Beliebtes Sommerskigebiet. Die Bahn ist durch einen Aufzug im Bergesinneren ergänzt.

3 **Bruck an der Glocknerstraße.** 758 m. 3100 Einwohner, 1800 Fremdenbetten. Sommerfrische im Salzachtal, Abzweigung zur Glocknerstraße. Auf vorspringendem Eck in schöner Lage Schloß Fischhorn. Schwimmbad.

4 **Fusch.** 820 m. 800 Einwohner, 1000 Fremdenbetten. Hübscher Ferienort in freundlichem Tal. 20 Min. Fußmarsch zu den Hirzbach-Wasserfällen.

5 **Großglockner-Hochalpenstraße.** Neben dem Stilfserjoch berühmteste Paßstraße der Ostalpen. Von Bruck im Salzachtal nach Heiligenblut im Mölltal, vom Land Salzburg nach Kärnten. Sehr gut ausgebaut, 26 Kehren, max. 12% Steigung, 2 Tunnels, zahlreiche Parkplätze an den aussichtsreichsten Punkten, nicht gerade billige Maut. Aufstieg durch das Fuscher Tal zum Fuscher Törl (2404 m), östliche Querung des Brennkogels zum Hochtor (Tunnel in einer Höhe von 2504 m), Abfahrt nach Heiligenblut. Bei der Auffahrt großartiger Blick auf den stark vergletscherten Tauernkamm zwischen Großem Wiesbachhorn (3570 m) und dem Fuscherkarkopf (3336 m), bei der Abfahrt auf die Felsgipfel der Schobergruppe (bis 3283 m) und den Großglockner. In der Hauptreisezeit sehr lebhafter Verkehr. Die Straße wurde in den Jahren 1930–35 nach den Plänen des Hofrats Franz Wallack erbaut.

6 **Edelweißspitze.** 2571 m. Einer der wenigen Alpenberge dieser Höhe, der ganz mit dem Auto bestiegen werden kann. Abzweigung von der Glocknerstraße am Fuscher Törl. Max. 14%. Weitreichender, sehr eindrucksvoller Rundblick. Aussichtsturm. Restaurant.

7 **Gletscherstraße zur Franz-Josephs-Höhe.** 2362 m. 12%. Stichstraße zum Fuß des Großglockners. Abzweigung von der Glocknerstraße zwischen Hochtor und Heiligenblut. 8,7 km Länge. Wunderbarer Blick auf den Großglockner und auf die Pasterze, die mit 8,5 km Länge zu den größten Ostalpengletschern gehört. Fußweg und Schrägaufzug hinab zur Gletscherzunge, die hier im Sommer meist aperes Eis zeigt und zudem, vor allem am entgegengesetzten Ufer, stark mit Felsschutt bedeckt ist.

Zell am See	km
Thumersbach	5
Bruck	12
Fusch	19
Fuscher Törl	39
Franz-Josephs-Höhe	61
Heiligenblut	78
Döllach	86
Winklern	101
Lienz	**118**
(ab Wien	712)

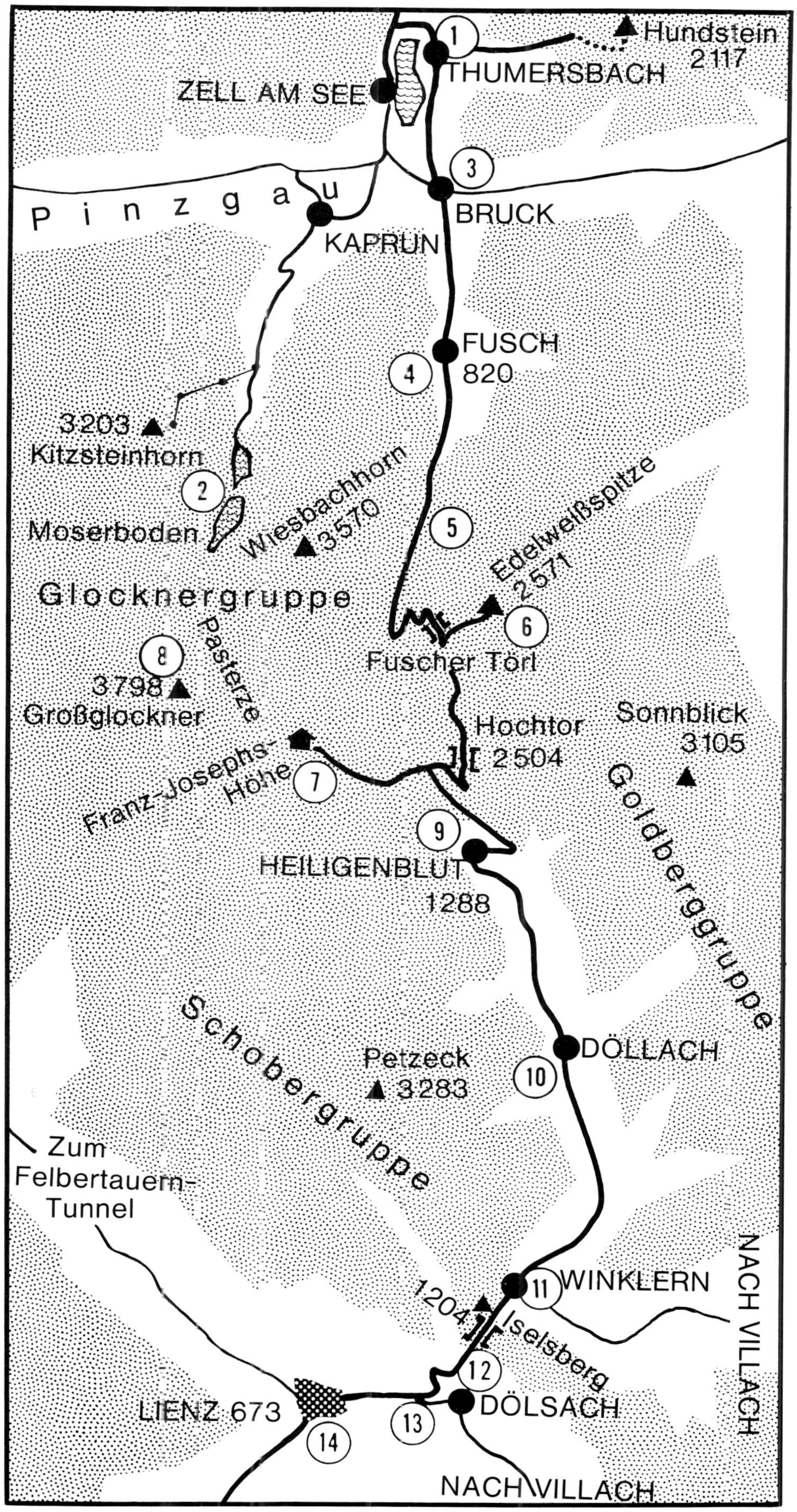

8 **Großglockner.** 3798 m. Formenschöner, fein zugespitzter Fels- und Eisberg, höchste Erhebung Österreichs. Die erste Besteigung erfolgte bereits 1800. Dazu waren mehrere Expeditionen notwendig, es wurden sogar zwei Bretterhütten errichtet. Heute wird der berühmte Berg jedes Jahr von unzähligen Touristen erstiegen, obwohl auch der einfachste Aufstieg nur von erfahrenen Bergsteigern gemeistert werden kann.

9 **Heiligenblut.** 1288 m. 1620 Einwohner, 1420 Fremdenbetten. Sommerfrische und neuerdings auch Skiort am Südende der Glocknerstraße in sehr schöner Lage. Auffallend die spätgot. Kirche mit sehr spitzem Turm. Geschnitzter Hochaltar von Wolfgang Aßlinger (1520). Bergsteigerfriedhof. Hallenbad. Zweiteiliger Sessellift zum Schareck (2600 m).

10 **Döllach.** 1013 m. 1460 Einwohner, 780 Fremdenbetten. Ferienort im freundlichen oberen Mölltal. Sehenswertes Heimatmuseum für den Goldbergbau im Schloß Großkirchheim. Schwimmbad.

11 **Winklern.** 964 m. 1080 Einwohner, 475 Fremdenbetten. Alter Ort am Knie des Mölltals gelegen. Bar. Kapelle St. Benedikt am Penzelberg (1765).

12 **Iselsberg.** 1204 m. Wichtiger Straßenpaß, sehr gut ausgebaut. Schöner Blick gegen die Lienzer Dolomiten.

13 **Aguntum.** An der Straße zwischen Dölsach und Lienz. Römische Ausgrabungen, Häusergrundrisse, Mosaikfußboden etc. Aguntum war Mittelpunkt eines zur römischen Provinz Norikum gehörenden Gebietes (etwa heutiges Osttirol). Um 600 wurde es zerstört.

14 **Lienz.** 673 m. 12000 Einwohner, 2200 Fremdenbetten. Lebendige Hauptstadt Osttirols mit 2000jähriger Geschichte (siehe Aguntum). Hübsches Zentrum. Spätgot. Pfarrkirche St. Andrä. Heimatmuseum im Schloß Bruck der Grafen von Görz. Sehr schöne, zweistöckige Burgkapelle, rom. mit got. Innenausbau, interessante Fresken. Strandbad und Freibad am nahegelegenen Tristacher See in ruhiger Waldlandschaft. Seilbahn zum Zettersfeld (1812 m). Abzweigung der wichtigen Straße zum Felber-Tauern-Tunnel.

Thumersbach – Hundstein oder Ochsenkopf

SCHÖNSTER AUSSICHTSBERG ÜBER DEM ZELLER SEE

6

Die Umgebung von Zell am See verdankt ihren landschaftlichen Zauber vor allem den Bergen. Hier verstecken sich die großen, formenschönen Fels- und Eisgipfel nicht hinter zahlreichen Vorkuppen, sondern treten wirklich gegen das Tal vor, wie etwa die Felsmauern des Steinernen Meeres unmittelbar über Saalfelden oder die berühmte Eispyramide des Kitzsteinhorns, die sich im Wasser des Zeller Sees spiegelt. Kaum an einer anderen Stelle der Alpen stehen sich die Kalkberge und die kristallenen Gipfel der Zentralalpen so nahe und wuchtig gegenüber wie im Gebiet von Zell am See. Sie werden einzig durch die breiten Kuppen der Dientner Schieferberge getrennt, die östlich des Sees aufragen. Kein Wunder, daß man von dort oben eine ganz ungewöhnlich prächtige Aussicht genießt. Der Hauptgipfel des Gebietes heißt Hundstein, ein breitgelagerter, nur im oberen Teil leicht felsiger Berg mit der immerhin schon beachtlichen Höhe von 2117 m. Sein westlicher, gegen den Zeller See vorgeschobener Nachbar ist der Ochsenkopf (1994 m): Ihnen gilt unsere heutige Wanderung.
War gestern die Tour von Maria Alm ins Steinerne Meer heroisch mit den eindrucksvollen Felsszenerien in unmittelbarer Nähe, so ist heute alles freundlich gestimmt, das Gelände weit, und der Blick wandert ungehindert in die Ferne. Auch erwarten uns keinerlei Schwierigkeiten, nur ist der Weg zum Hundstein ziemlich lang, er wird uns drei Stunden in Atem halten. Wer nicht so viel Zeit opfern mag, der begnügt sich eben mit dem Ochsenkopf.
Als Ausgangspunkt dient Thumersbach am Ostufer des Sees. Ein waldiges Tal zieht von hier 4 km einwärts gegen den Hundstein; eine kleine, aber befahrbare Straße erspart uns den Talmarsch. Beim Gasthaus Waldheim (1000 m) parken wir den Wagen und steigen schon wenige Minuten später durch hochstämmigen Fichtenwald rasch bergauf. Eingestreute Lichtungen geben immer wieder den Blick frei auf den in der Tiefe liegenden Zeller See. Nach anderthalb Stunden Marsch treten wir auf die Wiesen der Rupertialm hinaus, und schon spitzen über den Waldkamm im Süden die ersten gleißenden Eisgipfel der Hohen Tauern. Der Weiterweg bergauf wird nun zu einem einzigen Schauen, jedes neue Aufstiegsstück macht den Blick weiter und umfassender. Vom Sattel oben am Grat öffnet sich nun auch die Sicht nach Norden, hinüber zu den Kalkgipfeln der Berchtesgadener Alpen, fast weiße Berge im Vergleich zu dem dunklen Gestein der Hohen Tauern. Hier müssen wir uns nun entscheiden, ob wir mit dem Geleisteten schon zufrieden sind und deshalb nur noch die 15 Minuten auf den Gipfel des vor uns aufragenden Ochsenkopfes gehen wollen oder ob wir noch dem Hauptgipfel, dem Hundstein, einen Besuch abstatten. Die behäbige Felspyramide liegt ein gutes Stück zurück und wird uns nochmals eine Stunde Gehzeit abverlangen. Ein richtiger Promenadenweg zieht links um den felsigen Gipfel herum und führt dann von hinten zum höchsten Punkt hinauf. Ein kürzerer Steig jedoch klettert direkt über den Grat empor, er ist steil und steinig, aber trotzdem leicht zu meistern. Auf dem Gipfel fühlt man sich in vergangene Zeiten des Alpinismus zurückversetzt: Er besitzt eine herrliche alte Hütte, ein verschachteltes Holzhaus mit lustiger Veranda. Der Wirt mit üppigem Vollbart paßt ausgezeichnet dazu. Er freut sich, daß uns das Essen und das Bier schmeckt, er unterhält sich auch gern mit uns. Aber wir wollen darüber die Aussicht nicht vergessen. Ungehindert wandert der Blick in alle Richtungen, überragt der Hundstein seine Umgebung doch um Haupteslänge: Im Süden steht als schier endloser, eisstrotzender Wall die Kette der Tauerngipfel, aus denen besonders das große Wiesbachhorn heraussticht, die Kitzbüheler Berge im Westen erscheinen recht bescheiden daneben, aber die nördlich gelegenen Berchtesgadener Alpen treten markant wieder ins Bild. Was ihnen an absoluter Höhe fehlt, das gleichen sie durch die schroffen Felsaufbauten aus.

Heiligenblut im obersten Mölltal mit seiner gotischen Kirche. Hier endet die Großglockner-Hochalpenstraße. Im Hintergrund der Großglockner, mit 3798 m der höchste Berg Österreichs.

Farbbild auf den Seiten 64/65: Das Fuscher Törl, der erste Sattel im Zuge der Großglockner-Hochalpenstraße. Nach vorne zweigt die Strecke zur Edelweißspitze ab. Am Horizont Fuscherkarkopf (rechts) und Sonnenwelleck, links dahinter der Großglockner.

7

Lienz – Cortina

INNICHEN – MISURINASEE – DREI ZINNEN – TRE-CROCI-PASS

Die beiden Etappen unserer Traumstraße durch die Dolomiten sind verhältnismäßig kurz. Sie bringen jedoch auf gedrängtem Raum eine erstaunliche Fülle großartigster Bergszenerien, wie wir sie in dieser Konzentration in den gesamten Alpen nicht mehr finden – der absolute Höhepunkt auf unserer langen Fahrt von Wien nach Nizza. Nur das erste Stück oberhalb Lienz im engen, waldigen Drautal ist einförmig. Wir machen deshalb einen kleinen Kunstgriff – und zweigen bei Mittewald nach rechts ab, um auf der steilen Straße rasch die 300 Höhenmeter auf eine Terasse emporzuklettern, auf der zwischen üppigen Wiesen in aussichtsreichster Lage die kleinen Orte St. Justina, Unterried, Anras und Asch aufgereiht liegen, die alle mit besonders sehenswerten, alten Kircherln aufwarten. Vor allem St. Justina entpuppt sich als Idylle, die vollendete Verbindung von Natur und Baukunst, hoch oben am steilen Hang, eingebettet in ein buntes Blumenmeer und mit freiem Blick nach Süden auf die Gipfel der Lienzer Dolomiten. Wenn wir unter der Kirchhofsmauer in der Sonne sitzen, empfinden wir eine paradiesische Ruhe. Wir haben Ferien in den Ferien, Urlaub vom Fremdentrubel.
Bei Abfaltersbach erreichen wir wieder das Tal und fahren nun zügig über Sillian zur Grenze und weiter nach Innichen, dem Hauptort des oberen Pustertals, der von der wilden Zackenkrone des Haunolds überragt wird. Der enge Ortskern mit seinem schon südländisch regen Leben und die romanische Stiftskirche fordern uns zum Verweilen auf, bevor wir die Weiterfahrt nach Toblach antreten. Dort verlassen wir das Pustertal und zweigen nach Süden ins Höhlensteintal ab. Großartig die Fahrt hinein nach Schluderbach in dem engen Talboden, der rechts und links oft von senkrechten Felswänden flankiert wird, in dem zwei Seen liegen und der immer wieder den Blick auf die großen Felsgipfel wie die Drei Zinnen freigibt; noch großartiger dann die erste Etappe oberhalb Schluderbachs in direkter Nähe des gewaltigen, eisverbrämten Monte Cristallo und mit Blick auf die Hohe Gaisl (3139 m), die italienisch treffend Croda Rossa, Rote Felswand, genannt wird. Und doch wartet noch eine Steigerung auf uns: der Misurinasee. In seinem blauen Wasser spiegelt sich das Felskastell des Sorapis (3205 m). Eine ausgezeichnete, aber steile Stichstraße (17%) bringt uns hinauf zu den weltberühmten Drei Zinnen (2998 m), den Kletterbergen schlechthin. Sie endet in 2320 m Höhe am Südfuß der Felsen gleich neben der italienischen Auronzo-Hütte. Steil ragen die Wände über uns in den Himmel, und doch zeigen uns hier die Drei Zinnen nur ihre zahme Seite. Wir müssen schon auf dem breiten Promenadeweg hinüberwandern zum Paternsattel (2457 m, 40 Minuten), um auch einen Blick in die Nordabstürze werfen zu können. Die Wand der Großen Zinne wächst unvermittelt und ohne jeden Vorbau aus den Schuttfeldern gut 300 m nicht nur senkrecht, sondern leicht überhängend empor, dann erst legen sich die Felsen ein wenig zurück und steigen nochmals reichlich 200 m zum höchsten Punkt hinauf. Ein Stein, der sich im oberen Teil löst, fällt ohne jedes Aufschlagen bis zum Boden hinab. Aber selbst durch diese Mauer klettern die Bergsteiger empor. Wir aber sind bescheidener, kehren zu unserem Auto und nach Misurina zurück, fahren dann kurz nach Süden hinab. Bald zweigt nach rechts die Straße zum Passo Tre Croci ab, wieder eine reizvolle Aussichtsstrecke, flankiert von den mächtigen Felsburgen Sorapis und Monte Cristallo. Hinter der Paßhöhe geht es durch freundliche Lärchenwälder rasch hinunter nach Cortina d'Ampezzo. Wir übernachten heute in einem berühmten internationalen Ski- und Fremdenzentrum, einer hübschen Stadt, auffallend durch ihre mutige, moderne Architektur, die viel Holz verwendet. Großartig und ganz eigen in seiner Wirkung das ebenfalls aus Holz erbaute Olympia-Eisstadion.

Toblach liegt im höchsten Teil des Pustertals etwa auf der Paßschwelle zwischen Drau und Rienz. Im Hintergrund der zackenstrotzende Haunold.

1 **St. Justina.** Kleines Dorf nördlich oberhalb Mittewalds im Drautal. Spätgot. Kircherl auf einem Vorsprung in wundervoller Lage, sehr schöner Altar von Friedrich Pacher. Zufahrt von Mittewald 3 km, 15%, nur teilweise asphaltiert, beschränkter Parkraum beim Gasthaus.

2 **Anras.** 1261 m. Hübscher, alter Ort auf einer Wiesenterrasse hoch über dem Drautal. Schöne Barockkirche.

3 **Abfaltersbach.** 981 m. Stattlicher Ort mit got. Pfarrkirche, später barockisiert, Rokokokanzel.

4 **Sillian.** 1080 m. 2000 Einwohner, 1200 Fremdenbetten. Hauptort des österreichischen Pustertals, beliebtes Ferien- und Skizentrum. Got. Pfarrkirche, später barockisiert, mit überlebensgroßen Apostelstatuen von Joh. Paterer und Deckenfresken von Mölk und Maulpertsch (bar.). Nordöstlich oberhalb Schloß Heimfels, eine malerische, mittelalterliche Burg.

5 **Innichen.** 1175 m. 3500 Einwohner, 1200 Fremdenbetten. Zentrum des oberen Pustertals auf südtiroler Boden. Hübscher Ortskern, von regem Leben erfüllt, malerische Hochgebirgskulisse mit dem wilden Felskastell des Haunolds (2945 m). Stiftskirche aus dem 13. Jahrh., bedeutendste rom. Kirche Südtirols, mit Fresken von Michael Pacher. Heiliggrabkirche nach dem Vorbild der Grabeskirche in Jerusalem und Altöttinger Kirche. Sehr schöne Rokokoausstattung in der Pfarrkirche. Hallenbad. Sessellift zur Haunold-Hütte (1500 m). Abzweigung der Straße nach Sexten.

6 **Drau.** Drauquellen in den Feldern zwischen Innichen und Toblach. Wichtigster Fluß des südlichen Österreichs, fließt durch Lienz und Villach, dann Grenzfluß zwischen Ungarn und Jugoslawien. Mündet nach 720 km in die Donau.

7 **Toblach.** 1243 m. 2500 Einwohner, 2000 Fremdenbetten. Beliebte Sommerfrische, freundlicher, sauberer Ort. Alte Bürgerhäuser, bar. Pfarrkirche mit Fresken von Zeiller. Mittelalterliche Herbstenburg. Abzweigung der wichtigen Straße ins Höhlensteintal. Sessellift zum Stadlhorn (1800 m).

8 **Markinkele.** 2500 m. Interessanter Abstecher. Hochalpine Straße von Toblach über das Innicher Eck bis unter das Markinkele. Großartiger Blick. Mäßiger Straßenzustand. Bis 14%.

9 **Toblacher See.** Idyllischer, von hohen Bäumen umstandener See. Badestrand.

10 **Col San Angelo und Misurinasee.** 1791 m und 1754 m. 12%. Ein Glanzpunkt der Dolomiten. Der Sattel erhebt sich gleich nördlich des Sees und wird deshalb meist Misurinapaß genannt. Verbindung zwischen Höhlensteintal und Ansieital (Auronzo). Der See fällt durch sein oft tiefblaues Wasser und die gewaltige Hochgebirgskulisse (Sorapis) auf. Die Hotelkästen am Ufer sind weniger schön.

11 **Monte Piana.** 2324 m. Breite Felskuppe im Norden von Misurina, im 1. Weltkrieg heftig umkämpft. Kriegsstraße bis in eine Höhe von 2225 m, heute öffentlich befahrbar. 6 km, 14%, Maut, meist einspurig, erfordert sicheren Fahrer. Vom Straßenende in 20 Min. zum aussichtsreichen Gipfel.

12 **Drei-Zinnen-Straße.** 16%. Großartige Hochgebirgsstraße, vollkommen neu ausgebaut bis zum Rifugio Auronzo (2330 m) am südlichen Felsfuß der Westlichen Zinne. Grandiose Felsszenerien besonders auf dem Fußweg von der Hütte zum Paternsattel (2457 m, 40 Gehmin.). Mautstraße. Im Sommer sehr lebhafter Touristenverkehr.

13 **Drei Zinnen.** 2998 m. Die berühmtesten Kletterberge der Dolomiten, vielleicht der Welt. Unverwechselbarer dreigipfeliger Aufbau, das Idealbild eines Bergstockes. Besonders eindrucksvoll die Nordwände mit einer Höhe von über 500 m. Die Große Zinne wurde erstmals 1869 von Süden erstiegen, während die Nordwand erst 1933 mit Hilfe moderner Klettertechnik (Haken) erobert werden konnte.

14 **Passo Tre Croci.** 1809 m. 14%. Zwischen dem Ansieital bzw. Misurina und Cortina. Von der Paßhöhe schöner Blick auf Monte Cristallo (3216 m) und die wilde Turmgestalt des Piz Popena (3152 m). Von der Westrampe der Straße kühner zweiteiliger Lift zur Forcella Staunies (2900 m). Abfahrt nach Cortina durch Lärchenwälder.

15 **Cortina.** 1210 m 8500 Einwohner, 5000 Fremdenbetten. Zentrum der italienischsprachigen Dolomiten und einer der bedeutendsten Fremdenorte der italienischen Alpen. 1956 olympische Winterspiele. Hübsche Stadt mit ansprechender Architektur, die sehr viel Holz zum Schmuck verwendet. Sehenswert das olympische Eisstadion, ganz aus Holz erbaut. Die Stadt liegt in einem weiten, sonnigen Wiesental, das rundum von gewaltigen Dolomitenbergen eingeschlossen ist. In Ospedale Kapelle San Nicolo mit Fresken aus dem 15. Jahrh. 72 m hoher Campanile von 1854, der einen schönen Blick über Cortina vermittelt. Schwimmbad, Golfplatz, zahlreiche Bergbahnen und Lifte. Die wichtigsten sind der »Himmelspfeil« auf die Tofana di Mezzo (3243 m), eine der kühnsten Anlagen der Alpen mit 2000 m Höhenunterschied, und die Seilbahn nach Faloria und Tondi im Osten der Stadt, Bergstation in 2343 m Höhe, schöner Blick.

Lienz	km
Sillian	33
Innichen	47
Toblach	51
Misurina	74
Rifugio Auronzo	81
Passo Tre Croci	97
Cortina d'Ampezzo	**105**
(ab Wien	817)

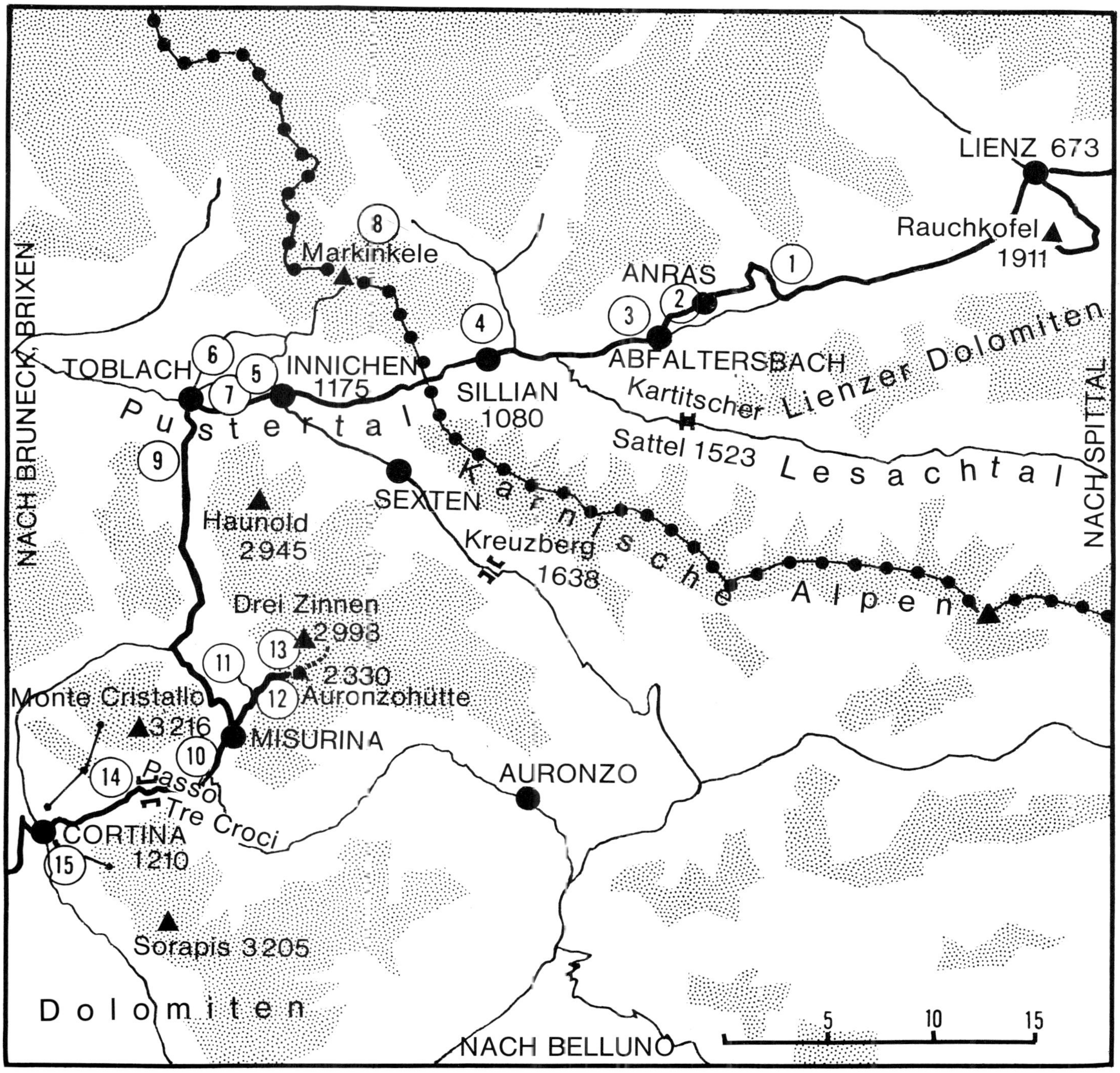

In den Lienzer Dolomiten

RAUCHKOFEL ODER KARLSBADER HÜTTE VON DER DOLOMITEN-HÜTTE

7

Bei der gestrigen Abfahrt vom Iselsberg haben uns die wilden Felsgipfel der Lienzer Dolomiten so imponiert, daß wir dieses einsame Bergreich heute etwas genauer erforschen wollen. Der Rauchkofel (1911 m), unverwechselbar mit dem ihn krönenden Sendeturm, steht als behäbiger Wächter vor dem Felskessel um die Karlsbader Hütte. 1200 m steigt er steil und unmittelbar über Lienz auf – und doch läßt sich sein Gipfel in einstündigem Fußmarsch erreichen. Eingeweihte wissen, daß bald hinter Tristach von der Strecke nach Lavant eine Bergstraße abzweigt und, vorbei am Gasthaus Kreithof zu dem Wiesensattel (1580 m) zwischen der Dolomiten-Hütte und dem Rauchkofel emporklettert. Sie wurde in den letzten Jahren verbessert und asphaltiert. Jeder einigermaßen versierte Autofahrer wird das Straßerl trotz der starken Steigung von 15% leicht bewältigen; es lauern keine Abgründe und Gefahren.

Vom Sattel läßt sich nun der Rauchkofel besteigen; ein steiler, aber gut markierter und an einigen Stellen sogar mit einem Geländer versehener Weg führt zum Gipfel empor, eine Angelegenheit von einer Stunde. Wiesen mit einer ungewöhnlich üppigen Flora bilden den ersten Abschnitt, im Frühsommer sind sie übersät mit Trollblumen und der Knabenkraut-Orchidee. Ein kurzes Waldstück leitet dann zu den Felsen und Latschen empor, einem recht wilden Gelände, das wir voller Zweifel mit den Blicken abtasten. Der Steig bewahrt sein Geheimnis bis zum letzten Moment: erst unmittelbar unter dem Aufschwung biegt er nach rechts ab. Ein gutes Stück führt er schräg hinüber, bis er eine breite, mit Gras bewachsene Runse erreicht hat. Ohne den Weg wäre an kein Hinaufkommen zu denken. Doch er leitet uns mit ein paar Spitzkehren treu und verläßlich bis auf die weitgestreckte Gipfelfläche, die mit mächtigen Wetterbäumen bestanden ist. Wir müssen noch ein Stück nach links hinüber, denn erst hinter dem Sendeturm liegt der höchste und freieste Punkt. Hier können wir nun die wirklich großartige Aussicht genießen, sofern wir uns nicht zu sehr von dem Gestank und dem Schnurren des Dieselmotors stören lassen – wahrlich eine unnötige Belästigung hier oben. Zu unseren Füßen liegt das Silberband der Drau, die Häuser, Straßen, Bahnen von Lienz, aus dieser Flugzeugperspektive anzuschauen wie ein hübscher, farbiger Plan, dahinter die gegen das Tal vorgeschobenen Tauerngipfel, behäbige Kuppen von tiefgrünen Matten überzogen oder aus dunklem, rotbraunem Fels aufgebaut. Eine Landschaft der ruhigen Formen und gedeckten Farben. Drehen wir uns jedoch um 180 Grad herum zu den Gipfeln der Lienzer Dolomiten, dann haben wir das absolute Gegenstück vor uns: Hier herrschen die schroffen Felsberge mit lebhaften, bizarren Formen, von der Verwitterung gewaltig benagt, mit tief eingerissenen Schluchten, losgelösten Türmen, weit herabziehenden Schuttfeldern. Ein helles Grau ist die bestimmende Farbe. Elegant und gewaltig zeigt sich vor allem der vieltürmige Spitzkofel (2718 m) gleich vis-à-vis, jenseits des tief eingefurchten Kerschbaumer Tals. Treten wir an die südliche Kante der Gipfelfläche vor, so schauen wir gerade hinunter auf unser Auto, gleich dahinter lugt die Dolomiten-Hütte aus den Fichten. Wir können auch den ganzen Weg überblicken, der hinaufzieht zur Karlsbader Hütte (2260 m). Das wäre eine zweite ideale Wanderung, etwa doppelt so lang wie die Tour zum Rauchkofel. Der Weg dorthin ist breit und bequem, abwechslungsreich durch den ständig wechselden Blick auf die großen Felsberge, vor allem die Laserzwand mit ihrer fast lotrechten Kante setzt sich recht eindrucksvoll in Szene. Am Ende des zweistündigen Hüttenaufstiegs erwartet uns noch eine besondere Überraschung: Wir stehen urplötzlich vor einem kleinen, stillen Bergsee, dem Laserzsee. Apropos See: Vergessen Sie bei der Rückfahrt nach Lienz nicht einen Bade-Abstecher zum waldigen Tristacher See.

Die großartige Drei-Zinnen-Straße endet bei dem hier sichtbaren Rifugio Auronzo in 2320 m Höhe direkt am Südfuß der Westlichen Zinne, rechts der scharf eingekerbten Scharte folgt die Große Zinne.

Farbbild auf den Seiten 72/73: Die Olympiastadt Cortina ist die Metropole der östlichen Dolomiten. Man erkennt auf dem Foto gut den typischen Baustil Cortinas, bei dem viel Holz verwendet wird. Den Horizont bildet der gewaltige Zug des Monte Cristallo, eines der höchsten Dolomitenmassive.

FUNIVIA

8

Cortina – Bozen

GROSSE DOLOMITENSTRASSE – MARMOLATA – GRÖDNER JOCH – SELLAJOCH

Quer durch die Dolomiten verlief im ersten Weltkrieg die österreichisch-italienische Front. Noch heute treffen wir überall auf Schützengräben, Stollen und Mauerreste. Aber auch viele Hochgebirgsstraßen, die das ganze Gebiet wie ein Spinnennetz überziehen, stammen aus dieser Zeit. Manche sind noch in ihrem ursprünglichen Zustand, die meisten jedoch wurden im Laufe der Jahre immer besser ausgebaut. Das schafft einen großen Variationsreichtum. Bei der Suche nach der schönsten Dolomitenstrecke bleibt man trotzdem immer an der klassischen Route hängen, der Großen Dolomitenstraße von Cortina über den Falzaregopaß, das Pordoijoch und den Karerpaß. Auch wir wollen uns an diese Strecke halten, flechten jedoch die Rundfahrt um die Sella ein.

So fahren wir am frühen Morgen von Cortina hinauf ins Falzaregotal, das rechts von der imposanten Südwand der Tofana di Rozes (3225 m) beherrscht wird, während links die Cinque Torri, die Fünf Türme, herabspitzen, die wie eine Handvoll Felsklötze aussehen. Von der Höhe des Falzaregopasses sehen wir dann erstmals die Marmolata (3343 m), die »Königin der Dolomiten«, die mit ihrem weißen Gletschermantel zwischen all den Felsbergen besonders auffällt. Was soll man bei dieser einzigartigen Fahrt, die uns über fünf große Pässe führt, uns 15 Dolomiten-Dreitausender präsentiert, uns in die unmittelbare Nähe der berühmten Kletterwände bringt, besonders hervorheben? Zu den Glanzpunkten gehört auf jeden Fall die Strecke zwischen Andraz und Buchenstein. Hier zieht die Straße hoch oben am sonnseitigen Hang entlang, und im dreieckigen Ausschnitt des Cordevoletals erscheint die mächtige, breitgelagerte Felsmauer der Civetta (3218 m). In Arabba zweigen wir für kurze Zeit von der Großen Dolomitenstraße ab, um in einem Dreiviertelkreis um den so wuchtig vor uns aufragenden Sellastock zu fahren. Es geht dabei über den Campolungopaß, das Grödner Joch und das Sellajoch. Immer wieder kommen wir in unmittelbare Nähe der links von uns aufsteigenden Türme und Wände, während gegenüber das gewaltige Massiv des Langkofels (3178 m) die Blicke fesselt. Ein besonderer Eindruck wartet bei der Abfahrt vom Sellajoch noch auf uns. Die Straße führt direkt unter die rotgefärbte Südwand des Piz Ciavazes. Gehen wir doch einmal hinüber an den Wandfuß. Dort h naufklettern? Wie die Bergsteiger vor dem Einstieg werden auch wir den Kopf weit in den Nacken legen und mit den Augen den glatten Fels nach einem Weg abtasten – ein eigenartiges, spannendes Erlebnis. Bald nach dieser Stelle taucht die Straße im dichten Wald unter. Die Weiterfahrt über Canazei, Campitello, Pozza und Vigo di Fassa bis zum Karerpaß ist landschaftlich weniger interessant und läßt uns deshalb schneller von der Stelle kommen. Damit sind wir bereits am westlichen Rand der Dolomiten angelangt. Gleichsam als Ausklang und Abschluß öffnet sich bald hinter der Paßhöhe noch ein letztes Mal ein großartiger dolomitischer Ausblick auf die südlichen Gipfel der Rosengartengruppe und auf den Latemar. Kurz darauf verschwindet auch hier die Straße im dichten Fichtenwald. Der Karersee mit seinem seltsam gefärbten Wasser verleitet noch zu einem Aufenthalt, doch dann geht es rasch durch das Eggental abwärts. Kurz vor seiner Mündung treten die felsigen Hänge immer näher zusammen, tiefer und tiefer gräbt sich der Fluß in das rote Porphyrgestein; schließlich fahren wir in einer grandiosen, ganz engen Schlucht mit senkrechten Wänden. Urplötzlich ist der Zauber wieder vorbei, das Tal entläßt uns in das weite Bozener Becken mit seinen Weinbergen, den mittelalterlichen Burgen und seinem Industriedunst. Ein Bummel in der Altstadt mit ihren malerischen Laubengängen, den alten Bürgerhäusern, dem Obstmarkt, der gotischen Pfarrkirche gehört natürlich zu unserem Programm, ebenso ein Besuch von Schloß Runkelstein am Ausgang des Sarntals.

Blick vom Falzaregopaß auf den Kleinen Lagazuoi, zu dem heute eine Bergbahn hinaufführt. Man sieht unter dem Gipfel deutlich die riesige Ausbuchtung, die durch eine Sprengung im 1. Weltkrieg entstanden ist. Die weißen Schutthalden am Wandfuß rühren ebenfalls davon her.

1 **Große Dolomitenstraße.** Sammelname für den Straßenzug Cortina – Falzaregopaß – Pordoijoch – Karerpaß – Bozen, eine der abwechslungsreichsten Strecken in den Alpen. Immer wieder freier Blick auf die großen Felsgipfel der Dolomiten.

2 **Cinque Torri.** 2366 m. Eine kleine Gruppe auffallender Felstürme, die wie Bauklötze wirken, gleich südlich über der Straße. Sessellift, Talstation links der Straße, Bergstation in 2240 m Höhe südlich der Türme.

3 **Falzaregopaß.** 2105 m. 8%. Wichtigste Verbindung zwischen Cortina und den westlichen Dolomiten. Sehr gut ausgebaute Straße, kunstvolle Anlagen mit Kehrtunnel auf der Südrampe. Schöner Blick, im Süden die Marmolata. Abzweigung der Nebenstrecke über den Valparolapaß (2192 m) ins Abtei- und Gadertal.

4 **Kleiner Lagazuoi.** 2778 m. Geschichtsträchtiger Berg. Im 1. Weltkrieg sollten die österreichischen Stellungen (unter Luis Trenker) von den Alpini gestürmt werden. Sie trieben zu diesem Zweck Stollen bis unter den Gipfel vor und sprengten ihn dann. Die gewaltigen Schuttströme am Südfuß der Wände rühren davon her. Heute führt eine Seilbahn vom Falzaregopaß auf den Kleinen Lagazuoi.

5 **Civetta.** 3218 m. Zwischen Andraz und Buchenstein umrundet die Dolomitenstraße 300 m über dem Tal den Südrücken des Col di Lana. Von dort großartiger Blick nach Süden auf die breite Felsmauer der Civetta. In der Tiefe der junge Cordevole, der in die Piave mündet.

 Erkennungszeichen des deutschsprachigen Südtiroler Bauern ist die blaue Schürze, auch am Sonntag getragen

6 **Arabba.** 1605 m. Ferienort in ziemlich engem Tal. Abzweigung der Straße über den Campolungopaß nach Corvara. Sehr lohnende Seilbahnfahrt zur Porta Vescovo (2510 m) mit herrlichem Blick auf die **Marmolata,** die auf der Nordseite vollkommen vergletschert ist. Mit ihren 3341 m ist die Marmolata der höchste Dolomitenberg.

7 **Campolungopaß.** 1875 m. 13%. Zwischen Arabba und Corvara. Freier Blick auf Marmolata und Sella. Im unteren Teil der Nordrampe zahlreiche Kehren.

12 **Pordoijoch.** 2242 m. 7%. Interessanter Abstecher. Nur 7 km von der Abzweigung. Wichtiger Paß im Zuge der Großen Dolomitenstraße. Von Pecol an der Auffahrt sehr schöner Tiefblick ins Fassatal. Von der Paßhöhe kühne Seilbahn ohne Stütze auf den Sass Pordoi (2952 m), einen wuchtigen Felsgipfel.

13 **Canazei.** 1463 m. Sommerfrische und Wintersportort im obersten Fassatal. Abzweigung der neuen Paßstraße zum Fedaiasee am Fuß der Marmolata. Hallenbad. Lifte über Pecol (Pordoistraße) zum Belvedere (2340 m).

18 **Welschnofen.** 1182 m. 1500 Einwohner, 2400 Fremdenbetten. Beliebter Ferienort in einer mittelgebirgsartigen Landschaft, viel Wald. Hauptort des Eggentals. Schwimmbad.

19 **Eggenschlucht.** Durchbruch des Karneidbachs zum Eisack, tiefeingegraben in die dunkelroten Porphyrfelsen. Eine der großartigsten Schluchten der Alpen. Am Ausgang auf einem Felsen das Schloß Karneid.

20 **Bozen.** 262 m. 105 000 Einwohner, 3000 Fremdenbetten. Hauptstadt Südtirols, von Weinbergen umgeben, im Hintergrund die Felsberge des Rosengartens. Malerisches altes Zentrum mit engen Gassen und Laubengängen, von regem Leben erfüllt. Alte Bürgerhäuser mit prachtvollen Fassaden, mit Stuck und Fresken geschmückt. Am Waltherplatz Pfarrkirche mit spätgot. Turm von 62 m Höhe, das Wahrzeichen Bozens. Interessante got. Sandsteinkanzel von Hans Lutz (1514) und alten Fresken im rechten Seitenschiff. Benediktiner-Stiftskirche im Ortsteil **Gries** mit wirkungsvoller Barockfassade, erbaut 1771 von Joseph Sartori. Deckengemälde und Hochaltar von Martin Knoller. Die Geschichte der alten Grieser Pfarrkirche geht bis ins 14. Jahrhundert zurück. Sehr schöner got. Flügelaltar von Michael Pacher in der Erasmuskapelle.

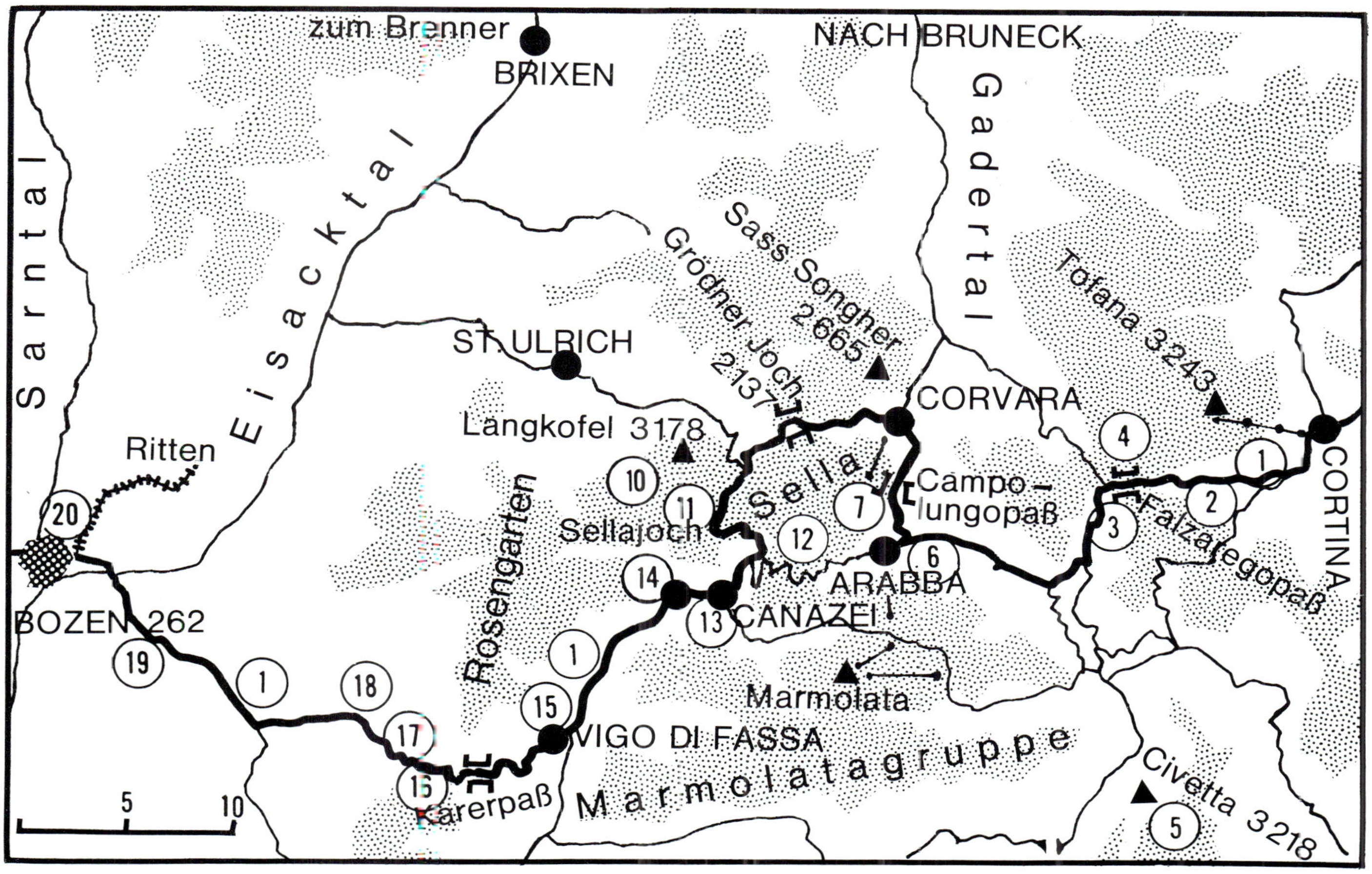

8 **Corvara und Colfuschg.** 1558 m und 1645 m. 800 Einwohner, 4000 Fremdenbetten. Beliebtes Ferien- und Wintersportzentrum im obersten Gadertal, zwei saubere Orte mit malerischer Hochgebirgskulisse. Der kühne Felsbau des Sass Songher (2665 m) ist das Wahrzeichen der Orte. Neben zahlreichen Liften neue Seilbahn von Corvara zum Lago Boe.

9 **Grödner Joch.** 2137 m. 12%, 16 Kehren. Wichtige Verbindung zwischen dem Gader- und dem Grödner Tal. Sehr schöne Ausblicke zu den Felsbergen in der Straßennähe vor allem auf die Sella mit ihrer eigenartigen waagrechten Schichtung.

10 **Langkofel.** 3178 m. Gewaltiges Felsmassiv, von Norden an einen Dom erinnernd, von Osten eine breite Mauer. Wahrzeichen des Grödner Tals.

11 **Sellajoch.** 2214 m. 11%. Zwischen dem Grödner und dem Fassatal. Eindrucksvolle Felsszenerien bei der Auf- und bei der Abfahrt (Piz Ciavazes), großartiger Blick von der Paßhöhe auf Sella- und Langkofelgruppe und Marmolata. Seilbahn zur Langkofelscharte (2679 m).

14 **Campitello.** 1446 m Urlaubsort. Interessante got. Kirche mit Fresken aus dem 15. Jahrh. Lifte bis unter den berühmten Aussichtsberg Rodella.

15 **Pozza und Vigo di Fassa.** 1290 m und 1390 m. 1000 Einwohner, 2500 Fremdenbetten. Weitverstreute Ortschaft im Fassatal und an den westseitigen Hängen ansteigend. Ladinische Häuser, Soldahaus mit Fresken aus dem 16. Jahrh. Got. Kirche von 1489. Oberhalb Vigo die Wallfahrtskirche Santa Giuliana (1300) mit holzgeschnitztem Altar von Georg Artzt (1518). In Vigo Talstation der Bergbahn nach Ciampedie (2000 m) mit Rosengartenblick.

16 **Karerpaß.** 1742 m. 15%. Wichtiger Paß zwischen Bozen und dem Fassatal im Zuge der Großen Dolomitenstraße. Ostrampe mit wenig Ausblick, auf der Westseite der Paßhöhe freie Sicht zur Rosengartengruppe, besonders auffallend die Rotwand mit mauerglatten Felsabstürzen. Sessellift zur Paolinahütte.

17 **Karersee.** 1534 m. In dichtem Fichtenwald, oft auffallend grünes Wasser. Schöner Ausblick.

Cortina d'Ampezzo	km
Falzaregopaß	16
Arabba	36
Corvara	45
Sellajoch	66
Canazei	76
San Giovanni di Fassa	87
Karerpaß	97
Bozen	**126**
(ab Wien	943)

Rund um den Langkofel

DREI WANDERMÖGLICHKEITEN IM FELSENREICH DER LANGKOFELGRUPPE

8

Von welcher Seite man den Langkofel (3178 m) betrachtet, besticht er durch seine Form. Gegen das Grödner Tal zeigt er sich als emporstrebender, auf senkrechte Säulen gestützter Dom, nach Osten jedoch bricht er in einer breitgelagerten, wuchtigen Felsmauer ab. So lernten wir ihn heute auf unserer Fahrt vom Grödner Joch zum Sellajoch kennen. Hier offenbart er den Ursprung seines Namens. »Sass long« sagen die Einheimischen, die Ladiner. Sass heißt Stein, und long heißt lang, also der »lange Stein«; die deutschsprachigen bajuwarischen Südtiroler machten dann einen Langkofel daraus. Zur gleichen Gruppe gehören noch fünf weitere, reichlich wilde und bizarre Felsgipfel, die das Langkofelkar in einem fast geschlossenen Kreis umgeben. Für passionierte Bergsteiger und Kletterer heiß begehrte Ziele; aber auch für unsere bescheidenen Wanderwünsche öffnen sich großartige Möglichkeiten.
Vom Sellajoch fährt ein Tonnenlift in 14 Minuten zum Langkofeljoch (2679 m), dieser scharfkantigen Scharte, die zwischen Langkofeleck und Fünffingerspitze (2996 m) wie mit dem Beil herausgeschlagen scheint. Von ihr zieht nach Norden zwischen hohen Wänden das romantische, schutterfüllte Langkofelkar hinab, das durch einen guten markierten Weg erschlossen ist. 600 m tiefer tritt es zwischen hohen Felspfeilern in das hügelige Vorland hinaus, es schneidet also die Langkofelgruppe in zwei etwas ungleiche Teile. Doch gibt es nicht nur den Steig durch das Kar, sondern auch einen sehr gut angelegten Höhenweg, der die gesamte Gruppe in einigem Auf und Ab umrundet, am Sellajoch beginnt und genau dort wieder endet. Damit stehen uns drei Möglichkeiten zur Wahl, sauber gestaffelt nach Weglängen. Entweder fahren wir mit dem Lift in die Scharte, steigen durchs Kar ab und wenden uns bei der Wegverzweigung nach Osten, um rund um den Langkofel das Sellajoch wieder zu erreichen. Hier werden wir dreieinhalb Stunden unterwegs sein. Oder wir schlagen bei der Verzweigung den linken Steig ein, der westlich um den übrigen Teil der Langkofelgruppe zieht, das dauert etwa viereinhalb Stunden. Schließlich bleibt die Möglichkeit, das gesamte Massiv auf dem Höhenweg zu umrunden, eine Angelegenheit von vielleicht sechs Stunden. Keiner der Routen kann man den Vorzug geben, alle warten mit einer Fülle großartiger Ausblicke auf – und doch vermittelt jede ganz individuelle Eindrücke. So zeigt das Langkofelkar die Strenge des Hochgebirges, hier herrschen Fels und Eis uneingeschränkt. Auf dem Höhenweg ist die Landschaft viel lieblicher, wir wandern oft über weite Matten, die Felsberge bilden nur die Kulisse, den Kontrapunkt zum freundlichen Vordergrund. Damit uns selbst der sechsstündige Weg nicht zu lang wird, bietet er in gleichen Abständen immer wieder ganz besondere Höhepunkte. Schon der Blick vom Sellajoch auf die Langkofelgruppe mit dem Dreigestirn Grohmannspitze (3111 m), Fünffingerspitze und Langkofeleck gibt den rechten Vorgeschmack. Bald nach dem Aufbruch kommen wir in die Steinerne Stadt, in ein Trümmerfeld mit Felsbrocken jeder Größe, das bei einem gewaltigen Bergsturz entstanden ist; wie eine Lawine sind hier die Gesteinsmassen über die Hänge geflossen. Den nächsten Glanzpunkt bilden die 1000 m hohen Abstürze des Langkofels, unter denen der Weg entlangführt. Ein ganz anderes Bild wieder zeigt uns die Nordwand des Plattkofels, ein zerrissenes Labyrinth mit finsteren Schluchten, mit Türmen und losgelösten Zacken. Ja, und dann kommen wir zum zirbenbestandenen Boden am Piz da Uridl mit dem begeisternden Rückblick auf Platt- und Langkofel. Schließlich wartet das große Finale, der August-Friedrich-Weg – ein häßlicher Name –, vom Fassajoch zurück zum Sellajoch, quer am steilen Hang verlaufend, über uns die mauerglatten Südwände, unter uns in schier bodenloser Tiefe das Fassatal und im Hintergrund als Krönung die vereiste Marmolata (3343 m).

Blick von Norden auf die Langkofelgruppe mit dem Plattkofel (rechts), der Grohmannspitze und der Fünffingerspitze. Auf der linken Bildseite das teilweise neuschneeüberzuckerte Langkofelkar.

Farbbild auf den Seiten 80/81:
Colfuschg im obersten Gadertal. Blick auf die Nordabstürze des Sellastocks. Der schattige Einschnitt ist die Val di Mezdi. Nach rechts führt die Straße zum Grödner Joch.

Farbbild auf Seite 82:
Knapp östlich unter der Höhe des Grödner Jochs kommt die Straße durch eine malerische Felssturzlandschaft, die mit vereinzelten Kiefern dekoriert ist. Darüber die steilen Wände des Sass da la Luesa.

Farbbild auf Seite 83:
Der Karersee liegt direkt neben der Straße vom Karerpaß nach Welschnofen. Er fällt durch das intensiv blaugrüne Wasser auf. In ihm spiegelt sich der südlichste Teil der Rosengartengruppe mit der mauerglatten Rotwand.

9

Bozen – Bormio

KALTERER SEE – MENDELPASS – VAL DI SOLE – TONALEPASS – GAVIAPASS

Am neunten Tag unserer Reise müssen wir erhebliche Höhenunterschiede überwinden. Der Kalterer See liegt nur bescheidene 214 m über dem Meer, der Gaviapaß jedoch 2621 m. Dazwischen türmen sich zwei weitere Pässe. Rechnen wir alle Steigungen zusammen, dann ergibt das stolze 3800 Klettermeter für unser wackeres Auto. Das entspricht immerhin der Höhendifferenz zwischen dem Meeresspiegel und dem Gipfel des Großglockners! Im Gebirge aber hat die Höhe nicht nur statistische Bedeutung. Sie beeinflußt ganz entscheidend die Vegetation, die ihrerseits wieder stark das Landschaftsbild prägt. So ist unser Tag der Höhenunterschiede auch ein Tag der großen Kontraste. Welche Gegensätze liegen zwischen dem kargen Hochgebirgsrasen um den Gaviapaß und den üppigen, schier endlosen Weinbergen von Überetsch. Nur 10 km sind es von Bozen in das berühmteste aller Weingebiete, das auf einer Terasse 200 m über dem Etschtal liegt. Hier gibt es keine einzelnen Weinberge, das ganze Land ist von Weingärten wie von Ozeanwellen überspült, und nur die rotgedeckten Häuser und viele mittelalterliche Burgen ragen wie Inseln daraus empor. Eppan und Kaltern sind die Hauptorte. Gemütliche Lokale verleiten dazu, den »Kalterer See« und den »Traminer« gleich an Ort und Stelle zu probieren. Anschließend locken die waldumsäumten Montiggler Seen oder der Kalterer See, der nur mit Wasser, nicht mit Rotwein gefüllt ist, zu einem Bad.
Nach diesem Ausflug ins Dolcefarniente empfinden wir bei der Weiterfahrt den Kontrast zur strengen Hochgebirgslandschaft besonders deutlich. Die hochaufragende Bergkette der Mendel schließt das Weingebiet wie ein Wall nach Westen ab, nur der Mendelpaß schlägt eine Bresche. Schöne Tiefblicke und wilde Felspassagen gestalten die Auffahrt von Eppan oder Kaltern spannend und abwechslungsreich. Mit der Paßhöhe überschreiten wir auch die wichtige Scheide zwischen südtiroler und italienischem Kulturgebiet. Drüben geht es durch dichten, von riesigen Reklameschildern verunstalteten Wald hinab in das Nonsberg-Gebiet. An der Verzweigung vor Ronzone wählen wir die kleinere Strecke über Malosco und Fondo. Sie zeigt uns mehr von den typischen Eigenheiten der Nonsberger Landschaft und erlaubt uns vor allem einen Blick in die unvergleichliche Schlucht des Rio Novella. Nur wenige Meter trennen an der Brücke die senkrechten, muschelartig ausgewaschenen Klammwände, und doch ist die Schlucht mindestens 50 m tief. Dann fahren wir durch die sonnigen Obstbaumplantagen der Orte Brez, Cloz, Romallo und Revo zum fjordartigen Stausee S. Giustina. Die folgende Strecke durch die lange Val di Sole bietet wenig sehenswertes. Um so schöner ist dann der Abschnitt zwischen Vermiglio und dem Tonalepaß, hoch oben am sonnseitigen Hang, mit herrlichem Blick auf die eisverbrämten Gipfel der Presanellagruppe. Auf der Paßhöhe selbst ließ der Skiboom eine häßliche Hotelsiedlung entstehen. Wir fahren gleich weiter nach Ponte di Legno und biegen rechts zum Gaviapaß ab. Nun folgt die schwierigste Etappe unserer Traumstraße. Meist einspurig, doch mit vielen Ausweichen versehen, klettert die Straße rasch an den steilen, teilweise felsdurchsetzten Wiesenhängen empor. Die Fahrbahndecke ist rauh und holperig. Unsere Blicke gleiten wohl etwas ängstlich über die hindernislosen Steilhänge hinab; wenn hier das Auto ins Stürzen käme! Doch wer die bisherige Route mit allen Nebenstrecken sicher gemeistert hat, der wird auch ohne Zittern über den Gaviapaß fahren. Wilde Felsberge flankieren die Paßhöhe, während uns bei der Abfahrt in die Valfurva die in der Abendsonne leuchtenden Gletscherfelder des Pizzo Tresero (3602 m) begleiten. Bei Sta. Caterina erreichen wir die Talsohle und kommen rasch hinaus nach Bormio, einem hübschen alten Städtchen, dessen Heilbäder schon die Römer kannten.

Schloß Karneid an der Einmündung der Eggenschlucht in das Tal des Eisack. Im Kessel das Häusermeer von Bozen. Die Hänge sind mit Weinterrassen überzogen.

Das Gebiet zwischen Eppan und Kaltern, Überetsch genannt, ist das bekannteste Weinland Italiens. Im Hintergrund die Mendel

1 **Etsch.** Hauptfluß Südtirols. Entspringt am Reschenpaß, durchfließt den Vintschgau und das Etschtal zwischen Meran und Trient, tritt bei Verona in die Poebene aus und mündet nach 415 km südlich von Venedig in die Adria.

2 **Eppan.** 411 m. 8500 Einwohner, 2800 Fremdenbetten. Sieben Ortschaften inmitten endloser Weinberge auf einer Stufe über dem Etschtal. Berühmtestes Weinbaugebiet Italiens (Kalterer See). Sehr malerisch mit 80 Burgen und Schlössern. Burg Hocheppan aus dem 12. und 13. Jahrh., in der Burgkapelle romanisch-byzantinische Fresken. Altgot. Pfarrkirche in St. Pauls mit bar. Ausschmückungen.

3 **Kaltern und Kalterer See.** 426 m und 214 m. Zentrum des Südtiroler Weinbaus. Hübscher Ferienort. Got. Kirche mit Fresken aus dem 14. Jahrh. Im Schloß Ringberg über dem Kalterer See ist das Südtiroler Weinmuseum untergebracht. Der Kalterer See liegt 200 m tiefer als der Ort, warmer Badesee.

4 **Mendelpaß.** 1363 m. 12%. Straßenverbindung zwischen Bozen und dem Nonsberg. Zahlreiche Kehren auf der Ostseite. Schöner Blick auf die Dolomiten. Wenig attraktive Hotelsiedlung. Standseilbahn von Kaltern.

5 **Penegal.** 1737 m. 14%. Gipfelstraße, Abzweigung auf dem Mendelpaß. Wunderbarer Tiefblick auf Eppan und Kaltern, Fernblick nach Osten in die Dolomiten, nach Südwesten zur Brenta- und Presanellagruppe.

6 **Fondo.** 988 m. Enggebauter, alter Ort in freundlicher Wiesenlage. Zentrum des Nonsberg.

Bozen	km
Eppan	10
Mendelpaß	25
Fondo	36
Ponte Mestizzolo	48
Tonalepaß	90
Ponte di Legno	100
Gaviapaß	117
Bormio	**142**
(ab Wien	1085)

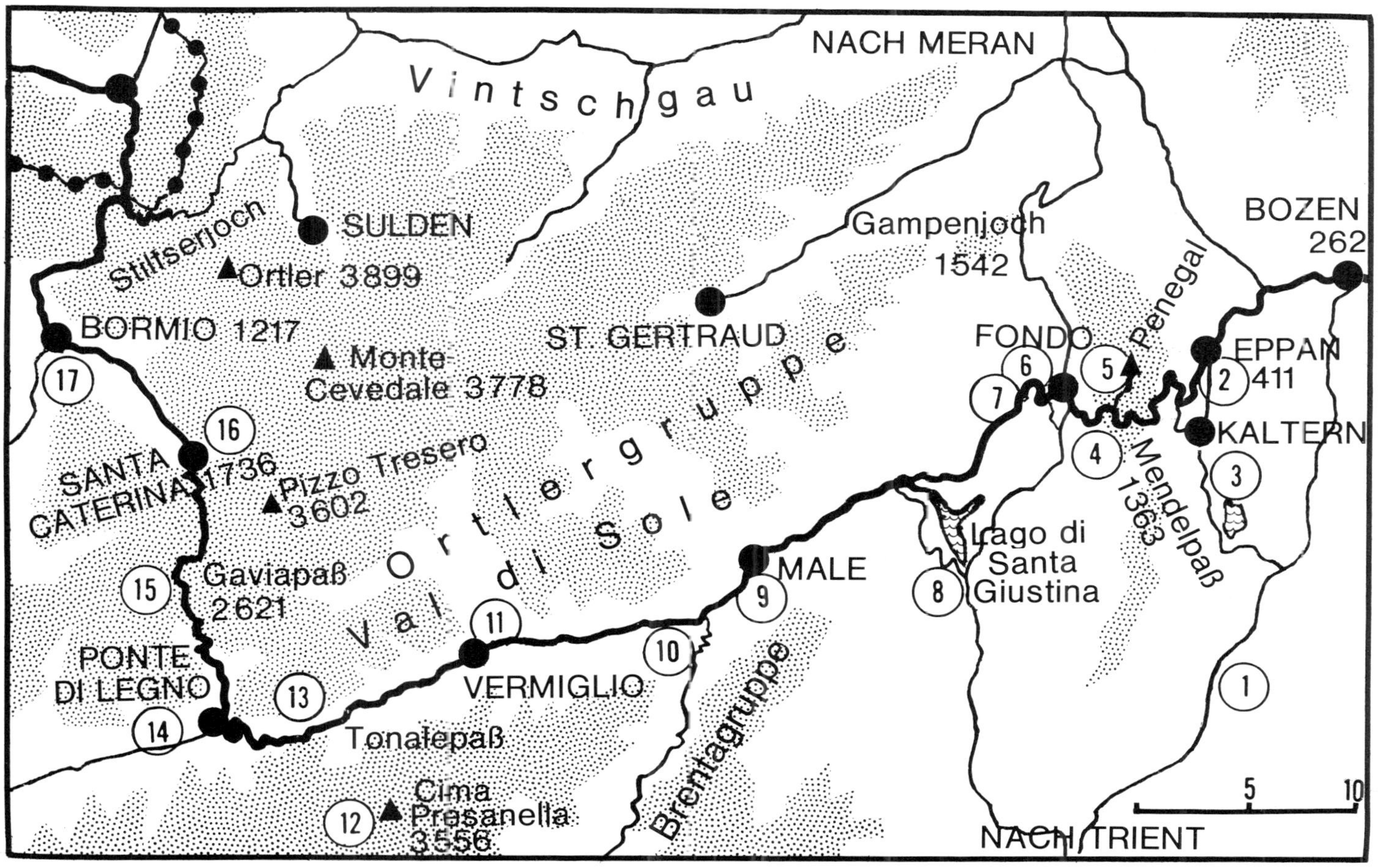

7 **Burrone di Fondo.** Eindrucksvolle Schlucht des Rio Novella, bis zu 150 m tief. Bei der Abzweigung der Straße nach Castelfondo ist die Schlucht nur wenige Meter breit.

8 **Lago di Santa Giustina.** Stausee im Tal des Noce, 7 km lang, fjordartig mit steilen Ufern und mehreren Nebenarmen. Straßenbrücke nach Cles.

9 **Malé.** 724 m. Hauptort der unansehnlichen Val di Sole. Pfarrkirche Mariä Himmelfahrt. Sessellift nach Pra della Selva (1475 m).

10 **Dimaro.** 767 m. Ort an der Abzweigung der Straße zum Passo Carlo Magno und dem berühmten Ferienort Madonna di Campiglio am Fuß der Brentagruppe. Pfarrkirche St. Lorenz mit sehenswertem Renaissance-Portal.

11 **Vermiglio.** 1261 m. Oberster Ort der Val di Sole, am sonnigen Hang gelegen. Beliebte Sommerfrische.

12 **Cima Presanella.** 3556 m. Höchster Berg der Adamello- und Presanellagruppe. Großartiger Blick von der Tonalestraße auf seine sehr steile Eiswand. Zu Füßen der Presanellagletscher, der von zahlreichen Spalten zerrissen ist.

13 **Tonalepaß.** 1883 m. 12%. Wichtigste Verbindung zwischen dem Etschtal und dem Veltlin. Gute Straße. Nur beschränkter Blick von der Paßhöhe. Häßliche Hotelsiedlung und häßliches Kriegerdenkmal. Lohnende Seilbahnfahrt zum Passo di Paradiso (2570 m), Sommerskibetrieb.

14 **Ponte di Legno.** 1258 m. Ferienort in der obersten Val Camonica. Abzweigung der hochalpinen Straße zum Gaviapaß. Sessellift zum Corno d'Aola (1950 m).

15 **Gaviapaß. 2621 m.** 18%. Zweithöchster Paß der Ostalpen, verdankt seine Entstehung dem 1. Weltkrieg. Schwierigste Etappe der Traumstraße. Nichtasphaltiert, teilweise nur einspurig, aber genügend Ausweichen vorhanden. Teilweise exponiert, doch an allen Felspassagen mit Leitplanken versehen. Geringer Verkehr. Vollkommen unberührte und gerade deshalb so großartige Hochgebirgslandschaft. Über dem Paß das auffallende Felsdreieck des Corno dei Tre Signori (3359 m), bei der Abfahrt herrlicher Blick auf den Pizzo Tresero (3602 m) mit seinen Gletschern und den Ortler (3899 m) im Hintergrund des Tales.

16 **Santa Caterina.** 1736 m. Höchster Ort der Valfurva, Ferienort, Bergsteigerzentrum für die Ortlergruppe. Von hier aus können 20 Dreitausender (mit Zwischenübernachtung auf den Hütten) bestiegen werden. Der Ort liegt wenig reizvoll, ermöglicht aber lohnende Ausflüge. Eisenhaltige Quelle.

17 **Bormio.** 1217 m. 5000 Einwohner, 5000 Fremdenbetten. Hauptstadt des obersten Veltlin, malerisches, altes Städtchen mit engen Gassen und historischen Häusern. Kirche San Vitale aus dem 12. Jahrh. mit holzgeschnitztem und vergoldetem Altar von 1500. Heilbad mit stark radioaktivem sulfat-alkalihaltigem Wasser. Bereits seit der Römerzeit bekannt. Thermalbad, aus einer warmen Quelle (40°) gespeist. Seilbahn zur Cima Bianca (3012 m) mit großartigem Rundblick.

Touren über dem Gaviapaß

BESCHAULICHER WIESENBUMMEL ODER BESTEIGUNG DES MONTE GAVIOLA

9

»Der Nachmittag steht zur freien Verfügung«, lautet ein beliebter Satz in so manchem Prospekt der Sight-Seeing-Fahrten. Das soll auch unser Leitmotiv für die Wanderung vom Gaviapaß aus sein. Bis zur stattlichen Höhe von 2621 m fahren wir mit dem Auto, das sind immerhin 500 m mehr als z. B. am Gotthardpaß. Den Wald haben wir schon bald nach Ponte di Legno unter uns gelassen; hier oben treffen wir nur noch die typischen Hochgebirgsmatten, die mit steigender Höhe immer mehr von Schutt- und Felsflächen verdrängt werden. An den schattigen Stellen halten sich die Schneefelder bis in den Sommer hinein. Die weite Paßlandschaft wird auf beiden Seiten von großen Felsbergen flankiert, während durch den Taleinschnitt im Norden die Eisgipfel der Ortlergruppe schauen. Ein herrliches Gebiet zum Ruhen und zum Träumen. Wer diese Hochgebirgswelt für tot oder gar feindlich hält, der beweist damit nur, daß er noch nie so richtig in sie eingedrungen ist. Gerade wir Mitteleuropäer mit unserem zu engen Lebensraum spüren den Zauber einer menschenleeren und von Menschen unveränderten Gegend, wir müssen nur die Bereitschaft und Muße mitbringen, die unbegrenzte Weite und die Stille in uns aufzunehmen.
Über den Gaviapaß fahren – im Vergleich zu anderen großen Paßstrecken – nur Wenige. Von diesen Wenigen ist es wiederum nur ein ganz winziger Teil, der sich von seinem Heiligtum, dem Auto, weiter als fünf Minuten entfernt. Wir können deshalb auf den Wiesen und Höhen westlich der Straße ungestört in Einsamkeit schwelgen. Pfadlos, ohne menschliches Gängelband, bummeln wir irgendwo über die Hänge empor. Vielleicht ist es am schönsten, wenn wir mit dem Auto vom Lago Bianco noch einen Kilometer nach Norden gegen das Rifugio Berni zu fahren, um dann gerade über die Wiesen gegen den Monte Gavia aufzusteigen. Halten wir uns dann im oberen Teil rechts, so kommen wir in einen weiten Sattel des Hauptkammes. Hier öffnet sich ein faszinierender Blick nach Westen auf die entfernte Berninagruppe. Wer jedoch statt der Beschaulichkeit die Spannung liebt und zudem seinem bergsteigerischen Geschick schon einiges zutraut, der versuche doch den Monte Gaviola (3025 m), den stattlichen Felsberg im Südosten über dem Paß. Ist der Aufstieg schneefrei und findet man die richtige Route, dann bietet der Gipfel kaum Schwierigkeiten. Ein Weg aus dem Ersten Weltkrieg führt durch die schuttbedeckte und mit einigen Felsbänken durchsetzte Nordflanke bis unter den höchsten Punkt; er zeigt jedoch schon recht deutliche Alterserscheinungen: So muß man an mancher abgerutschten Stelle fest in das steile Geröll treten oder sich auch einmal mit den Händen über eine Felsstufe hinaufziehen. Doch das bleibt alles verhältnismäßig harmlos – gefährlich sind nur die mit hartem, eisigem Sommerschnee gefüllten Rinnen. Wer hier ins Gleiten kommt, der erleidet meist auch ohne richtigen Absturz ernsthafte Verletzungen. Hier gibt es kein Versuchen und kein Wagen, man kann nur umkehren und ohne Gipfelsieg zum Auto zurückkehren. Denn die Vernunft bleibt beim Bergsteigen immer oberstes Gebot; wer sie mißachtet, spielt mit seinem Leben. Aber nicht nur eine Schneerinne, auch die Wegsuche kann echte Schwierigkeiten bereiten. Am Ende des Geröllfeldes müssen wir durch den einzigen leichten Durchschlupf nach links auf die Abdachung nordöstlich des Gipfels queren. Im Aufstieg ist die Stelle gut zu sehen, beim Rückweg aber kann sie zu einer gemeinen Falle werden; und finden wir den richtigen Einschnitt nicht mehr, so sitzen wir auf dem Monte Gaviola gefangen. Wir müssen deshalb schon beim Aufstieg die Route genau markieren; dazu schichten wir an den wichtigsten Stellen sogenannte Steinmänner aus den herumliegenden Felsplatten auf. Man sieht, ein richtiger Dreitausender will ernst genommen werden, aber gerade durch das spannende Erlebnis schenkt er uns eine bleibende Erinnerung.

In der strengen Hochgebirgswelt der Gaviapasses knapp südlich der Paßhöhe. Im Hintergrund die Pietra Rossa und die Adamellogruppe.

Farbbild auf Seite 90:
Törggelenpartie im Bozener Weinbaugebiet.

Farbbild auf Seite 91:
Die Terrasse von Überetsch, die sich 200 m über dem Etschtal erhebt, ist vollkommen mit Weingärten bedeckt.

TIBET
TIBET

10

Bormio – Pontresina

STILFSERJOCH – MÜNSTERTAL – OFENPASS – NATIONALPARK – OBERENGADIN

Zwischen Bormio und dem Stilfserjoch, also auf einer Strecke von nur 22 km – Luftlinie sind es gar nur 9 km – klettert unsere Straße volle 1540 m hinauf. Eine echte Touristen-Strecke mit grandiosen Nahblicken und einer herrlichen Aussicht von der Paßhöhe. Erbaut wurde die Straße jedoch zu ganz anderen Zwecken: 1975 feiert sie nämlich bereits ihren 150. Geburtstag, und zu Beginn des vorigen Jahrhundert waren es natürlich andere Gründe als der Fremdenverkehr, die ein so kostspieliges Bauwerk entstehen ließen. Handel und Strategie waren die Triebfedern, gehörte doch die Lombardei mit ihrer Hauptstadt Mailand bis zum Jahre 1859 zu Österreich-Ungarn, und das Stilfserjoch war die kürzeste Verbindung, die nicht über ausländischen Boden führte. Was lag also näher als der Bau einer Straße über den Paß? Die Arbeiten begannen 1820, und bereits 1825 konnten die ersten Wagen direkt aus dem Veltlin in den Vintschgau fahren. Mit soviel Geschick hatte man damals diese große Aufgabe gelöst, daß die Trasse bis heute unverändert bleiben konnte. Für den modernen Verkehr hat man die Straßenbreite und den Radius der Spitzkehren vergrößert. Auch wir fahren recht gut auf der altehrwürdigen Strecke mit ihren insgesamt 79 Serpentinen. Schon bald nach den Bagni Vecchi, dem alten Bad Bormios, schlüpfen wir durch einen Engpaß und biegen dann nach rechts in die wilde Brauliοschlucht ein. Die Straße hält sich ständig am südlichen Hang, zahlreiche Galerien und Tunnels schützen sie vor Lawinen und Steinschlag. Gegenüber türmen sich morsche, düstere Felsflanken bis zu 1300 m hoch gegen die Corne di Radisca (2934 m) auf. Ein weiterer Engpaß, die Bocca del Braulio, entläßt uns aus der Schlucht in ein karges Hochtal, das in einem langen Bogen gegen den Umbrailpaß emporzieht. Über weite Wiesenböden, durch eine gewaltige Hochspannungsleitung entstellt, erreichen wir endlich das Stilfserjoch (2757 m), den höchsten Straßenpaß der Ostalpen. Hier öffnet sich der Blick nach Osten auf den Ortler (3899 m), die mächtige Felsburg mit ihrem dicken Eisdach. Im Süden drängen Gletscher und Firnfelder bis nahe zum Paß, sie sind gespickt mit Liften für die ganz unentwegten unter den Skifahrern, die auch im Sommer mit seinem stumpfen Schnee ihrem Wintervergnügen nachjagen müssen. Auch wir können die Anlagen ausnützen und zur Naglerspitze hinaufgondeln. Dann aber fahren wir ein Stück nach Westen zurück, biegen 3 km unter dem Paß nach rechts zum Umbrail (2504 m) und damit ins Schweizerische ab. Durch die strenge, unberührte Val Muraunza (sprich: Muränza) – eine richtige Erholung nach dem Jahrmarktsrummel auf dem Stilfserjoch – bringt uns die Straße in 33 Kehren hinunter nach Sta. Maria im Münstertal. Hier begrüßen uns die ersten saftig grünen Wiesen seit langem, ein fast anmutiges Tal, ruhig und ohne lauten Fremdenverkehr. An unserer Straße liegen vier Dörfer mit behäbigen Häusern im ladinischen Stil. Nur über den Ofenpaß (2149 m) hängt das Tal mit der übrigen Schweiz zusammen. Dort oben erblicken wir ein letztes Mal den Ortler. Dann fahren wir nach Westen hinunter in das waldreiche Gebiet des Schweizer Nationalparks. Große Bestände des heimischen Wildes wie Rothirsch oder Steinbock leben in dem ausgedehnten Gebiet, in dem die Natur mit voller Konsequenz sich selber überlassen ist. Doch vom Auto aus ist nicht viel zu sehen, man müßte schon zu Fuß auf Entdeckungsreise gehen. Bei Zernez erreichen wir den Inn und fahren durch das anfangs enge, waldige Tal aufwärts. Bald aber treten die Hänge auseinander zu einem weiten, brettebenen Hochtal, dem weltbekannten Oberengadin. Wir passieren stattliche Dörfer, großartig in ihrer eigenständigen Architektur mit wuchtigen, sgraffitogeschmückten Bürgerhäusern, verziert mit Erkern und Loggien, Balkonen und bunten Topfblumen. In Samedan biegen wir links ab und fahren zwischen den Wiesen hinüber in das internationale Touristenzentrum Pontresina.

Blick vom Stilfserjoch nach Süden auf die Berge der Ortlergruppe. Über dem Madatschferner erhebt sich die Tuckettspitze (3466 m). Die stark verwitterten Kalkfelsen sind typisch für das Gebiet.

1 **Adda.** Fährt man von Bormio Richtung Stilfserjoch, dann kommt man bald nach den Bagni Vecchi (= alte Bäder) zu einer Talverzweigung. Links das Quelltal der Adda mit zwei Stauseen, die auf einer interessanten Straße von Bormio über Premadio erreicht werden können. Die Adda durchströmt das Veltlin und den Comersee, tritt südlich von Lecco in die Ebene aus und mündet nach 310 km in den Po.

2 **Braulioschlucht.** Eindrucksvolle, strenge Schlucht, durch die die Stilfserjochstraße führt. Im Norden steigen die Felshänge volle 1300 m über dem Fluß auf. Durch das brüchige Kalkgestein wird die Schluchtbildung begünstigt.

3 **Parco Nazionale dello Stelvio.** Weite Teile der Ortlergruppe, u. a. auch das Brauliotal zwischen Bormio und dem Stilfserjoch, gehören zum Italienischen Nationalpark. Das auffallendste bei der Fahrt durch den Nationalpark Stelvio sind jedoch viele sehr störende menschliche Bauwerke, wie die Hochspannungsleitung im Brauliotal oder die schreienden Farben, mit denen das Gavia-Hospiz angestrichen ist.

4 **Stilfserjoch.** 2757 m. 12%. Höchster Straßenpaß der Ostalpen, großartige Streckenführung. Diese Straße wurde bereits 1820 so ideal angelegt, daß bis heute an der Trassenführung nichts Nennenswertes geändert werden mußte. Von der Paßhöhe sehr schöner Blick auf den eisüberzogenen Gipfel der Ortlergruppe, vor allem auf »König Ortler« (3899 m) selbst. Auf der Paßhöhe unschöne Hotelsiedlung. Seilbahn zur Naglerspitze (3250 m) über den Ebenferner (Ferner ist im tirolerischen Sprachgebrauch die Bezeichnung für Gletscher). Sommerskigebiet.

5 **Ortler.** 3899 m. Höchster Berg Südtirols mit mächtiger Eiskuppe, vom Stilfserjoch sehr gut zu sehen. Im Auftrag von Erzherzog Johann erstmals am 27. 11. 1804 durch den Pseyrer Josl (Josef Pichler) ohne Verwendung von Eispikkel und Seil bestiegen, eine erstaunliche Leistung für die damalige Zeit. Heute gehört der Ortler zu den häufig bestiegenen Bergen, aber trotz eines fixen Seils am Tschierveck erfordert die Tour einen erfahrenen Hochtouristen.

6 **Umbrailpaß.** 2504 m. 11%. Grenze zwischen Italien und der Schweiz und damit auch zwischen italienischem und rätoromanischem Sprachgebiet. Nur 200 m nördlich der Stilfserjochstraße. Auf der Nordrampe jedoch 33 Kehren, größtenteils kein Asphalt, trotzdem gute, glatte Decke. Strenge, unberührte Hochgebirgslandschaft.

7 **Münstertal.** 1650 Einwohner, 450 Fremdenbetten. Schweizer Tal, das sich in den ital. Vintschgau öffnet und nur über den Ofenpaß mit dem Mutterland zusammenhängt. Freundliches Wiesental mit typischen rätoromanischen Ortschaften. Mittelpunkt ist Sta. Maria mit spätgot. Kirche. Sehenswertes Kloster in Müstair.

Steinböcke im Schweizer Nationalpark

8 **Ofenpaß.** 2149 m. 10%. Verbindung zwischen dem Münstertal und dem Engadin. Gut ausgebaute Straße. Schöne Auffahrt von Osten, Westrampe ziemlich waldreich. Blick zum Ortler.

9 **Schweizer Nationalpark.** Westlich des Ofenpasses, beiderseits der Straße. Einzigartiges Naturreservat mit strengen Bestimmungen. Verlassen der Wege verboten. Hier ist die Natur weit-

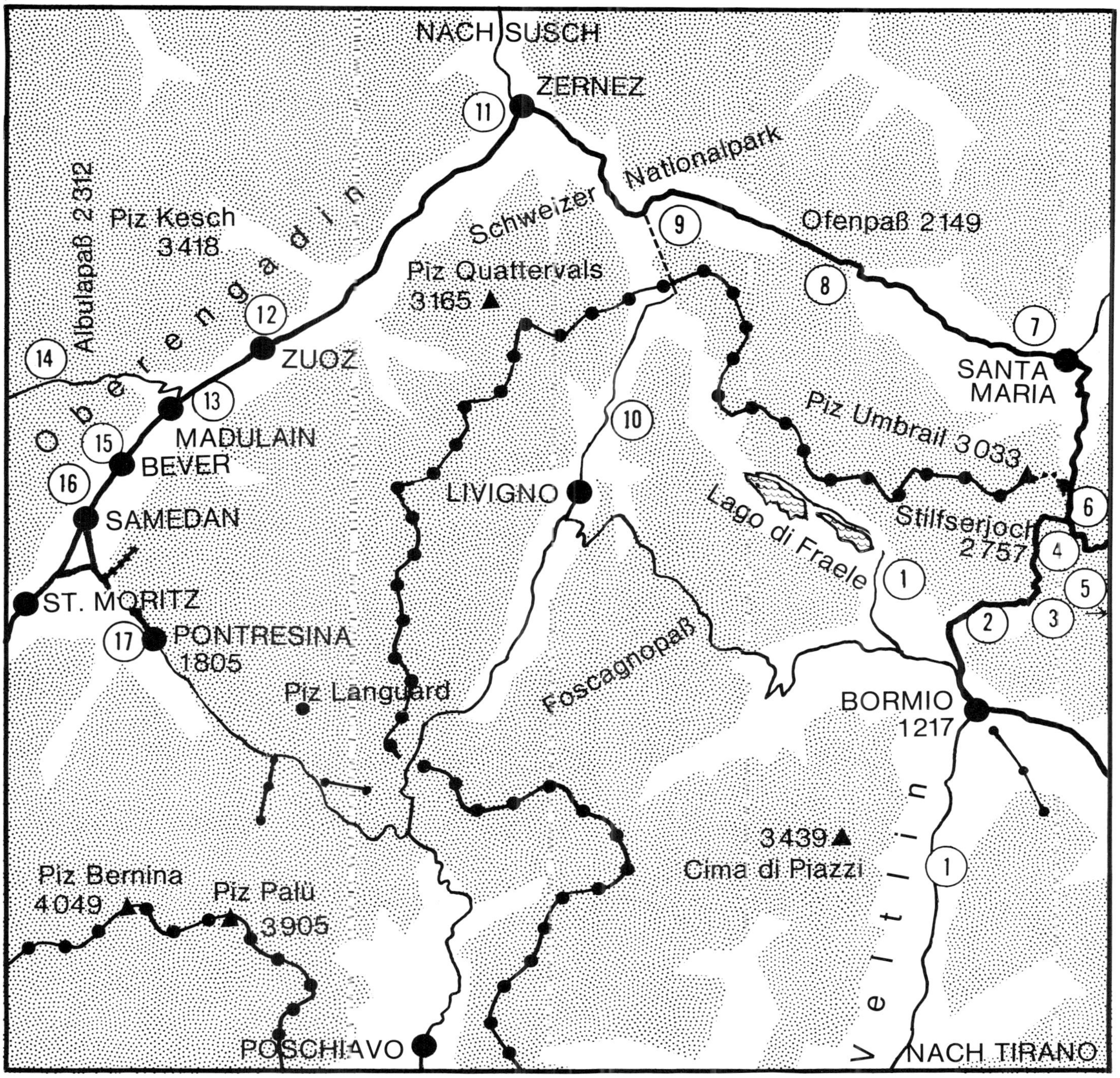

gehend sich selbst überlassen, reiches Vorkommen des heimischen Wildes wie Rothirsche, Steinböcke, Murmeltiere, Steinadler. Bei der Durchfahrt auf der Ofenpaßstraße ist nicht viel zu sehen. Am besten schließt man sich einer der offiziellen Führungen an, die in Zernez zusammengestellt werden. Fernglas für die Wildbeobachtung nicht vergessen.

10 **Spöl-Stausee.** Bei Punt la Drossa an der Westrampe der Ofenpaßstraße Abzweigung einer Straße ins italienische Livigno. Diese Straße verschwindet sofort in einem Tunnel von 3,5 km Länge, um direkt am Stausee wieder herauszukommen. Weiter längs des 8 km langen Sees nach Livigno (zollfreies Gebiet).

11 **Zernez.** 1472 m. 800 Einwohner. Oberster Ort des Unterengadins. Inn abwärts die Straße nach Scuol und nach Tirol mit Abzweigung bei Susch über den Flüelapaß nach Davos. 1872 brannte der ganze Ort ab und wurde dann etwas gleichförmig wieder aufgebaut.

12 **Zuoz.** 1716 m. 1000 Einwohner. Sommerfrische. Hübsches, stilreines ladinisches Dorf, Häuser mit Loggien, Erkern, Türmchen und Sgraffitoschmuck. Stammhaus der Familie Planta, eines der herrschenden Geschlechter Bündens. Spätgot. Gewölbekirche mit bemerkenswerten Glasmalereien von Augusto Giacometti. Geheiztes Schwimmbad.

13 **Madulain.** 1697 m. Stattliches Engadindorf mit schönen Patrizierhäusern. Oberhalb Ruine Guardaval.

14 **Albulapaß.** 2312 m. 10%. Verhältnismäßig schwach frequentierte Paßstraße zwischen dem Engadin und dem Albulatal. Nur teilweise asphaltiert. Schöne, sehr ursprüngliche Landschaft. Bei der Abfahrt nach Westen Blick auf den gewaltigen Piz Ela (3332 m).

15 **Bever.** 1708 m. Wieder ein typisches Engadindorf mit engen Gassen und behäbigen, reichverzierten Bürgerhäusern.

16 **Samedan.** 1722 m. 2400 Einwohner, 850 Fremdenbetten. Hauptort des Oberengadins. Schöne, sgraffitogeschmückte Häuser. Spätgot. Pfarrkirche mit rom. Turm. Segelflugplatz, Golf.

Bormio	km
Stilfserjoch	22
Umbrailpaß	25
Sta. Maria	41
Ofenpaß	56
Zernez	77
Samedan	105
Pontresina	**111**
(ab Wien	1196)

17 **Pontresina.** 1805 m. 1200 Einwohner, 3200 Fremdenbetten. Berühmtes internationales Touristen- und Wintersportzentrum, schöner Blick durch das Rosegtal zum gleichnamigen Gletscher. Rom. Begräbniskirche. Kirche Sta. Maria mit spätgot. Holzdecke (1497) und sehenswerten Fresken aus dem 12. Jahrh. Oberhalb des Ortes der Turm Spaniola. Hallenbad. Zahnradbahn nach Muottas Muragl (2453 m), Lifte in die Val Languard, Stellwagen in das Rosegtal.

Vom Umbrailpaß zum Piz Umbrail

DREITAUSENDER ÜBER DER STILFSERJOCHSTRASSE

10

Trotz Schweizer Nationalpark, trotz Oberengadin haben wir uns heute den unbekannten Piz Umbrail als Tourenziel ausgesucht. Das Engadin werden wir morgen auf unserer Wanderung zur Fuorcla Surlej sowieso genauer kennenlernen, und was will man in der kurzen Zeit und zudem am hellichten Vormittag im Nationalpark unternehmen? Zu ihm muß man frühmorgens aufbrechen, wenn das Wild noch unterwegs ist und die Menschen noch nicht, man muß unbegrenzte Zeit haben und Geduld, sonst ist eine Tour im Nationalpark nur eine Tour wie jede andere auch. Doch der Umbrail schenkt uns in jedem Fall ein großes Erlebnis – auch ohne berühmten Namen. Und natürlich lockt seine Höhe: Er ragt immerhin ein Stückchen über die magische Dreitausendmetergrenze auf (3033 m). Sozusagen im Handstreich läßt er sich erobern, in gemütlichen zwei Stunden, und nur wer sich ihm allzu ahnungslos nähert, den weist er zurück: Denn die Querung hoch oben am steilen Nordosthang läßt das Herz schon schneller schlagen, da müssen wir auch auf angelegtem Steig fest und sicher auftreten.

Auf dem Gipfel sitzen wir dann wie in einer Proszeniumsloge – nur wesentlich härter – und beugen uns über die Südwand wie über eine Theaterbrüstung hinab, um dem Treiben auf der Stilfserjochstraße 700 m unter uns zuzuschauen. Dahinter ragt als übermächtiger Rundhorizont der Hauptkamm der Ortlergruppe auf, in blendendweiße Gletscher gehüllt, von Westen nach Osten in Stufen immer höher und gewaltiger emporwachsend bis zum alles überragenden Ortlergipfel (3899 m). Ganz links das Stilfserjoch mit seinen Häusern wie eine Handvoll Spielzeug, zu unseren Füßen die Abzweigung zum Umbrailpaß (2504 m). Dort sind auch wir vor zwei Stunden gefahren, haben die rotweiße Grenzschranke passiert und unser Auto dann 200 m weiter am Straßenrand geparkt. Hier begann unser Steig, ordentlich – wie alles in der Schweiz – mit einem Schild angekündigt. Wir sind über weite Wiesenböden gemütlich bergaufgestiegen, haben uns über die vielen Blumen gefreut – keine kleinen, scheuen Pflanzen, wie sie der Unkundige in diesem rauhen Klima vielleicht erwarten würde, sondern prächtige, farbenfrohe Blütensterne, die weithin leuchten, müssen sie doch die selten gewordenen Insekten anlocken. An zahlreichen Mäuerchen und Schützengräben sind wir vorbeigekommen, unzählige Abzweigungen und Querwege wollten uns verwirren, doch wir haben unbeirrbar immer geradeaus den Piz Umbrail angesteuert, diese Bergruine mit ihren zerborstenen Wänden, den bizarren Felstürmen, den riesigen Schuttfeldern. Natürlich haben wir uns auch häufig umgedreht und geschaut, wieviel höher der Ortler inzwischen über die Dreisprachenspitze emporgewachsen ist. Ganz nebenbei: Dieser kleine Kopf gleich nördlich des Stilfserjochs trägt seinen Namen mit vollem Recht, dort stoßen das deutsche, das italienische und das rätoromanische (ladinische) Sprachgebiet aneinander. Wir waren dann am Fuß der mattgrauen Geröllfelder angekommen und mit wenigen Schritten in eine völlig neue Welt gelangt, ein Schulbeispiel dafür, wie sehr das Gesicht der Landschaft durch das Gestein bestimmt werden kann. Hier geht schlagartig der braune, vegetationsfreundliche Gneis in den grauen Hauptdolomit über, der nahezu jeden Pflanzenwuchs verhindert. Dieses Gestein ist so ungewöhnlich stark durchgewalkt und so brüchig, daß der Piz Umbrail zum allergrößten Teil aus Schutt- und Sandfeldern besteht. Auch wir waren schließlich über lange Halden schräg emporgestiegen, steilen Feldern aus hart zusammengebackenem Material, das ohne den gut angelegten Steig nicht zu überlisten gewesen wäre. Auch ein paar rutschige Stellen waren eingestreut, die größere Aufmerksamkeit erfordert hatten – ja, und oben an der Kante zur Nordabdachung mußten wir sogar einen Schneebalkon übersteigen.

Zernez liegt im obersten Wiesenboden des Unterengadins. Hier zweigt die Straße zum Ofenpaß ab. Zernez ist auch Ausgangspunkt für Wanderungen im Schweizer Nationalpark.

Farbbild auf den Seiten 98/99: Im Oberengadiner Seenland. Beim Abstieg von der Fuorcla Surlej kommt man zum Hahnensee, von dem sich dieser Blick nach Süden auf die Seen von Silvaplana (vorne) und Sils öffnet. Links oben der Piz da la Margna, am rechten Bildrand die Abhänge des Piz Lagrev.

11

Pontresina – Chiavenna

BERNINATAL – ENGADINER SEEN – MALOJAPASS – BERGELL – SOGLIO

Warum sind wir eigentlich so dumm und verschlafen den schönsten Teil der Sommertage – die Morgenstunden zwischen vier und sechs Uhr? Welches Erlebnis bietet das Hochgebirge gerade um diese Tageszeit! Wie wäre es mit einem Spaziergang in die Val dal Fain, in das Blumen- und Murmeltierparadies des Oberengadins? Wir werden unsere Freude an den erstaunlich zahmen und zahlreichen Murmeltieren haben – um diese Zeit, wohlgemerkt, denn ein paar Stunden später, wenn die anderen Touristen kommen, sind die dicken drolligen Nager längst wieder in ihren Löchern untergeschlüpft. Nach kurzer Wanderung erscheint über den dunklen Vorkuppen auch der Piz Palü (3905 m), das »Silberschloß aus Eis«, der immer gewaltiger emporwächst, je höher wir selber steigen. Anschließend werden wir natürlich noch dem Lago Bianco im obersten Talboden und dem Berninapaß (2323 m) einen Besuch mit dem Auto abstatten. Zum Frühstück wären wir wieder zurück in unserem Quartier, um dann – gleichsam als Kontrapunkt – einen Bummel durch St. Moritz anzuschließen, diesem Treffpunkt der großen Welt mit seinem lebhaften Betrieb, den mondänen Geschäften, seiner zusammengewürfelten Architektur – ein Ort, der nur aus Hotels zu bestehen scheint.
Rein und klar ist hier die Luft, denn das Tal liegt bereits auf 1800 m, also in Gipfelhöhe von Rigi oder Wendelstein. Es ist nicht streng und lebensfeindlich, wie man vielleicht erwarten würde, sondern weit und sonnig, mit vielen Wiesen und einer Perlenkette von vier großartigen Seen. Den schönsten Blick in den »Festsaal der Alpen«, wie der Schriftsteller Walther Flaig das Oberengadin nennt, schenkt unsere Wanderung von der Fuorcla Surlej, die im anschließenden Tourenvorschlag beschrieben ist. Gleich unter St. Moritz liegt der erste der vier Seen, der Lej da San Murezzan, wie er in der Sprache der einheimischen Romanen heißt. Drei Kilometer talein folgt der kleine See von Champfèr, der nur durch einen Schwemmkegel vom Silvaplaner See abgetrennt ist. Der schönste und größte der vier ist jedoch der Silser See, der unmittelbar am Fuß des Piz da la Margna (3159 m) liegt, dem Wahrzeichen des obersten Tales, unverkennbar durch den schmalen Gletscherlappen, der in die Nordabstürze eingefügt ist. Die Straße zieht am Nordufer des Sees entlang, gewaltige Felsblöcke, Lärchen und Arven geben einen malerischen Vordergrund zur tiefblauen Wasserfläche. Der Malojapaß (1815 m) trennt das lichte und weite Oberengadin vom Bergell, einem herben, engen Tal, in das wir nun über mehrere Stufen rasch hinabfahren. Die Berge links und rechts treten nahe zusammen, vor allem im Süden steigen die Hänge steil und unvermittelt zu wilden Granitgipfeln an. Wo einst der Albignabach in Kaskaden über die Felsen herabstürzte, leuchtet heute eine schmutzigweiße Staumauer, ein arger Fremdkörper zwischen dem wuchtigen, zerfurchten Piz Bacun (3244 m) und der zackenstrotzenden Cacciabella. Neben der Straße die typischen Bergellorte Vicosoprano, Borgonovo und Stampa, eng zusammengedrängt wie eine Herde verstörter Schafe, die flachen Dächer mit schweren Gneisplatten gedeckt, die Fassaden oft mit schönem Sgraffitoschmuck verziert. Gleich darauf zwängen sich Fluß und Straße durch die Enge von Promontogno, La Porta genannt. Schlagartig wechselt das Klima, wir spüren die feuchtwarme Luft, die wir in allen tiefen Tälern der Alpensüdseite antreffen. Die Vegetation wird üppig, hier wachsen Nußbäume und Edelkastanien und bald nach der Grenzstation Castasegna auch die ersten Weinstöcke. Doch vorher verleitet uns noch das viel fotografierte und wenig besuchte Soglio zu einem Abstecher, ein reizvoller Ort, 300 m über dem Tal auf einer sonnigen Terrasse mit fesselndem Blick zu den großen, bizarren Granitgipfeln der Bondasca. Später fahren wir durch das etwas einförmige Tal hinaus nach Chiavenna, dem alten Handelsort.

Schon recht südländisch wirkt Chiavenna, der Hauptort des italienischen Bergells. Besonders eindrucksvoll zeigt sich die Häuserfront am Ufer der Mera, von den Gästen in freundlicher Rücksichtnahme als »malerisch« bezeichnet.

Der Beginn des Biancogrates (Piz Bernina), der berühmtesten Firnscheide der Alpen

1 **Piz Bernina** und **Piz Palü.** 4049 m und 3905 m. Von der Straßenkehre oberhalb Morteratsch großartiger Blick auf den gewaltigen Morteratschgletscher und die ihn umgebenden formenschönen Eisgipfel der Berninagruppe. Im Hintergrund der Piz Bernina, der höchste Gipfel der Ostalpen. Nach rechts vorne verläuft der Biancograt, der schönste und bei den Bergsteigern begehrteste Eisgrat der Alpen. Von fast künstlerischem Ebenmaß der dreigipflige Piz Palü mit seiner 900 m hohen Eiswand, der durch einen Trenkerfilm besonders bekannt geworden ist.

2 **Berninatal** und **Berninapaß.** Letzterer 2323 m. Strenge Hochgebirgslandschaft. Im obersten Boden der aufgestaute Lago Bianco (2234 m), in dem sich der Piz Cambrena (3608 m) mit seinem gleichnamigen Gletscher spiegelt. Schöne Wanderung in das Blumen- und Murmeltierparadies der Val dal Fain (= Heutal). Zwei große Seilbahnen: zur Diavolezza (2973 m) mit großartigem Berninablick; zum Gipfelgrat (2900 m) des Piz Lagalb.

3 **Celerina.** 1724 m. 850 Einwohner, 550 Fremdenbetten. Beliebter Ferienort. An der Straße von Pontresina Bergkirche San Gian mit Fresken aus dem 15. Jahrh.

4 **St. Moritz.** 1822 m. 4200 Einwohner, 12000 Fremdenbetten. Weltberühmter, internationaler Ferien- und Kurort. Zweimal Austragungsstätte Olympischer Winterspiele. Außergewöhnlich hohe Lage, dadurch sehr gesundes Klima. Unzählige Hotelbauten in den verschiedensten Stilen, die sich nicht immer harmonisch zusammenfügen. Schöne Geschäfte, interessant der Schmuck aus den in der Gegend gefundenen Mineralien. Der Schiefe Turm (rom. und bar.), Segantini-Museum, Heimatmuseum. Am unteren Ende des Ortes der St. Moritzer See. An seinem Südufer St. Moritz Bad mit kohlesauren Eisenquellen. Strandbad am Stazersee. Zahnradbahn nach Corviglia (2486 m) und Seilbahn zum Piz Nair (3057 m) mit großartigem Rundblick.

5 **Silvaplana – Surlej.** 1815 m. 500 Einwohner, 1000 Fremdenbetten. In wunderbar freier Lage zwischen den Seen. Echtes Engadindorf. Direkt über dem Silvaplaner See die Burg Crap da Sass. In Surlej Talstation der großen, zweiteiligen Seilbahn zum Piz Corvatsch, Bergstation am Murtelgrat (3302 m). Einzigartiger Berninablick. In Silvaplana Abzweigung der wichtigen Julierpaß-Straße.

6 **Julierpaß.** 2284 m. 10%. Wichtigste Straßenverbindung zwischen dem Engadin und der übrigen Schweiz. Schon zur Römerzeit benützt. Gut ausgebaute Straße durch eine hochalpine Landschaft.

7 **Oberengadiner Seen.** Die wie an einer Perlenkette aufgereihten Seen des Oberengadins gehören zu den hervorragenden Stellen in den Alpen. Trotz der großen Höhe und der umgebenden Dreitausender ein sehr freundliches Landschaftsbild. Die vier Seen von Norden nach Süden: St. Moritzer See (1,6

km Länge), See von Champfer (1,6 km Länge), Silvaplaner See (3 km Länge) und Silser See (4,5 km Länge). Die vier Seen sind meist zu kalt zum Baden.

8 **Maloja** und **Malojapaß.** 1815 m. 12%. Wichtige transalpine Straßenverbindung. Auf dem Paß der kleine Ort Maloja. Im Park des ehemaligen Schlosses Belvedere 30 Gletschermühlen (bis 6 m breit und 11 m tief). Wohnhaus und Grabmal des Alpenmalers Segantini. Von der engadiner Seite zum Paß kein Aufstieg, nach Süden steiler Abfall mit serpentinenreicher Straße.

9 **Inn.** Rätoromanischer Name En (daher Engadin). Bedeutendster Fluß der Ostalpen. Quelle am Piz Lunghin oberhalb Maloja, durchfließt das Engadin und das österreichische Inntal, tritt südlich von Rosenheim ins Alpenvorland aus und mündet nach 510 km in Passau in die Donau.

10 **Bergell.** Von der Mera durchflossenes Gebirgstal südlich des Malojapasses. Durchläuft auf kürzester Distanz alle Klimastufen, vom hochalpinen bis zum mediterranen. Im Süden die gleichnamige Berggruppe mit überaus kühnen Bergformen, eine Wirkung des noch jungen Granits.

13 **Stampa.** 994 m. In der Chiesa Grande Bergeller Talmuseum. Auf der anderen Flußseite das Schloß Castelmur in deplaciertem maurischen Imitationsstil.

14 **Bondo.** 823 m. Stattliches Dorf, recht typisch für das Bergell, mit engen, holprigen Gassen, mit dickwandigen Häusern und steingedeckten Dächern. Palast der Familie Salis. Kirche mit Fresken aus dem 14. Jahrh.

15 **Soglio.** 1090 m. In einzigartiger Lage 300 m über dem Tal zwischen Wiesen und ausgedehnten Edelkastanien-Wäldern. Einzigartiger Blick in die Val Bondasca mit ihren Granitbergen, imponierend der Piz Badile (3308 m) mit einer 900 m hohen, glattpolierten Nordostwand. Drei Paläste der Salis, einer heute Hotel mit sehenswerter Barockeinrichtung. Trotz unzähliger Fotos wird Soglio bis heute wenig von Fremden besucht.

16 **Castasegna.** 693 m. Schweizer Grenzort. Bald nach Castasegna beginnt der Weinbau im Bergell.

Pontresina	km
Berninapaß	15
St. Moritz	38
Silvaplana	44
Maloja	55
Bondo	74
Soglio	77
Castasegna	83
Chiavenna	**93**
(ab Wien	1289)

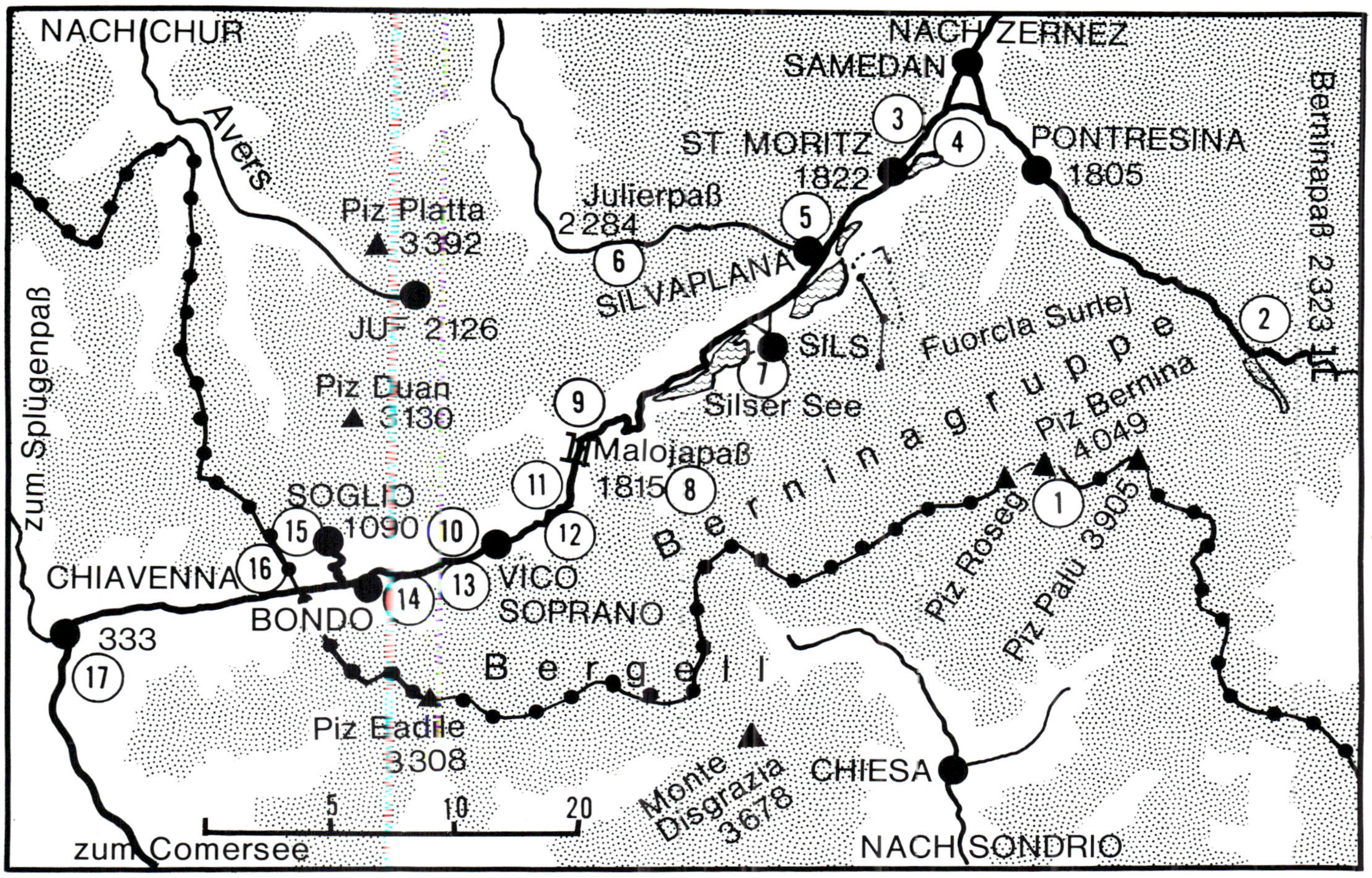

11 **Vicosoprano.** 1067 m. Hauptort des schweizerischen Bergells. Enggebautes Dorf mit hübschen Sgraffitohäusern. Rathaus von 1580. Am anderen Ufer der Mera Kirche San Cassian, ursprünglich 9. Jahrh., erneuert im 13. Jahrh., über den Fluß Steinbrücke von 1543.

12 **Borgonovo.** 1043 m. Nördlich der neuen Straße. Sehr typisches Bergelldorf mit den schönsten Sgraffitohäusern.

17 **Chiavenna.** 333 m. 7000 Einwohner. Hauptstadt des italienischen Bergells. Römische Gründung. Malerische, enge Altstadt. Kirche San Lorenzo mit schlankem Glockenturm, ursprünglich rom., hübscher Säulengang. Chiavenna ist ein wichtiger Verkehrsknoten durch die Verzweigung der Routen zum Maloja- und zum Splügenpaß.

Fuorcla Surlej und Piz Bernina

„DIE SCHÖNSTE WANDERUNG DER ALPEN"

11

Die Überraschung schenkt mancher berühmten Stelle in den Alpen erst ihren vollen Reiz, denken wir doch zurück an den Misurinasee etwa oder an den Ortlerblick, der sich mit dem Erreichen der Stilfserjochhöhe geöffnet hatte. Auch die Fuorcla Surlej (2755 m) in der Berninagruppe verbirgt dem von Westen Heraufsteigenden ihr Geheimnis bis zum allerletzten Moment. Haben wir etwas Glück mit dem Wetter, und sind die Berge gar mit frischem Schnee überzuckert, dann ist der Eindruck immer noch faszinierender, als wir uns das ausgemalt hatten. Auf nur 7 km Entfernung stehen wir den großen Eisgipfeln des Bernina-Hauptkammes gegenüber, dem Piz Bernina, mit 4049 m der höchste Gipfel der Ostalpen und ihr einziger Viertausender, dem Piz Scerscen (3971 m) und dem Piz Roseg (3937 m), dieser gewaltigen Fels- und Eisburg.

Vom Berninagipfel zieht nach links der Biancograt herab, ein feiner Eisstreifen auf dickem Felssockel, der Traum jedes guten Bergsteigers, wegen seiner Form auch als »Himmelsleiter im Eis« bezeichnet. Der Roseg hingegen imponiert durch seine eisbedeckte Nordostwand, die wir fast im Profil sehen, eine der ganz schwierigen Touren in den Alpen. Aus den weiten Becken quellen die Gletscherströme von Tschierva und Roseg hervor, wildzerrissen im mittleren Teil, wo sie über steilere Stufen herabfließen. Fast zu unseren Füßen die schmutziggrauen Gletscherzungen. Die Fuorcla Surlej war schon immer als Aussichtspunkt bekannt, trotzdem traf man früher dort nur wenige Menschen, man mußte schließlich von Silvaplana seine drei Stunden heraufsteigen. Inzwischen hat man eine Großkabinenbahn zum Piz Corvatsch gebaut, und so ist es lebhafter geworden dort oben. Da die Bahn schon einmal existiert, werden auch wir sie benützen, aber nur bis zur Mittelstation, die in Höhe der Fuorcla Surlej liegt. Fuorcla heißt Scharte, es ist ein rätoromanisches Wort, das sich von dem lateinischen forca (= Gabel) ableitet, und surlej bedeutet »über dem See«. In diese Scharte über dem (Silvaplaner) See wandern wir nun von der Bergbahnstation auf dem guten, neuen Weg. Wir werden nicht länger als 20 Minuten unterwegs sein. Doch damit ist unser Tagwerk noch lange nicht beendet, wollen wir doch zu Fuß über den Hahnensee nach Surlej absteigen, auf dem Aussichtsweg schlechthin. Er zeigt uns auch die typische Urgesteinslandschaft in den verschiedenen Höhenstufen: vegetationslose Schuttflächen unter der Scharte; das kurze Gras der Almmatten; im nächsttieferen Stockwerk die ausgeprägte Strauchwerklandschaft mit Alpenrosen, Wacholder usw., zwischen denen Blüten von Akelei und Blauem Eisenhut hervorleuchten; schließlich einen Gürtel mit knorrigen Arven, der nach unten in die kultivierten Wiesen ausläuft. Als Dekoration gehört zu jeder dieser Stufen – außer den Bauernwiesen natürlich – Blockwerk in jeder Größe, das die Kinder als Spielplatz ebenso lieben wie die Fotojäger als dekorativen Vordergrund. Wo kann man herrlichere Motive finden als hier! Läuft der Weg schräg rechts am Hang entlang, dann schauen wir genau nach St. Moritz hinein, mit dem See gleich daneben und der schönen Felspyramide des Piz Ot (3246 m) als Hintergrund. Bei jeder Kehre aber wandert der Blick Engadin-aufwärts. Nun liegen unter uns die Seen von Silvaplana und Sils, über ihnen dominiert der Piz Lagrev (3164 m), eine breite, reichgegliederte Felsbastion, während über den Ausschnitt des Malojapasses die schroffen Granitgipfel des Bergells schauen. Gerade an der Waldgrenze treffen wir auf den Hahnensee, den Lej dals Chöds (2153 m), neben dem ein Gasthaus steht. Hier müssen wir scharf nach links abbiegen, denn wir wollen zurück nach Surlej und nicht aus Versehen in St. Moritz landen. Die letzten 300 Höhenmeter hinab zum Auto zeigen uns, wie malerisch und abwechslungsreich ein Bergwald sein kann.

Blick von der Fuorcla Surlej auf den höchsten Teil der Berninagruppe mit Piz Bernina (links der Biancograt), Piz Scerscen und Piz Roseg. Davor der gewaltige Tschiervagletscher.

Farbbild auf den Seiten 106/107: Soglio in der letzten Abendsonne, eine der besonders malerischen Stellen in den Alpen. In der Tiefe das Bergelltal, im Hintergrund die Val Bondasca mit der Scioragruppe, Piz Cengalo und Piz Badile (ganz rechts).

12

Chiavenna – Locarno

COMERSEE – VALLE INTELVI – LUGANO – LAGO MAGGIORE

Bretteben zieht der Piano di Chiavenna nach Süden, ein Tal ohne Reiz mit Buschwerk, Hecken und Baumreihen. Es ist, als wollte die Landschaft kurz Atem holen, um sich dann um so prachtvoller zu entfalten. Wir kommen an den ebenfalls bescheidenen Lago di Mezzola, den das Schwemmgut der Adda vom Comersee abgetrennt hat, zwängen uns am Ostufer zwischen Wasserspiegel und senkrechten Felsen hindurch, überqueren die Schwemmebene und erreichen bei Gera schließlich den Comersee selbst. Doch sollten wir gleich noch ein Stück weiterfahren, bis Gravedona vielleicht, denn erst hier zeigt uns der See sein typisches Aussehen. Wie ein Fjord liegt er zwischen den steilen Berghängen, nur 3 bis 4 km sind es von einem Ufer zum anderen, doch erstreckt er sich 50 km weit nach Süden, zudem spaltet er sich bei Griante in die beiden Arme von Como und Lecco und hat somit die Form eines auf dem Kopf stehenden Ypsilons.
Wer auf den Uferstraßen rundum fahren möchte, der hätte eine Strecke von 170 km vor sich. Kräftige Farben beherrschen das Bild, das satte Blau des Wasserspiegels, das Grün der überquellend-üppigen Vegetation, dazwischen als Tupfen das Weiß und Rot der Häuser. Die Orte, malerisch mit ihren alten Häusern, den engen, holprigen Gassen, liegen in rascher Folge an der Straße aufgereiht, während längs des Ufers eine herrschaftliche Villa die andere ablöst, meist kunstvolle Bauwerke mit Türmchen und Erkern, mit Steinfiguren und schmiedeeisernen Gittern, versteckt in Gärten mit reichstem Blumenschmuck und blühenden Sträuchern. Vor allem in Cadenabbia und Maiolica feiern diese parkähnlichen Gärten wahre Triumphe, im Frühsommer versinken sie in einem Meer von Blüten. Bis Argegno folgen wir der Uferstraße, dann biegen wir in die Valle Intelvi ab. Von den Serpentinen der Auffahrt schauen wir ein letztes Mal auf den See hinab, der gerade unter uns 410 m tief ist, sein Grund reicht also 211 m unter den Meeresspiegel hinab. Das Tal von Intelvi ist für uns ein kleiner Ausflug in die Ursprünglichkeit, mit bescheidenen Orten und einer zwar ebenfalls reichen, aber wildwachsenden Pflanzenwelt, ein Intermezzo zwischen der großen Welt des Comer- und des Luganer Sees. Ein Abstecher zum Waldkopf Sighignola (1321 m) erlaubt uns den ersten Ausblick auf Lugano, das sich mit seinen beiden Nachbarorten Paradiso und Castagnola in einem weiten Halbkreis um eine Bucht des Lago di Lugano zieht und sogar noch weit an den Hängen des Monte Bré hinaufklettert. Wir werden noch einige Zeit unterwegs sein, bis wir über Arogno, Bissone und den Ponte Diga, einen 800 m langen Damm, der den See nach Melide überquert, in Lugano einfahren. An einem der Kaffeehaustische der Uferpromenade sitzend, können wir das internationale Publikum an uns vorbeidefilieren lassen, wir können auch baden oder durch die Straßen bummeln, um der Kathedrale San Lorenzo und der Klosterkirche Sta. Maria, dem Museum oder der Bibliothek unsere Referenz zu erweisen. Wir können uns aber auch in der Gesellschaft eines bunten Völkergemischs mit einer der Zahnradbahnen auf den Monte Bré oder den San Salvatore tragen lassen und die Umgebung von oben bewundern. Später fahren wir durch ein häßliches Tal hinauf zum Paß Monte Ceneri und jenseits hinab in das Tal des Ticino (Tessin). Wir biegen links ab und erreichen den Lago Maggiore, den dritten der großen Seen, und bald darauf Locarno. Die Restaurants an der Uferstraße laden zu einem Souper im Freien, die milde Luft und die guten Tessiner Weine sind wie geschaffen für einen gemütlichen Abend. Der anschließende Verdauungsspaziergang bringt uns hinauf nach Orselina. Das ganze Lichtermeer von Locarno, Muralto und Ascona liegt dann zu unseren Füßen, und jenseits der dunklen Fläche des Sees sind die nachtschwarzen Hänge des Monte Gambarogno bis weit hinauf mit hellen Punkten verziert.

Eine der typischen Prachtvillen am Ufer des Comersees, die reich mit Blumen und Sträuchern geschmückt sind. Diese Villen machen jedoch gerade an den schönsten Strecken des Ufers den Zugang zum Wasser unmöglich.

Die Casa Serodine in Ascona

1 **Lago di Mezzola.** 200 m. Nördliche Verlängerung des Comersees, von diesem durch das Schwemmgut der Adda abgetrennt. Weniger attraktiv. Flaches Nord- und Südufer mit Obstbaumplantagen, Steilufer im Osten und Westen.

2 **Comersee.** 198 m. Schönster der oberitalienischen Seen. Fast rundum von steilen Ufern eingeschlossen, üppige Vegetation infolge des sehr milden Klimas. Malerische Orte, oft steil an den Ufern emporsteigend, altes Kulturgebiet, in den Gärten herrliche Blumen. Die Ufer sind auf weite Strecken von Privatvillen eingefaßt, deshalb zu wenig freier Zugang zum Wasser. 50 km Länge, 146 qkm Fläche, 410 m Tiefe, damit tiefster See Europas. Schiffahrt, Strandbäder, Wassersport. Lebhafter Touristenverkehr.

3 **Gravedona.** Größerer Ort am Obersee mit starkem Fremdenverkehr. Palast der Gallio aus dem 16. Jahrh., Taufkapelle Sta. Maria del Tiglio aus dem 12. Jahrh. mit rom. Holzkruzifix und Fresken.

4 **Rezzonico.** Kleiner Uferort mit weitem Blick nach Süden. Renovierte Burg aus dem 13. Jahrh.

5 **Menaggio.** Hauptort am Westufer des Comersees. Fremdenverkehrszentrum. Abzweigung der wichtigen Straße zum Luganer See.

6 **Cadenabbia.** Urlaubsort Konrad Adenauers. Feudale Villen von prächtigen, parkartigen Gärten umgeben, üppigste Blumenpracht. Sehenswert die Villa Carlotta mit ihrem Park und den Skulpturen bekannter Meister, z. B. Thorwaldsens Relief des Alexanderzugs.

7 **Argogno.** Malerischer Fremdenort an einer weiten Bucht des Comersees gelegen. Abzweigung der Straßen in die Valle Intelvi. Bei der Auffahrt nach Muronico sehr schöner Tiefblick auf Ort und See.

8 **Valle Intelvi.** Hochtal zwischen dem Comer- und dem Luganer See. Weit verstreute Ortschaften, hoch emporführende Straßen. Urlaubsgebiet, doch von deutschsprachigen Touristen nahezu unberührt. Von Pellio schöner Blick auf den Luganer See. In San Fedele rom. Pfarrkirche mit Portal aus dem 11. Jahrh.

9 **Lanzo.** 892 m. Höchstgelegener Ort der Valle Intelvi. Sommerfrische. Von dort kleines Sträßchen meist durch Wald auf die **Sighignola** (1321 m), ein kleiner Berg steil über dem Luganer See mit sehr schönem Tiefblick. Bei der Abfahrt von Lanzo nach Maroggia durch das Tal der Mare sehr steiles Gefälle von 18%.

10 **Melide.** 274 m. Beliebter Ferienort am Luganer See. Mit dem gegenüberliegenden Ufer durch den Damm Ponte Diga verbunden. Besuchenswert die Weinkeller, Grotti genannt.

11 **Luganer See.** 271 m. Größtenteils auf schweizerischem Boden gelegen. Berühmt als Treffpunkt der großen Welt. Infolge der subtropischen Vegetation parkähnliche Landschaft in allen kultivierten Gebieten. Sehr abwechslungsreich durch die vielen Buchten. 35 km Länge, 49 qkm Fläche, 288 m Tiefe. Motorschiffahrt.

12 **Lugano.** 273 m. 33 000 Einwohner, 9500 Fremdenbetten (Lugano und Umgebung). Bekanntestes internationales Zentrum im Tessin mit teilweise exklusivem Publikum. Sehr schön an einer Bucht des Sees gelegen, eine Einheit

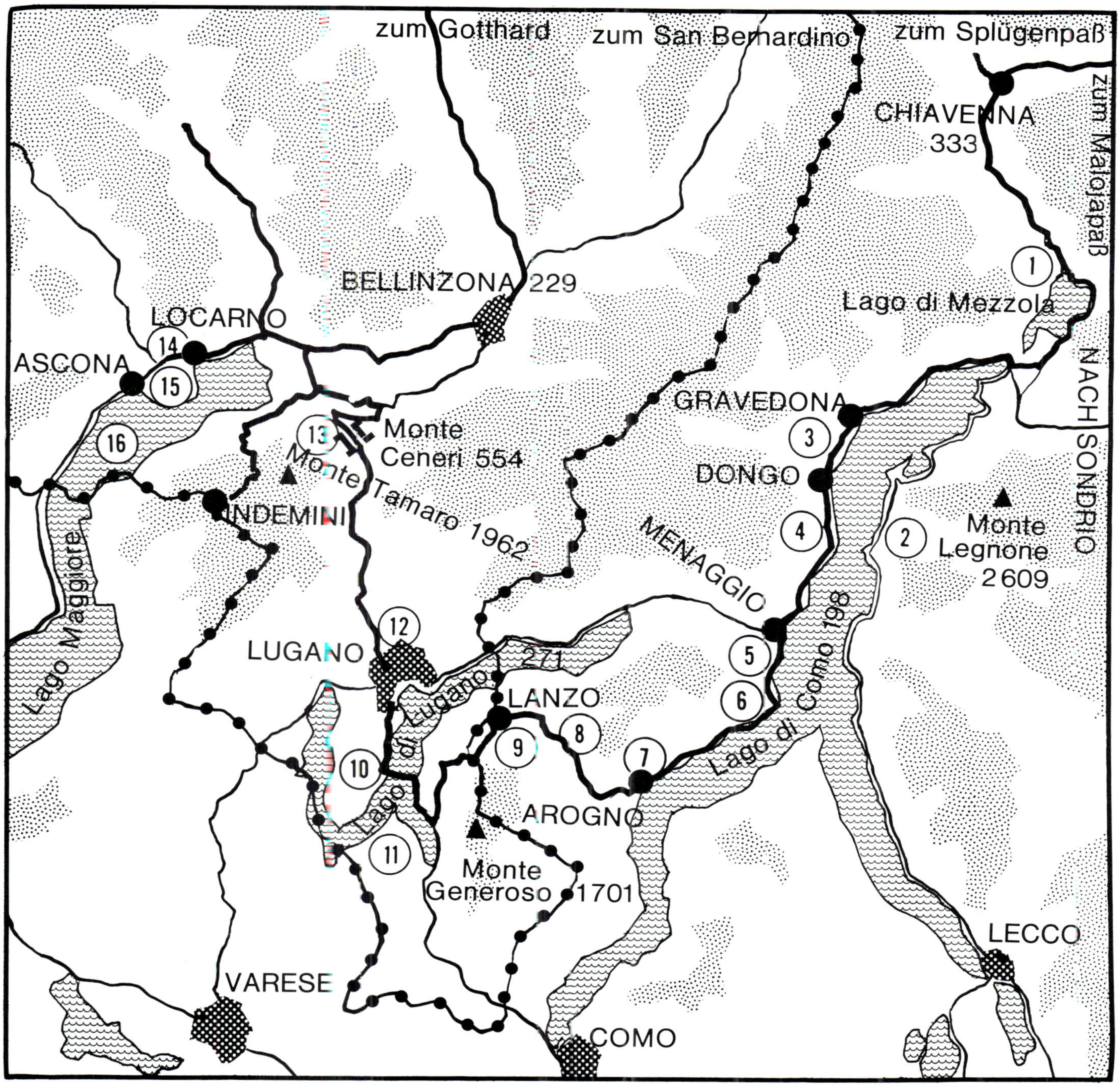

mit den Nachbarorten Paradiso und Castagnola, letzteres steigt mit eleganten Villen steil am Hang des Monte Bré an. Schöne Altstadt mit Laubengängen, Stadtpark mit riesigen Bäumen. Kathedrale San Lorenzo aus dem 15. Jahrh. mit schöner Fassade aus der Frühren. (1517). Kirche Sta. Maria mit Fresken von Bernardino Luini (1529). Gemäldesammlung in der Villa Favorita in Castagnola. Zahnradbahn von Paradiso auf den San Salvatore (912 m), das Wahrzeichen der Stadt, und von Cassarate auf den Monte Bré (925 m). Strandbad, Hallenbäder, Wassersport, Golf. Motorbootfahrt zu den Grotti (Weinkeller) am gegenüberliegenden Ufer.

13 **Monte Ceneri.** 554 m. Paß zwischen Lugano und dem Tal des Tessin mit teilweise autobahnartig ausgebauter Straße. Wenig schöne Zufahrt von Süden, auf der Nordrampe jedoch freier Blick ins Tal des Tessin.

14 **Locarno.** 197 m. 25 000 Einwohner, 8000 Fremdenbetten. Internationales Touristenzentrum und schweizerischer Hauptort am Lago Maggiore. Schönes, altes Städtchen, das mit Muralto, Brione und Orselina zusammenhängt, die sich malerisch 250 m hoch an den Hängen emporziehen. Altes Zentrum um die Piazza Grande mit regem Leben, mit engen Gassen und alten Patrizierhäusern. Üppige südliche Vegetation mit Palmen, Agaven usw. Schloß der Visconti, ursprünglich von den Goten erbaut, im 14. Jahrh. eine der mächtigsten Festen Oberitaliens, jetzt nur noch ein kleiner Teil erhalten. In dem Schloß ist ein Museum untergebracht. Sehenswert auch die spätgot., holzgeschnitzte Decke und ein Säulengang. Kirche San Francesco (1538) mit schöner Fassade aus der Frühren. Rom. Kirche San Vittore (12. Jahrh.), in deren Inneren die verschiedenen Jahrhunderte ihre Spuren hinterlassen haben. Schiffahrt, Wassersport, Strandbad, Golf.

15 **Ascona.** Schwesterort Locarnos auf der anderen Seite des Schwemmkegels, den die Maggia weit in den Lago Maggiore vorgeschoben hat. Ebenfalls beliebter Ferien- und Badeort, Künstlertreffpunkt. Zusätzlich bekannt geworden durch die farbenfreudigen Aquarelle des Expressionisten Rohlfs. Gut erhaltener Stadtkern mit südländischem Charakter, zahlreiche Kirchen etc. von kunsthistorischem Interesse.

Chiavenna	km
Gera	26
Gravedona	32
Menaggio	50
Argegno	64
Lanzo d'Intelvi	78
Bissone	90
Lugano	98
Cadenazzo	123
Locarno	**137**
(ab Wien	1426)

16 **Lago Maggiore.** 194 m. Der westlichste der großen norditalienischen Seen, der Nordzipfel reicht in den Schweizer Kanton Tessin hinein. Das Becken wurde durch den eiszeitlichen Tessingletscher ausgeschürft. Meist sehr steile, dicht bewachsene Ufer, mildes Klima mit subtropischer Vegetation. Begehrtes Fremdenverkehrsgebiet. 65 km Länge, 212 qkm Fläche, 372 m Tiefe. Schiffahrt.

Monte Tamaro oder Monte Gambarogno

AUSSICHTSBERGE ZWISCHEN DEM LAGO MAGGIORE UND DEM LUGANER SEE

12

Die Berggruppe zwischen dem Lago Maggiore und dem Luganer See erreicht nicht mehr ganz die Zweitausendmetergrenze. Sie kulminiert im Monte Tamaro, der es noch auf 1962 m bringt. Doch Gipfelhöhen sind etwas Relatives. Der Ausgangsort Vira am Lago Maggiore liegt ja ungewöhnlich tief, nur 195 m über dem Meer. So wäre der Tamaro sogar eine ausgesprochen strenge Tour – wenn uns nicht wieder einmal das Auto den Hauptteil der Mühe abnehmen würde. Was übrigbleibt ist nichts als ein gemütlicher Nachmittagsspaziergang, ein alpiner Spaziergang natürlich auf einem richtigen steinigen Bergweg oder über Almmatten, je nach unserem Ziel. Wir fahren vom Fuß des Monte Ceneri gar nicht erst hinüber auf die andere Talseite, sondern bleiben gleich links und erreichen so Magadino und Vira. Die Hänge wachsen steil und unmittelbar aus dem See empor, und doch begegnen wir auch hier der typischen, parkähnlichen Landschaft der oberitalienischen Seen. Weinberge wechseln mit hübschen, sauberen, meist modernen Villen.

In Vira zweigt eine ganz pfiffige Straße ab, die mit Hilfe von 32 Serpentinen durch den steilen Wald zum Neggiasattel (1395 m) emporklimmt, 13 Straßenkilometer für eine Entfernung von 4 km Luftlinie! Lichtungen im dichten Laubwald geben von Zeit zu Zeit den Blick auf den Lago Maggiore und Locarno frei, bei jedem neuen Auslug ist das Tal wieder ein Stück tiefer gesunken, dafür tauchen im Norden stets neue Gipfel und Bergketten auf. Nach der Hälfte der Auffahrt biegt die Straße nach links in die schluchtartige Valle di Vira ein und arbeitet sich nochmals volle 600 Höhenmeter an den steilen Hängen empor. Oben empfängt uns eine freundliche Wiesenlandschaft, eine freier Blick nach Süden und ein Gasthaus. Wir müssen uns nun entscheiden, ob wir nach links oder rechts aufsteigen wollen, auf den Hauptgipfel, den Monte Tamaro, zu dem wir zwei gemütliche Stunden unterwegs sein würden, oder auf den Monte Gambarogno (1734 m), diesen nach Westen vorgeschobenen Eckpfeiler, der nur eine Stunde vom Auto entfernt ist. An klaren Tagen, die bei dem feuchtwarmen Klima auf der Alpensüdseite im Sommer leider selten sind, lockt uns natürlich der Tamaro, denn der Blick reicht von dort oben bis zum höchsten Berg der Schweiz, dem Monte Rosa (4634 m), während sich im Süden die Lombardei ausbreitet, selbst Mailand ist in einer Entfernung von nur 70 km zu sehen. Der Anstieg beginnt direkt im Sattel und führt im Zickzack über den buschbestandenen Hang zu einem Vorkopf (1604 m), um dann auf oder knapp nördlich neben dem Kamm zum alles überragenden Gipfel weiterzuziehen. Haben jedoch die typischen Nachmittags-Nebelballen den Tamaro bereits verschluckt, bleibt uns der kleinere Monte Gambarogno als Alternative. Wie ein Aussichtsbalkon thront er 1500 m über dem Lago Maggiore. Wir steigen schnurgerade und anfangs pfadlos über den Wiesenrücken an; allmählich prägt sich ein steiler Viehweg aus, der auf den Hauptgrat emporführt. Bis zu den Waden versinken wir in Almrausch- und Heidelbeerfeldern, und trotz der Profipflücker lachen uns so viele herrliche große Beeren an, daß einige Zeit vergeht, bis wir den naheliegenden Gipfel erreichen. Zu unseren Füßen liegt nun der Lago Maggiore, er umgibt uns in einem Bogen von mehr als 180 Grad, wir überblicken ihn von Locarno bis Stresa. Hier können wir auch seinen deutschen Namen »Langensee« verstehen. Mit 61 km erreicht er fast die Länge des Bodensees, bedeckt aber nur ein Drittel der Fläche. Wie aus dem Flugzeug der Blick auf Locarno und den Zwillingsort Ascona. Sie liegen ganz symmetrisch rechts und links auf dem gewaltigen Schwemmkegel, den die Maggia im Laufe der Jahrtausende in den See hinausgeschoben hat, ihn damit auf die Hälfte seiner Breite zusammenschnürend. In anderthalb Stunden werden wir selbst dort drüben am Ufer sitzen.

Lugano und Luganer See, links oben der Monte Bré. An seinen Hängen zieht sich Castagnola empor. Das überaus milde Klima schafft eine üppige, südländische Vegetation. Das gegenüberliegende Ufer gehört bereits zu Italien.

Farbbild auf den Seiten 114/115
Die Uferpromenade von Ascona am Lago Maggiore. Links schaut der Turm der alten Kollegiatskirche über die Häuser. Jenseits des Sees der Monte Gambarogno.

Bar Sergio
Bottega Berta
AGENZIA IMMOBILIARE

ASCONA
SALVATAGGIO

13

Locarno – Andermatt

VALLE VERZASCA – BELLINZONA – VALLE LEVENTINA – GOTTHARDPASS

Bei dem Namen Tessin denken wir ganz automatisch an Lugano und Lago Maggiore, an Prachtvillen, Palmen und Badenixen. Sie repräsentieren jedoch nur einen Teil dieses fünftgrößten Schweizer Kantons; in Wirklichkeit birgt er alle Klimastufen bis hinauf in die Gletscherregion von Adulagruppe und Basodino. Gerade der unbekannte Teil des Tessins verbirgt manche Kostbarkeit, die auch heute in der Zeit des großen Fremdenverkehrs noch wenig besucht wird. Uns lockt vor allem die Valle Verzasca, die bei Gordola in das weite Becken des Lago Maggiore mündet. Der Zauber dieses Tales liegt in seiner Strenge, in der Urwüchsigkeit, selbst die Orte fügen sich in den Charakter ein: vielfach aus Natursteinen gebaut und mit Schieferplatten gedeckt unterscheiden sie sich wenig von ihrer Umgebung. Wasser und Fels zeichnen die Landschaft, besondern eindrucksvoll zeigt sich das wie von Künstlerhand geschliffene Flußbett bei Lavertezzo, ein Bild, das das nebenstehende Meisterfoto des Schweizers Burkhardt trefflich wiedergibt.
Nach diesem Abstecher in die Stille vertrauen auch wir uns der Hauptroute durch das Tessin an, fahren zwischen Tabak- und Maisfeldern über den Piano di Magadino rasch hinüber in die hübsche, saubere Kantonshauptstadt Bellinzona, in der wir noch einmal Station machen wollen. Das Bild wird vom Schloß Uri beherrscht, dem Idealbild einer mittelalterlichen Burg mit Türmen und Zinnen, auf einem 50 m hohen Hügel gelegen, der mitten in der Stadt aufragt. Und wie wäre es mit einem Frühschoppen in einer der Grotti, jener malerischen, schattigen Weinschenken? Bei der Weiterfahrt geht es rasch durch die Riviera aufwärts – ja, so heißt der Talboden zwischen Bellinzona und Biasca – und weiter durch die Valle Leventina – Landstriche, die uns wenig Besonderes bieten. Für einige Abwechslung sorgt die Granitkirche San Nicolao in Giornico, eigenwillig aus Natursteinen im romanisch-lombardischen Stil errichtet, und vielleicht die Schlucht von Piottino oder Dazio Grande, durch die sich neben dem Tessin auch unsere Straße zwängt. Beim Ferienort Airolo verläßt die Hauptstraße das Tal und klettert rasch am steilen Hang bis über die Baumgrenze empor, wo sich die alte und die nagelneue Straße trennen. Zwei langgezogene Schleifen reichen der neuen Strecke, um die Paßhöhe zu gewinnen, während die alte Straße mit Hilfe von 24 Kehren direkt in der engen Val Tremola, dem »Tal des Zitterns«, emporsteigt. Auf der Höhe des Passo del San Gottardo (2108 m), wie der Gotthard offiziell heißt, begrüßt uns eine ganze Kette hübscher, kleiner Seeaugen, die jedoch statt mit Blumen mit weggeworfenem Abfall umrahmt sind, auch viele der Gebäude, meist militärischen Ursprungs, verschönen die Landschaft nicht gerade. Keine Empfehlung für den berühmtesten Paß der Westalpen, die wichtigste Verbindung zwischen der Innerschweiz und Oberitalien, die »Brücke zwischen Norden und Süden«. Jahrhundertelang sind große Menschenmengen über den Paß geflutet, gewandert, geritten, gefahren. Im 19. Jahrhundert beförderte die Postkutsche bis zu 70000 Personen im Jahr. Auch der hochalpine Winter konnte die Reisenden nicht abhalten, obwohl sie wußten, daß ihr Unternehmen gefährlich war. Vor allem in der Val Tremola sind im Laufe der Geschichte Tausende den Lawinen zum Opfer gefallen. 1882 wurde es schlagartig ruhig hier oben: Es war das Jahr, in dem der Eisenbahntunnel dem Verkehr übergeben wurde. Heute hat sich das Auto den Gotthard erobert, aber auch diese Zeit geht vorbei, gräbt man doch schon eifrig an einem Straßentunnel. Unsere Weiterfahrt nach Norden führt durch eine karge Hochgebirgswelt ohne besondere Höhepunkte. Die Straße zieht rasch abwärts, bald haben wir den Ort Hospental erreicht, der uns mit seinem markanten Lombardenturm begrüßt. Von hier sind es dann nur noch 3 km nach Andermatt, dem beliebten Wintersport- und Ferienort.

Felsschliff im Verzascatal. Im Hintergrund die Kirche und einige der Häuser von Lavertezzo.

Die Dorfkirche von Brione
in der Valle Verzasca

Locarno	km
Gordola	5
Brione	23
Gordola	41
Bellinzona	55
Biasca	76
Giornico	85
Airolo	113
Gotthardpaß	129
Andermatt	**141**
(ab Wien	1567)

1 **Valle Verzasca.** Malerisches Seitental des Tessin, das uns in relativ kurzer Fahrt (18 km) recht verschiedene Landschaftsbilder zeigt. Typische Bauweise mit Häusern aus Natursteinen. Fjordartiger Stausee von Vogorno, zahlreiche Wasserfälle, großartiger Felsschliff im Flußbett bei Lavertezzo (siehe Farbfoto), auffallend grüne Gumpen. Abzweigung der Straße in Gordola.

2 **Brione.** 756 m. Kleiner, malerischer Ort in einer Talgabel gelegen. Kirche mit schönen Fresken im Giottostil (14. Jahrh.).

3 **Bellinzona.** 229 m. 14 400 Einwohner. Hauptstadt des Kantons Tessin, ein hübscher, sauberer Ort. Einen besonderen Akzent erhält er durch die über die Häuser ragende Burg: Mitten in der Stadt auf einem Hügel von 50 m Höhe das Castel Uri, mittelalterliche Idealburg mit zinnengekrönten Mauern und Türmen, die Burghänge sind mit Weinbergen bedeckt. Stiftskirche La Collegiata mit Renaissancefassade und Altarbild des Tintoretto. Rom. Kirche San Biago mit alten Fresken. Museum, Schwimmbad.

4 **Arbedo-Castione.** 239 m. Abzweigung der wichtigen Straße zum San-Bernadino-Paß mit Straßentunnel. Verbindung nach Chur.

5 **Biasca.** 301 m. 3500 Einwohner. Stattlicher Ort am Nordende der Riviera. Abzweigung der Straße zum Lukmanierpaß (1916 m) und nach Disentis im Vorderrheintal. Rom. Stiftskirche mit alten Fresken.

6 **Giornico.** 391 m. Ort im unteren Teil der Valle Leventina mit der eigenartig düsteren Kirche San Nicolao aus dem 12. Jahrh. Sie ist aus Granitsteinen erbaut, eines der schönsten Beispiele romanisch-lombardischer Kunst.

7 **Faido.** Hauptort der Valle Leventina, Sommerfrische. Hübsche Holzhäuser.

8 **Piottino-Schlucht.** Zwischen Faido und Rodi-Fiesso zwängt sich der Tessin durch die Schlucht von Piottino, auch Dazio Grande genannt. Die Straße zieht ebenfalls durch die Schlucht.

9 **Piotta.** 1006 m. In weitem Wiesental gelegen. Standseilbahn mit Steigung von fast 90% nach Piora (1793 m) mit schönem Tiefblick. Von dort sehr lohnende Fußwanderung von 20 Minuten zum Stausee von Ritom.

10 **Airolo.** 1159 m 2000 Einwohner, 300 Fremdenbetten. Ferienort am Südfuß des Gotthardpasses. Verladerampe für den Autotransport durch den Tunnel. Seilbahn zum Sasso della Boggia (2065 m).

11 **Nufenenpaß.** 2440 m. 1970 neu eröffnete Paßstraße, die das Tessin direkt mit dem oberen Wallis verbindet. Wunderbarer Blick von der Paßhöhe auf die Viertausender der Berner Alpen (Finsteraarhorn, 4275 m).

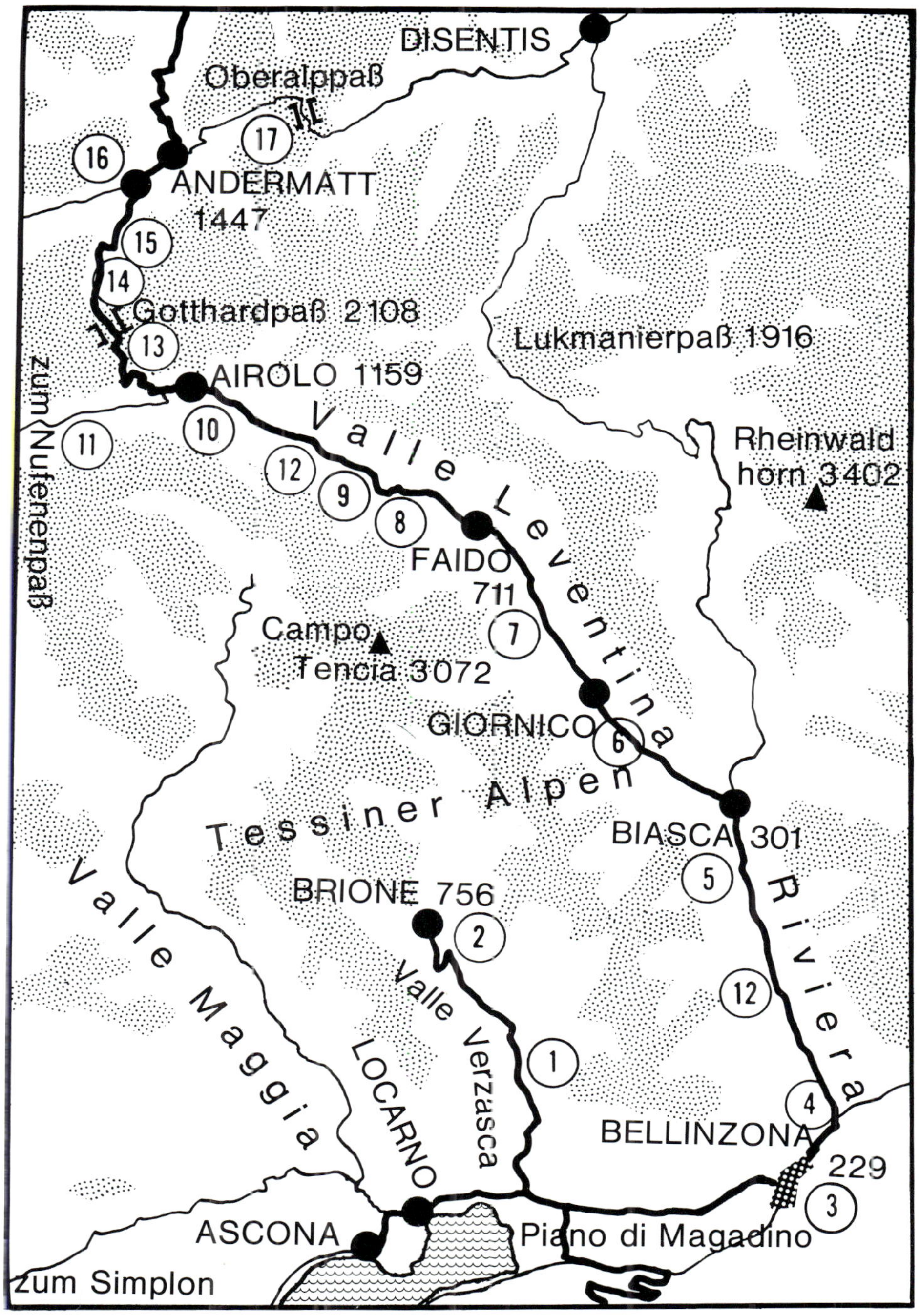

12 **Ticino.** Der Fluß Ticino, auf deutsch Tessin, der dem ganzen Kanton den Namen gegeben hat, entspringt in der Val Bedretto in der Nähe des Nufenenpasses, fließt dann durch die Valle Leventina und die Riviera, durchströmt den Lago Maggiore und mündet nach 248 km in den Po.

13 **Val Tremola.** Kurzes, scharf eingeschnittenes Tal auf der Südrampe des Gotthardpasses, das die alte Straße in 24 Kehren überwindet (die neue Straße verläuft westlich oberhalb). Val Tremola bedeutet etwa »Tal des Zitterns«. Der Name hat seinen Ursprung in den vielen tödlichen Unfällen, die sich in den vergangenen Jahrhunderten in diesem Tal vor allem durch Lawinen ereignet haben.

14 **Gotthardpaß.** (Passo del San Gottardo). 2108 m. 10%. Wichtigster transalpiner Verkehrsweg zwischen der Schweiz und Italien. Wegen des sehr schwierigen Geländes, vor allem wegen der Schöllenenschlucht, wurde der Paß nicht vor dem 13. Jahrh. mit dem ersten Saumweg ausgestattet. 1830 erste Straße, 1882 Eröffnung des Gotthard-Eisenbahntunnels, zur Zeit wird an einem Straßentunnel gearbeitet. Zahlreiche Seen auf der Paßhöhe, hübscher, doch etwas beschränkter Blick. Schöne Wanderungen zu den Stauseen von Sella und Lucendro.

15 **Hospental.** 1453 m. Erster Ort im Urserental, hier erreicht die Gotthardstraße den Talboden. Wahrzeichen des Ortes der alte Wehrturm, Überrest einer mittelalterlichen Burg. Schöne Barockkirche mit reichem Stuck. Auffallend die fast baumlose Landschaft des Urserentals, ein besonderer Kontrast nach der überreichen Vegetation des unteren Tessins. Abzweigung der Straße über Realp zur Furka (2431 m).

16 **Andermatt.** 1447 m. 1800 Einwohner, 600 Fremdenbetten. Ferienort, vor allem im Winter gerne besucht. Wichtiger Verkehrsknoten zwischen der Nordsüdstrecke Zürich – Gotthard – Mailand und der Ostwestverbindung Graubünden – Oberalp – Furka – Wallis.

17 **Oberalppaß.** 2044 m. Übergang von Andermatt ins Vorderrheintal. Gut ausgebaute Straße. Häßliche Barackensiedlung auf der Paßhöhe.

Lucendrosee und Lucendropaß

VOM GOTTHARDPASS IN DIE EINSAMKEIT DES LUCENDROTALS

13

Beim letzten kleinen See am Nordende der Gotthard-Paßhöhe lassen wir unser Auto stehen und wandern auf dem Fahrweg hinüber zur weithin sichtbaren, häßlichen Staumauer der Lucendrosees. 60 m hoch ragt sie über uns empor. Wir ziehen etwas bedrückt vorbei – können wir doch am Fuß allzu gigantischer menschlicher Bauwerke nie eine gewisse Beklemmung überwinden. Auf gemütlichem Zickzack-Weg steigen wir höher, freuen uns über den schönen Blick nach Norden und treten dann durch eine Lücke wie durch ein Tor in das Lucendrotal ein. Direkt zu unseren Füßen liegt jetzt der Lago di Lucendro (2134 m), der sein Dasein eben jener Staumauer verdankt. Tausend Sterne zaubert das mittägliche Gegenlicht auf die weite Wasserfläche, das strenge Tal bekommt Glanz und frisches Leben durch den künstlichen See. Wer will da noch über den »Eingriff in die Natur« schimpfen? Hoch über dem Wasserspiegel zieht der breite Weg talein zum Südufer und in wenigen Minuten empor zu den Lucendro-Almen, die hauptsächlich aus Militärbaracken bestehen. Die Soldaten haben auch den Steig angelegt, der uns zuverlässig und ohne alle Mühe zum Lucendropaß hinaufgeleitet. Sie haben bei der Arbeit viel Sorgfalt aufgewendet, Stützmäuerchen errichtet, die Felsen gesprengt und weite Strekken sogar mit den herumliegenden Gneisplatten gepflastert.
Der Weg hält sich immer östlich hoch über dem Bach, führt anfangs über Gras, dann wird das Gelände kahl und felsig. Immer wieder treffen wir auf die für das Tal charakteristischen querlaufenden Felsriegel, vom einstigen Gletscher rundgeschliffen. Doch der Steig weiß sie mit geschickten Schleifen zu überlisten. Nach einem kleinen Boden mit den Resten eines Bergsees haben wir dann bald den Lucendropaß (2524 m) erreicht. Im Südosten ist ein Segment aus dem sonst dichten Bergkranz geschnitten, über die dunstige Tiefe der Valle Leventina wandert der Blick zu den Tessiner Bergen. Doch den schöneren Teil der Aussicht verdeckt der zackenstrotzende Lucendro-Ostgrat. So queren wir einfach auf einem kleinern Wegerl zum nahen Grat hinüber und steigen in eine der Zahnlücken auf. Jetzt ist der Blick auch in die Val Bedretto und zum eisgeschmückten Basodino frei. Wer jedoch noch etwas Besonderes erleben will, der wandert über den Grat gleich links, östlich des Passes empor. Auch hier gibt es einen kleinen Militärsteig, der die anfänglichen Zacken nördlich umgeht, ein Stück auf dem breiten Rücken entlangläuft und dann reichlich steil und mühsam durch die Südflanke emporzieht. Doch wir wollen uns nicht sklavisch an dieses Gängelband halten. Es macht viel mehr Spaß, auch im oberen Teil dem Grat treu zu bleiben, der hier in lauter einzelne Felsblöcke aufgelöst ist. Knapp unter dem Hauptgrat biegen wir dann nach links ab und stapfen über Schutt hinüber in den Schneesattel am Fuß des Südlichen Pizzo della Valletta (2748 m), unserem Ziel. Der Gipfel besteht nur aus einem Haufen Steinbauklötzen. Da ist kein gewachsener Fels zu finden, Block liegt auf Block, regellos durcheinandergewürfelt, und gegen die Spitze zu aus immer gigantischeren Stücken aufgetürmt. Wer den homo ludens noch nicht ganz verdrängt hat, wird voller Freude durch diese Zauberwelt klettern, hier über eine Platte huschen, dort unter einem mächtigen Überhang hindurchschlüpfen, über messerscharfe Kanten balancieren, in düstere Klüfte schauen, aus denen das Eis wie ein verborgener Schatz herausblitzt, über die Stirnwand des nächsten Blockes klettern, mit Pfadfinderaugen nach dem besten Durchschlupf in diesem Labyrinth suchen . . . Neben der mauerglatten Gipfelnadel wird er dann auf einer Felsplatte in der Sonne liegen, wohlig müde und restlos zufrieden.

Hospental, der erste Ort nördlich der Gotthard-Paßhöhe. Auffallend der alte Lombardenturm, Überrest einer mittelalterlichen Burg.

Farbbild auf den Seiten 122/123: Das mittelalterliche Schloß Uri beherrscht die Tessiner Kantonshauptstadt Bellinzona. Es steht auf einem 50 m hohen, von Weinstöcken überzogenen Hügel mitten in der Stadt.

Farbbild auf den Seiten 124/125: Bei Rodi in der oberen Valle Leventina zweigt eine kleine Nebenstraße zu den Orten Mascengo, Prato und Dalpe ab, die auf einer aussichtsreichen Terrasse liegen. Das Foto zeigt die gemeinsame Kirche von Mascengo und Prato, den Hintergrund bildet die unbedeutende, wegen ihrer vorgeschobenen Lage trotzdem recht gewaltig wirkende Cima di Filo (2265 m).

HOTEL LÖWEN

14

Andermatt – Grimselpaß

SCHÖLLENENSCHLUCHT – ALTDORF – SUSTENPASS – MEIRINGEN – AARESCHLUCHT

Nur 8 km lang ist das Urserental – der Name kommt von »ursus«, der Bär –, das Hochtal zwischen Andermatt und Realp, eine vollkommen in sich abgeschlossene Welt, wie wir sie so in den Alpen kein zweites Mal finden. Hohe Berge umstehen den Wiesenboden auf allen Seiten, nur ganz versteckt im äußersten Nordosten ist eine Bresche geschlagen. Hier haben Gletscher und Reuss in unendlicher Arbeit eine bis zu 800 m tiefe Felsschlucht mit teilweise senkrechten Granitwänden herausgesägt, bekannt unter dem Namen Schöllenen. So wurde auch das Urserental nicht von unten, sondern über die hohen Pässe von Oberalp und Furka besiedelt. Inzwischen hat man die Schlucht mit einer Zahnradbahn und einer ausgezeichneten Straße – über die ja der ganze Gotthardverkehr rollt – gebändigt. Von den Schrecken der Schöllenen ist nichts geblieben, wohl aber die grandiose Landschaft. Auf dem Parkplatz bei den Teufelsbrücken wollen auch wir unseren Wagen abstellen, um die glattpolierten Felswände, die tosende Reuss und die beiden Brücken in Ruhe und aus nächster Nähe zu bewundern.

Bis Göschenen bleibt das Tal schluchtartig eng, dann treten die Hänge ein wenig auseinander und sind mit dichtem Wald überzogen. Bei Wassen biegt unsere Route aus dem Haupttal ab, verlockend ist jedoch der Abstecher (24 km) talaus in das durch Wilhelm Tell berühmte Hauptstädtchen des Kantons Uri, nach Altdorf. Von dort wären es nur noch 3 km nach Flüelen am Südzipfel des Vierwaldstätter Sees. Unsere Traumstraße aber zieht durch das zu karge, kaum besiedelte Meiental weiter in Richtung Sustenpaß. Doch je höher wir kommen, desto schöner wird auch hier die Landschaft. Die Bergsteiger freuen sich vor allem über die unerhört kühnen und zersplitterten Felszacken auf der Nordseite mit ihren lustigen Namen wie Schafschijen, Murmetsplanggstock, Wichelplanggstöck oder Fünffingerstöck. Für volle 1300 Höhenmeter braucht die Sustenstraße nur drei Kehren, so geschickt ist diese »junge« Bergstrecke von 1945 dem Gelände angeglichen. Kurz unter der Paßhöhe verschwindet sie in einem Tunnel, der uns nach 300 m in eine ganz neue Bergwelt entläßt. Das Bild wird jetzt von Stein- und Steinlimmigletscher beherrscht, die in wilden Kaskaden über die Steilstufen herabfließen und in drei fast gleich aussehenden Zungen unmittelbar zu unseren Füßen auslaufen. Der obere Teil der Westrampe entpuppt sich als regelrechter Aussichtsbalkon, doch dann senkt sich die Straße rasch ins Gadmental und führt hinaus nach Innertkirchen an der Aare. Vor der Weiterfahrt zum Grimselpaß besuchen wir Meiringen, das Zentrum des Haslitals, ein freundlicher Luftkurort, der sich in vorbildlicher Weise um seine Gäste kümmert. Der Abstecher nach Rosenlaui und zur Schwarzwaldalp nebst Besichtigung der Eiger-Nordwand ist in dem folgenden Wandervorschlag ausführlich beschrieben. Wir sollten ihn auf keinen Fall versäumen. Zu den ganz großen Attraktionen gehört aber auch die Aareschlucht, die man auf einer guten Weganlage – gegen Gebühr natürlich – besichtigen kann. Hier zwängt sich der wasserreiche Fluß durch eine lange Klamm. In den beiden »Engen« stehen sich die Felswände so nahe gegenüber, daß kein Himmel mehr zu sehen ist. Später folgen wir der Hauptroute von Innertkirchen aufwärts durch das Haslital nach Guttannen mit seinen hübschen Holzhäusern. Ein Stück fahren wir noch durch waldiges Gelände, dann kommen wir in jenes oberste, hochalpine Tal, das der Grimselstrecke ihre Eigenart gibt. Die Hänge sind mit glattgescheuerten Platten gepanzert, in Stufen übereinander drei Seen, dahinter die großen, vergletscherten Gipfel der Berner Alpen. Die gigantischen Kraftwerkbauten von Oberhasli haben aus der Felsöde ein richtiges Seenland gezaubert. Nur der Totensee oben in der Paßsenke begrüßt schon seit Jahrhunderten jeden, der glücklich den Scheitel des Grimsel erreicht hat.

Die Schöllenenschlucht ist der wildeste Teil der gesamten Gotthardstrecke. Hier sehen wir die beiden Teufelsbrücken. Der frühere Saumweg war unter den Gotthardfahrern verrufen, sie fürchteten sich nicht nur vor einem Absturz, sondern auch vor Drachen, die hier in Felshöhlen hausen sollten.

Die alte Teufelsbrücke in der Schöllenenschlucht

1 **Schöllenenschlucht.** Zwischen Andermatt und Göschenen fließt die wasserreiche Reuss durch eine eindrucksvolle Schlucht mit teilweise fast senkrechten Granitwänden. Am oberen Ende der Schlucht ein 65 m langer Tunnel, Urner Loch genannt, in einem Felskessel die Teufelsbrücken. Trotz der Geländeschwierigkeiten gut ausgebaute Straße.

2 **Göschenen.** 1101 m. 1200 Einwohner, 200 Fremdenbetten. Im engen Tal der Reuss gelegen. Nordportal des Gotthardtunnels. Abzweigung einer Stichstraße ins Göschener Tal und zum Göscheneralpsee (1797 m, Stausee); 12%, 10 km. Im Verkehrsbüro ist eine ungewöhnliche Bergkristallgruppe ausgestellt.

3 **Wassen.** 916 m. Am westseitigen Hang im engen Waldtal der Reuss. Abzweigung der Sustenstraße.

4 **Altdorf** und **Vierwaldstättersee.** Interessanter Abstecher in das Hauptstädtli des Kantons Uri. Bekannt durch Wilhelm Tells Apfelschuß. Klasizi. Kirche mit wertvollem Kirchenschatz. Kantonsmuseum. 3 km nach Flüelen am Südzipfel des Vierwaldstättersees. Schiffsanlegestelle.

5 **Sustenpaß.** Scheitelhöhe 2224 m. 9%. Ausgezeichnet gebaute Paßstraße, erst 1945 fertiggestellt, 21 Tunnels, 12 Kehren, Scheiteltunnel 35 m unter der eigentlichen Paßhöhe. Im oberen Teil der Strecke schöne Ausblicke auf die Fels- und Eisberge zu beiden Seiten. Besonders auffallend Stein- und Steinlimmigletscher mit wilden Eisbrüchen.

6 **Meiringen.** 602 m. 4000 Einwohner, 1350 Fremdenbetten. Zentrum des Haslitals, beliebter Ferienort. Kirche aus dem Ende des 17. Jahrh. mit altem Campanile. Interessante Ausgrabungen einer heute unterirdischen Kirche – die Anlage wurde seinerzeit von Stein- und Schlammmassen des Haslibaches überdeckt – mit rom. Krypta. Historisches Museum. Schwimmbad. Im Westen des Ortes die 100 m hohen Reichenbach-Wasserfälle. Abzweigung der Straße nach Rosenlaui.

7 **Eiger.** 3970 m. Mächtiger Bergstock in den Berner Alpen. Weltberühmt und sensationsumwittert die 1700 m hohe Nordwand, die schon zahlreiche Todesopfer unter den Kletterern forderte. 1938 wurde die Wand erstmals von Deutschen und Österreichern unter der Führung von Anderl Heckmair durchstiegen.

8 **Aareschlucht.** Grandiose Schlucht, die den Kalkfelsriegel zwischen Meiringen und Innertkirchen durchschneidet. An der engsten Stelle nur einen Meter breit, jedoch bis zu 180 m tief eingeschnitten. Die Schluchtwände sind bedeckt mit konkaven Auswaschungen, die sich in scharfen Kanten berühren. Gute Steiganlage. Besichtigungsgebühr.

9 **Guttannen.** 1057 m. Oberster Ort des Haslitals mit schönen Holzhäusern.

10 **Grimselsee.** 1908 m. Größter der Stauseen von Oberhasli, inmitten einer schroffen Granitfelslandschaft, überragt von Bergen bis zu 3300 m Höhe. Zwei Staumauern, dazwischen auf einem Felskopf das Grimsel-Hospiz mit Zufahrtsstraße über die östliche Staumauer. Länge 5,6 km, Tiefe 100 m. Motorbootverkehr.

11 **Aare.** Zentraler Fluß der Schweiz. Aus dem Grimselsee (Unteraargletscher) kommend, durchströmt das Haslital, den Brienzer und den Thuner See, Bern und den Bieler See und mündet nach 280 km in den Rhein.

Andermatt	km
Wassen	10
Sustenpaß	28
Innertkirchen	56
Meiringen	62
Guttannen	77
Grimselpaß	**94**
(ab Wien	1661)

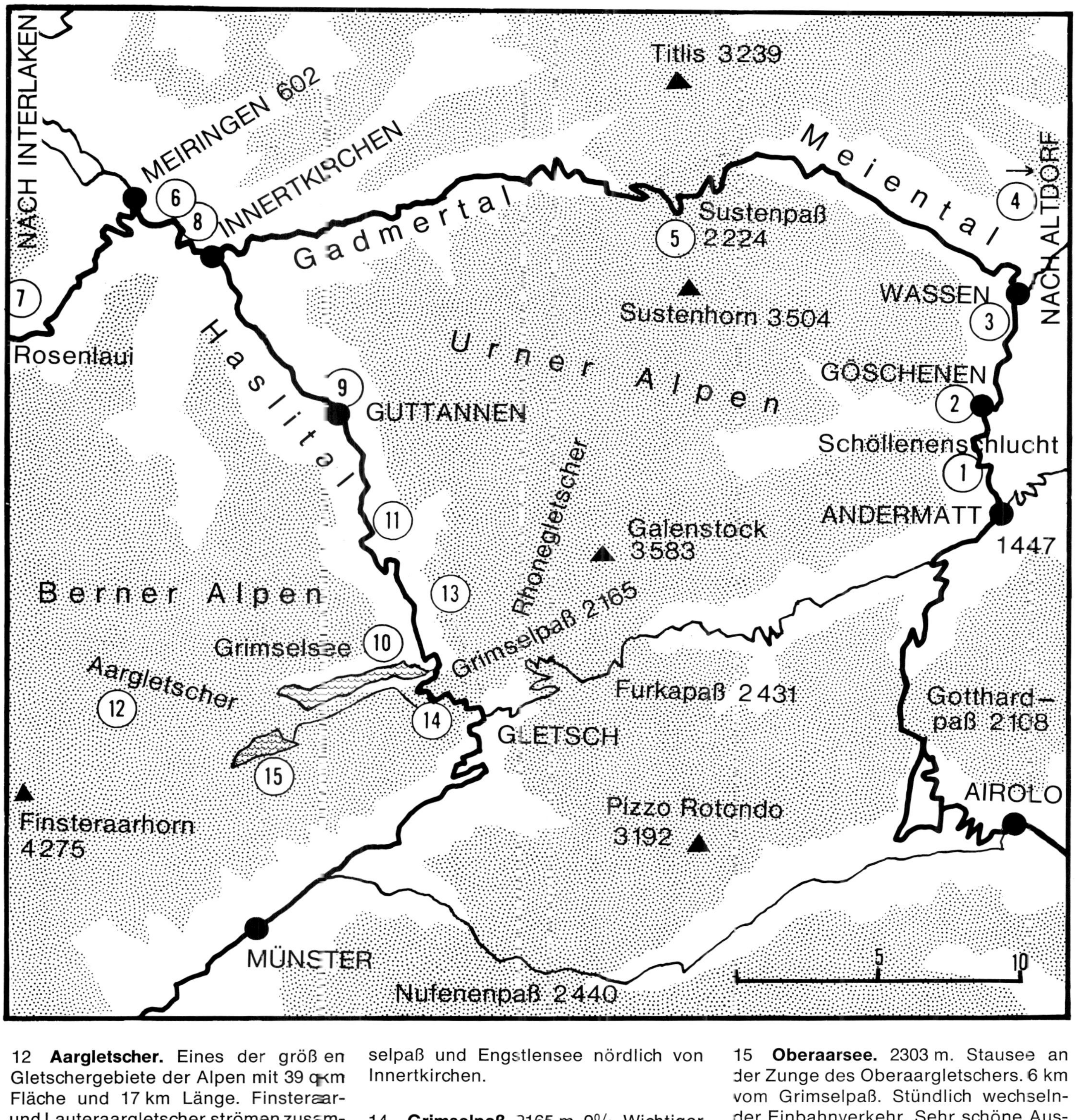

12 **Aargletscher.** Eines der größten Gletschergebiete der Alpen mit 39 qkm Fläche und 17 km Länge. Finsteraar- und Lauteraargletscher strömen zusammen zum Unteraargletscher, dessen Zunge bis in den Grimselsee reicht. Besonders schöner Blick auf den Eisstrom von der Straße zum Oberaarsee (siehe Nr. 15).

13 **Kraftwerke Oberhasli.** Gigantische Kraftwerkanlagen zur Energiegewinnung mit fünf größeren Stauseen und einem ganzen Netz von Zulaufstollen in dem weiten Gebiet zwischen Grimselpaß und Engstlensee nördlich von Innertkirchen.

14 **Grimselpaß.** 2165 m. 9%. Wichtiger Straßenpaß zwischen dem Haslital (Bern) und dem obersten Wallis bzw. dem Furkapaß. Zufahrt von Norden durch eine großartige Felslandschaft mit zwei Stauseen, schöner Blick nach Süden. Auf der Paßhöhe Gasthaus mit Kristallgrotte, in der gegen Eintrittsgebühr eine sehenswerte Mineraliensammlung besucht werden kann.

15 **Oberaarsee.** 2303 m. Stausee an der Zunge des Oberaargletschers. 6 km vom Grimselpaß. Stündlich wechselnder Einbahnverkehr. Sehr schöne Ausblicke bei der Auffahrt auf den Grimselsee, den Unteraargletscher und das gewaltige Schreckhorn (4078 m).

Große Scheidegg und Eiger-Nordwand

GEWALTIGE BERGSZENERIE IM BERNER OBERLAND

14

Keine Angst, Sie müssen nicht durch die Eiger-Nordwand klettern. Doch sicher macht es auch Ihnen Spaß, diese Wand aller Wände in natura zu bewundern, zumal wir die »Besichtigung« mit einer sehr schönen Wanderung verbinden wollen. Ja, schon die Zufahrt von Meiringen auf dem kleinen, steilen Straßerl (12%) zeigt einige grandiose Ausblicke. Über uns ragt die Zackenkrone der Engelhörner in den Himmel, ein wehrhafter, zinnengeschmückter Vorposten der Berner Alpen und ein beliebtes Tummelfeld der Schweizer Kletterer. Was nun folgt, ist Hochgebirge im großen Stil. Der Rosenlauigletscher stürzt 600 m tief über eine Steilstufe herab, eine wogende, wildzerborstene Masse. Um dem Bild den rechten Abschluß zu geben, schickt auch das fein zugespitzte Kleine Wellhorn eine 1000 m hohe Wand gegen das Tal vor. Auf einem ebenen Wiesenplan liegt Rosenlaui (1328 m) mit einem der typischen Hotelkästen aus der Zeit der ersten touristischen Blüte.
Von hier führt auch der Fußweg in einer halben Stunde hinauf zum »Naturwunder der Alpen«, zur »Gletscherschlucht Rosenlaui«, einer romantischen Klamm, durch die sich tosend und gischtend die Wasser des Gletschers zwängen, und die wegen ihrer Großartigkeit die pathetischen Werbesprüche gar nicht nötig hätte. Doch wir fahren noch ein Stück weiter, zum nächsten Wiesenboden mit der Schwarzwaldalp (1454 m). Hier stoppt uns ein Verbotsschild. Die allererste Etappe unseres Aufstiegs mag vielleicht etwas eintönig sein. Eine staubige Straße geleitet uns gerade aufwärts durch lichten Wald und zwischen üppigen Himbeerschlägen zu den Almen von Alpiglen, die wir nicht mit den gleichnamigen Alphornbläser-Hütten unter dem Eiger verwechseln dürfen. Nun aber wollen wir dem Fahrweg endgültig auskommen und den großen Wänden möglichst nahe rücken. Darum biegen wir im oberen Teil der Wiesen nach links ab, queren zum Waldsaum hinüber, überschreiten zwei Bäche und steigen dann auf dem Pfad weiter an. Nur ein kleines Tälchen trennt uns jetzt noch von den gewaltigen Nordabstürzen des Wetterhorns (3701 m). Niemand wird diesen Bergwinkel je wieder vergessen. Gerade vor uns bauen sich die Wände 1500 m hoch auf, etwas weiter links jedoch ist in gut halber Höhe ein Absatz eingelagert, der von dem Hengsterngletscher aufgefüllt wird. Die Eismassen schieben sich über die Felsabbrüche vor, gewaltige Mauern und Balkone bildend, die schließlich das Übergewicht bekommen und dann dröhnend über die Wand herabstürzen. 500 m tiefer fügen sie sich nochmals zu einem größeren Eisfeld zusammen. Die Front des kalbenden Gletschers ist 1½ km breit und birgt ausreichend Material für mehrere Eisstürze täglich. Wir steigen zum Ahorniseck auf und queren dann hinüber in die Große Scheidegg (1961 m). Hier öffnet sich nun endlich der langersehnte Blick auf den Eiger (3970 m): Er zeigt sich als elegant zugespitzte, stark vereiste Pyramide, gestützt auf den messerscharfen Mittellegigrat. Die berühmt-berüchtigte Nordwand sehen wir fast im Profil, sie scheint unmittelbar aus den Wiesen emporzusteigen, volle 1700 m hoch. Sie lockt die extremsten Kletterer bis aus Japan an. Zur Erfüllung ihrer bergsteigerischen Sehnsucht nehmen sie Strapazen und Gefahren und auch eine gute Portion Risiko auf sich. Oder ist es mehr das Streben nach Ruhm und Anerkennung? Auch die erschreckende Unfallbilanz kann sie von ihrem Vorhaben nicht abbringen. Unter der Wand erkennen wir die Trasse der Jungfrau-Zahnradbahn, die aus Grindelwald heraufkommt, das unter uns liegt, versteckt in der Tiefe des Tales. Wir wollen über den breiten Rücken noch ein Stück nach Norden wandern und kurz zu Punkt 2117 aufsteigen, um etwas Abstand zu gewinnen und um besser in die Eigerwand hineinschauen zu können. Hoffentlich haben Sie ihr Fernglas nicht im Auto vergessen, es holt uns die großen Berge recht eindrucksvoll in die Nähe.

Die Sustenstraße führt in eine hochalpine Landschaft. Vom Ostportal des Scheiteltunnels haben wir diesen Blick auf den Stucklistock (3308 m) der Urner Alpen.

Farbbild auf den Seiten 132/133: Der Blick von der Großen Scheidegg auf die Gipfel des Berner Oberlands gehört zu den großen Erlebnissen im Alpengebiet. Rechts der Eiger mit der hier stark verschneiten Nordwand. Links der Mettenberg und das Ankenbälli.

15

Grimselpaß – Sion

GOMS – EGGISHORN – ALETSCHGLETSCHER – BRIG – SIERRE

Heute steht unser Bett volle 2165 m über dem Meer, die ideale Gelegenheit, einen richtigen Hochgebirgsmorgen mitzuerleben. Das kostet einige Überwindung, denn wir wollen schon um fünf Uhr aufstehen. Draußen empfängt uns eine eisige Luft, wie sie die Bergsteiger sehr schätzen, sie verkündet uns einen wolkenlosen Tag. Kristallklar stehen die Berge im ersten Licht, und die waagrecht einfallenden Sonnenstrahlen modellieren eine erstaunliche Plastik heraus. Steigen wir von der Paßhöhe nur eine halbe Stunde nach Osten auf – über den Rücken führt ein kleiner Steig –, so wird der Blick wunderbar frei auf den in der Tiefe liegenden Grimselsee, auf den Unteraargletscher, der wie ein arktischer Eisstrom durch den Talboden herausfließt, und auf die Fels- und Eisburg der Lauteraarhörner und des Schreckhorns (4078 m).
Über den Grimsel läuft die Grenze zwischen den Kantonen Bern und Wallis, er bildet auch die Wasserscheide zwischen der Aare (Rhein) und der Rhône, die wir auf unserer heutigen Fahrt immer begleiten wollen. Sechs Kehren Abfahrt mit schönem Blick auf Galenstock, Rhônegletscher und Furkastraße bringen uns nach Gletsch. Sechs weitere Kehren in einem engen Waldtal – und wir haben den obersten Boden im Wallis, das Goms, erreicht. Hier wird noch Deutsch gesprochen, doch die Architektur ist schon recht fremdartig geworden: enge, verschachtelte Orte mit hohen Häusern aus Holz, das im Laufe der Zeit fast schwarz wird, mit breiten Balkonen und reich mit Blumen geschmückt. Es sind stattliche, saubere Dörfer, in rascher Folge im breiten Wiesental aufgereiht. Erst bei Niederwald treten die Hänge wieder nahe zusammen, die Rhône schneidet sich tief ein, und die Straße senkt sich nun rasch hinab nach Fiesch. Große Reklameschilder verlocken uns zu einer ungewöhnlichen Seilbahnfahrt. Über volle 1800 m tragen uns die Gondeln hinauf zum Gipfelgrat des Eggishorns (2926 m), dem Viertausender-Aussichtsberg und dem Wächter über dem Aletschgletscher, der mit 24 km Länge der größte Eisstrom der Alpen ist. Bei der Weiterfahrt Rhône-abwärts begegnen wir immer wieder Straßen- und Hinweisschildern mit vertrauten Namen wie Riederalp und Belalp, wie Simplon, Saas Fee und Zermatt, Gornergrat und Matterhorn – Namen, die das Wallis weltberühmt gemacht haben. Doch all diese Sehenswürdigkeiten liegen hoch oben an den Hängen oder am Ende langer Täler, und wir müßten schon einen ganzen Urlaub im Kanton verbringen, wollten wir alles auch nur einmal kurz anschauen. Wir bleiben dem Haupttal treu, das uns nach einem engen, etwas einförmigen Abschnitt in den weiten Kessel von Brig entläßt. Dieses heiter-lebhafte Städtchen liegt an einem wichtigen Eisenbahnknoten; hier kreuzt die Strecke durch das Rhônetal mit der Nord-Süd-Verbindung über Lötschberg und Simplon. Das barocke Stockalperschloß mit seinem freundlichen Arkadenhof und den drei quadratischen Türmen beherrscht das Stadtbild. Die Schnellstraße führt uns durch das nun wieder weniger attraktive Tal rasch nach Westen. Erst nach dem hübschen, mittelalterlichen Städtchen Leuk, das nördlich über dem Tal liegt, bekommt die Landschaft ein neues Gesicht. Obstbaumwälder bedecken den Talboden, Weinberge ziehen an den sonnseitigen Hängen empor, altersgraue Burgen, Ruinen, Schlößchen und Kirchen deuten auf die weit zurückreichende Geschichte hin. Bald fahren wir durch Sierre, eine lebendige Kleinstadt, und von dort ist es auch nicht mehr weit bis in das reizvolle Sion, Hauptstadt und kultureller Mittelpunkt des Wallis. Die beiden felsigen Hügel von Valère und Tourbillon, die mehr als 100 m über die Häuser emporragen, geben Sion ein unverwechselbares Profil: Der eine Berg ist mit den bizarren Ruinen einer mittelalterlichen Bischofsburg gekrönt, auf dem anderen steht die romanische Wallfahrtskirche Valère, ein großartiges Beispiel für ein befestigtes Gotteshaus.

An keiner anderen Stelle in den Alpen kann man mit dem Auto so nahe an einen großen Eisstrom heranfahren, wie bei der Furkastraße an den Rhonegletscher. Mit einem Abstecher von wenigen Kilometern können auch wir diesen berühmten Gletscher anschauen; die Abzweigung ist in Gletsch am Südende der Grimselstraße. Im Hintergrund zeigt das Foto das Südliche Gerstenhorn (3167 m).

Tiefblick auf Grimselsee und Grimselstraße. In halber Höhe am linksseitigen Hang die Straße zum Oberaarsee

1 **Gletsch.** 1759 m. Kleine Gasthaus-Siedlung in engem Tal. Abzweigung der Grimselpaßstraße von der Furkastrekke.

2 **Furkapaß.** 2431 m. 10%. Hochalpine Straße, wichtige Verbindung zwischen dem Wallis und den Kantonen Uri und Graubünden. Berühmt der Blick auf den nahen Rhonegletscher.

3 **Rhone.** Neben dem Rhein wichtigster Fluß der Westalpen. Entspringt am Rhonegletscher, durchströmt das Wallis und den Genfersee, fließt dann durch Frankreich und mündet nach 810 km in das Mittelmeer.

4 **Nufenenpaß.** 2440 m. 1970 neu eröffnete Paßstraße zwischen dem Wallis und dem Tessin. Hochalpine Landschaft.

5 **Münster.** 1388 m. 450 Einwohner, 100 Fremdenbetten. Hauptort des Goms mit typischen Wallishäusern. Spätgot. Pfarrkirche mit geschnitztem Flügelaltar von Jörg Keller (1509).

6 **Reckingen.** 1326 m. Typisches Wallisdorf mit schöner Barockkirche.

7 **Fiesch.** 1050 m. 600 Einwohner, 800 Fremdenbetten. Beliebte Sommerfrische mit modernen Ferienhäusern, an der Mündung des Fieschertals gelegen. Seilbahn zum Eggishorn (2927 m), Bergstation in 2870 m Höhe. Großartiger Rundblick auf die Viertausender der Walliser und der Berner Alpen, Tiefblick auf den Aletschgletscher. Wanderung zum Märjelensee.

8 **Betten und Bettmeralp.** 1172 m und 1925 m. Seilbahn aus dem Tal zwischen Fiesch und Mörel nach Betten und weiter zur Bettmeralp. Mehrere aussichtsreiche Wanderwege.

9 **Aletschgletscher.** Größter Alpengletscher, Länge 24 km, Fläche 129 qkm. Am Konkordiaplatz, wo sich die drei Quellgletscher vereinigen, hat das Eis eine Mächtigkeit von mehreren hundert Metern. Schönster Blick auf den Gletscher vom Eggishorn. Wanderung zur Zunge von der Riederalp.

10 **Brig.** 681 m. 5200 Einwohner, 760 Fremdenbetten. Lebhafter Verkehrsknoten. Hübsches Stadtbild. Sehenswert das dreitürmige Stockalper-Schloß mit schönem Arkadenhof, erbaut 1658 bis 1678 von den Brüdern Bodmer für den sehr reichen Kaufmann Kaspar von Stockalper. Stockeralper-Haus aus der Mitte des 16. Jahrh. mit Silberreliefs von Samuel Hornung. Bar. Kollegiumskirche (1685). Thermalschwimmbad und Grottenbad. In Brigerbad Mineral- und Thermalquellen. Seilbahn nach Roßwald (1928 m). Abzweigung der Straße zum Simplonpaß. Nordportal des Simplon-Tunnels.

11 **Visp.** 651 m. 5250 Einwohner, 300 Fremdenbetten. Hübscher Ort mit älterem Kern, Burgruinen, alte Türme, Abzweigung der Straße ins Vispertal (Zermatt und Saas Fee).

12 **Zermatt.** 1616 m. 35 km von Visp. Bisher nur per (teurer) Bahn zu erreichen, Straße jedoch im Bau. Internationaler und weltberühmter Ferien- und Skiort in großartiger Lage mit Blick auf das Matterhorn. Bergsteigerzentrum. Zahlreiche Bahnen und Lifte.

13 **Matterhorn.** 4477 m. Nur der zehnhöchste aber doch der berühmteste Alpenberg. Zauberhafte, unverwechselbare Form. Trotz der langen Kletterei jedes Jahr von Hunderten von Alpinisten bestiegen. Äußerst schwierig und steinschlaggefährlich die Nordwand, die 1931 von den Münchner Brüdern Schmid erobert wurde.

14 **Leuk.** 720 m. 2700 Einwohner. Reizvolles mittelalterliches Städtchen knapp über dem Tal. Unterhalb sehenswerte Barockkirche.

15 **Sierre** (deutscher Name: Siders). 541 m. 11 000 Einwohner, 450 Fremdenbetten. Kleinstadt inmitten von Weinbergen. Alte Schlösser und Burgen, so das Schloß Muzot aus dem 13. Jahrh., der letzte Aufenthaltsort Rilkes, oder die Burg der Vitztume aus dem 15. Jahrh. Seen, durch vorgeschichtlichen Bergsturz entstanden. Schwimmbad. Abstecher nach Crans-Montana (1500 m), mondäner Luftkurort und Skizentrum in aussichtsreicher Lage.

16 **Sion** (deutscher Name: Sitten). 508 m. 21 300 Einwohner, 550 Fremdenbetten. Hauptstadt und kulturelles Zentrum des Wallis. Ursprünglich röm. Gründung (Segunum). Malerisches Stadtbild mit zwei hohen Felskuppen. Auf dem einen Hügel, Valère genannt, steht die sehr interessante Wallfahrtskirche, ein schönes Beispiel für ein befestigtes Gotteshaus, dreischiffige got. Kirche über einem röm. Bau, Empore aus dem 13. Jahrh., freskengeschmückter Chor, Orgel aus dem 15. Jahrh., älteste spielbare Orgel der Welt. Im Kalendensaal Altertumsmuseum. Auf dem Nachbarhügel Ruinen des bischöflichen Schlosses vor Tourbillon (13. Jahrh.), 150 m über der Stadt gelegen. Weitere sehenswerte Kirchen und ein Rathaus von 1648 mit astronomischer Uhr. Abzweigung der Straße in die Val d'Hérens, dem schönsten Walliser Nebental.

Grimselpaß	km
Gletsch	5
Münster	20
Fiesch	35
Brig	53
Visp	62
Leuk	82
Sierre	89
Sion	**104**
(ab Wien	1765)

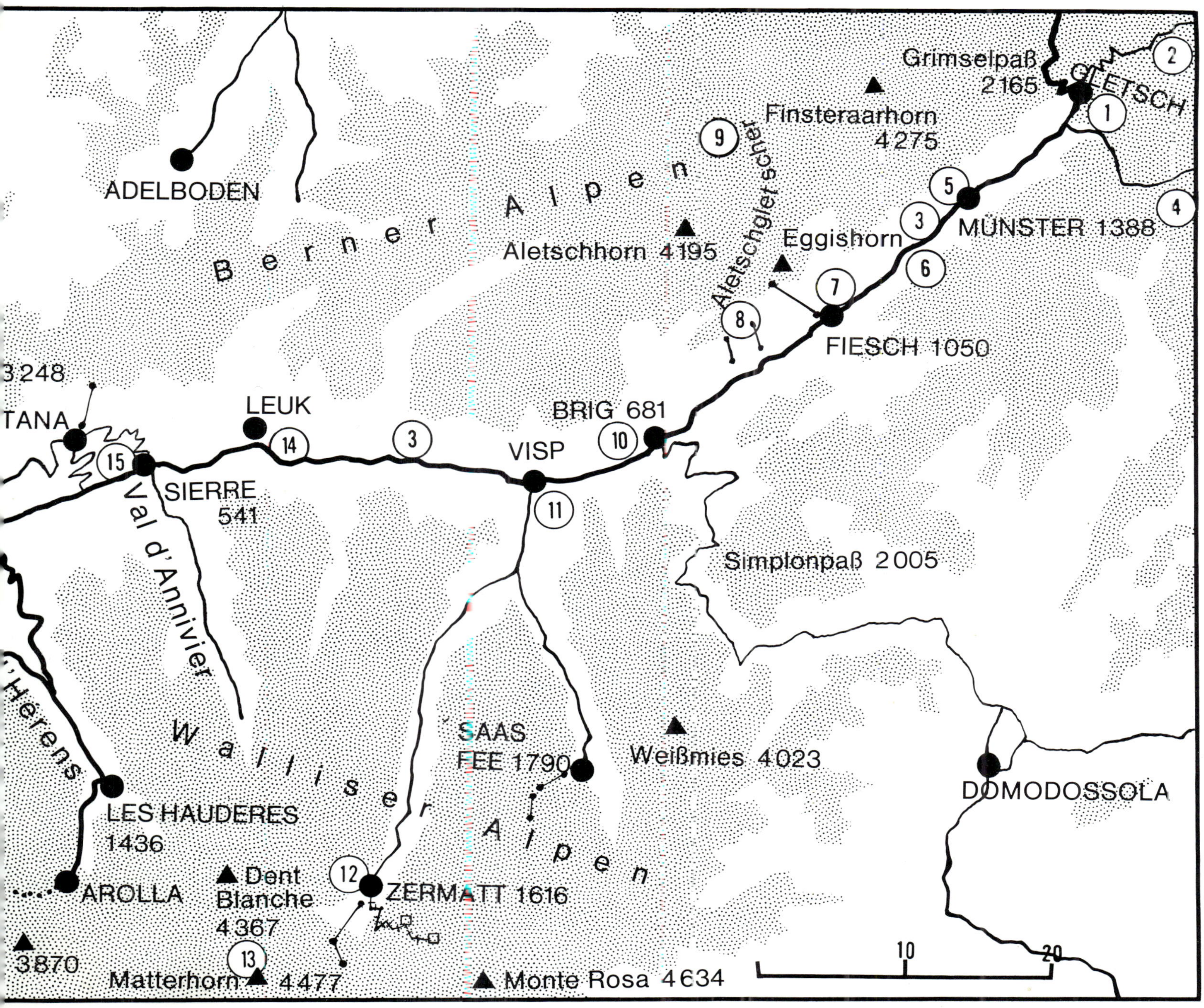

Am Fuß des Montblanc de Cheilon

DURCH DIE VAL D'HÉRENS ZUR GLETSCHERWELT UM AROLLA

15

Zwischen Leuk und Sierre stoßen das deutsche und das französische Sprachgebiet aneinander, eine messerscharfe Grenze. Hier endet auch der Touristenstrom aus Deutschland und Österreich wie vor einer unsichtbaren Schranke. Zermatt lockt unsere Landsleute noch in großen Scharen an, in die westlichen Nebentäler des Wallis verirrt sich kaum einer. Ist die Gewohnheit daran Schuld oder die Mode, die uns immer nach berühmten Namen suchen läßt? Die Landschaft kann's jedenfalls nicht sein: die Val d'Hérens übertrifft in ihrer Schönheit und Vielfalt alle anderen Täler des Kantons. Welcher Zauber liegt im Kontrast zwischen den Weinbergen von Bramois und dem hochalpinen Arvenwald von Arolla, dieser dunklen Silhouette vor den großen Eisbergen! Kaum an einer anderen Stelle der Alpen rücken die stärksten Gegensätze so nahe zusammen.
Besonders bei der Fahrt auf der kleineren, östlichen Talstraße offenbart uns die Val d'Hérens all ihre Kostbarkeiten: Der Blick von der Auffahrt in das tiefe Tal der Rhône mit dem burgengeschmückten Sion und der Kette der Berner Alpen im Hintergrund; hoch oben an den sonnigen Hängen die Orte Mase, Suen und St. Martin, unverfälschte Walliser Siedlungen, eng zusammengedrängt, aus fast schwarzen Holzhäusern bestehend; die gewaltige Pyramide der Dent Blanche (4357 m) über dem Ferienort Les Haudères und der Talschluß der Val d'Arolla, überragt von der 1000 m hohen, eisüberwallten Nordwand des Mont Collon. Unser Autoziel ist der Hotelort Arolla (2050 m), das Wanderziel der 2855 m hohe Pas de Chèvres, der unserer Reise durch die verschiedenen Landschaftsstufen einen hochalpinen Abschluß geben soll. Am Anfang der Tour werden wir durch die Vielzahl der Wege etwas verwirrt, doch wir finden recht gut weiter, wenn wir uns immer leicht links halten und den Schildern zur Cabane des Dix folgen. Die letzten Arven begleiten uns noch ein Stück des Aufstiegs, ein fotogener Vordergrund für den Pigne d'Arolla (3796 m) mit seinem gleißenden Eismantel. In 2250 m Höhe aber lassen wir die Waldgrenze endgültig unter uns. Bald darauf biegen wir nach rechts um ein Eck und kommen in das Tälchen, das geradeaus einwärts zieht zu unserem Ziel. Wir sind mitten in der gewaltigsten Hochgebirgswelt, nur 2 km entfernt von der steilen Nordwand des Pigne, ja, zur Zunge des Tsidjiore-Nouve-Gletschers wären es lediglich ein paar Minuten, doch sie verschanzt sich hinter einem steilen Moränenwall. Weiter oben zwängt sich der Eisstrom zwischen den Felsgraten hindurch, so daß er in wilde Brüche und Kaskaden zerbirst. Ganz anders der Eindruck bei einem Blick zurück. Über der tiefen Furche der Val d'Arolla ragt eine Kette schroffer Felsberge auf, in ihrem rechten Teil steht die Aiguille de la Tsa (3668 m), eine kecke Spitze, die ihren Namen mit vollem Recht trägt, bedeutet das französische Wort Aiguille doch nichts anderes als Nadel. Ausgerechnet die zerstörende Kraft im Gebirge, die Verwitterung, schafft so vollendete Formen. Der letzte Aufstieg zur Scharte, zu unserem Pas de Chèvres – man sollte das Wort gar nicht ins Deutsche übersetzen: »Ziegentritt« klingt so prosaisch –, ist steil und etwas mühsam, doch die Überraschung, die uns erwartet, entschädigt für alle Anstrengungen. Gleich unter uns fließt der mit Steinen übersäte Cheilon-Gletscher vorbei, gegenüber auf einem schwarzen, rundgeschliffenen Felskopf steht die Cabane des Dix des Schweizer Alpenclubs, und treten wir noch einen Schritt weiter vor, so haben wir urplötzlich den Montblanc de Cheilon (3870 m) vor uns, einen der formenschönsten, aber auch wildesten Berge der Alpen. Zum Greifen nahe die dreieckige Nordwand, 900 m hoch, kräftig mit Eis verziert und durch zwei elegante Felspfeiler gestützt. Hier können wir jenen Drang verstehen, der die Bergsteiger zu den großen Gipfeln treibt. Der Aufstieg muß ja nicht über die Nordwand führen, es gibt auch leichtere Wege.

Der Pas de Chèvres in den westlichen Walliser Alpen vermittelt den Zugang von Arolla zur Dix-Hütte. Auf der Westseite der Scharte stürzt eine 80° geneigte Plattenwand ab, die man mit Hilfe einer Eisenleiter erklimmt.

Farbbild auf Seite 140:
Eines der typischen Holzhäuser im Wallis. Im Lauf der Zeit wird das Holz immer dunkler.

Farbbild auf Seite 141:
Auf einer sonnigen Terrasse hoch über Sierre liegt Venthône. Gegenüber mündet bei Chippis die Val d'Anniviers. Im Hintergrund die Viertausender Obergabelhorn und Zinalrothorn.

Farbbild auf den Seiten 142/143:
Blick vom Erschmatt in die gewaltige Längsfurche des unteren Wallis. In der Sonne die Kleinstadt Sierre, weiter hinten ahnt man noch das Häusermeer der Kantonshauptstadt Sion, im Hintergrund der westliche Teil der Berner Alpen.

16

Sion – Chamonix

ROUTE DES VIGNOBLES – MARTIGNY – COL DE LA FORCLAZ – TRIENT – MONTBLANC

Wir verlassen Sion auf der breiten Ausfallstraße und fahren durch das Land der Walliser Weine nach Westen; alle sonnigen Stellen sind bis weit an den Hängen empor mit Rebterrassen bedeckt. Rechts der Straße schmiegt sich Conthey an die nordseitige Berglehne. Hier zweigt ein teilweise schmales, aufregend spannendes Nebensträßchen ab, das über freie Wiesen und durch das schluchtartige Tal hineinführt nach Derborence am Fuß der Diablerets (3210 m), der »Teuflischen«. Hier entstand im Schutze eines gewaltigen Bergsturzes ein herrlicher Arvenwald. Die Hauptstraße aber zieht weiter über Ardon nach St. Pierre de Clages mit seinem ehrwürdigen, romanischen Benediktiner-Kirchlein. Treten wir in das dreischiffige Gotteshaus, so sind wir überrascht von der Wucht der Rundsäulen in dem von farbigen Fenstern nur spärlich erhellten Innenraum.
Wir überlassen nun die große Autostraße den Eiligen und fahren stattdessen hinauf nach Chamoson (619 m), wo wir auf die »Route des Vignobles«, die Walliser Weinstraße, stoßen. Die Orte an dieser Strecke sind grau und staubig, sie heben sich kaum von den Rebbergen ab, in die sie gebettet liegen. Nur der alte Burgflecken Saillon, einst Raubvogelnest der Feudalherrn, mit seinen Mauern und Türmen kühn auf eine steile Felsklippe gebaut, fordert uns zu einem Besichtigungsbummel auf. Das Tal ist hier von strenger Symmetrie: In gleichgeneigten, riesigen Schrägen fallen die Hänge herab, dazwischen dehnt sich die ebene Talsohle mit ihren Gärten und Obstplantagen. Später überqueren wir die Rhône und fahren nach Martigny hinüber. Der Ort am Schnittpunkt der beiden großen transalpinen Verkehrswege über den Simplon und den St. Bernhard ist uralt. Die Kelten hatten hier schon ein Oppidum, bevor die Römer den Platz zum kaiserlichen Marktflecken erhoben. Wir verlassen Martigny nach Süden auf der Hauptstraße zum St. Bernhard, biegen jedoch bald nach rechts ab. Die neue, hervorragend ausgebaute Straße zum Col de la Forclaz gewinnt in einer langgezogenen Schleife rasch an Höhe, großartig dabei der Rückblick in das weite Rhônetal. Dann zieht sie hinein in das steile, waldige Tal, vier weitere Kehren folgen, und endlich – nach 1000 erkletterten Höhenmetern – erreichen wir den Paß (1527 m). Drüben geht es kurz hinab in das enge, etwas düstere Tal von Trient; nur im Süden leuchtet verheißungsvoll ein Stück des gleichnamigen Gletschers. Wir fahren 5 km talaus und dann durch den Felseinschnitt an der Tête Noire hinüber zur französischen Grenze und nach Vallorcine. Hier steigt nun die Straße hinauf zum zweiten und letzten Paß des Tages, zum Col des Montets (1461 m), einem malerischen Sattel, übersät mit Felsblöcken, zwischen denen einzelne mächtige Arven wachsen. Doch das ist nur der Vordergrund zu dem überwältigenden Ausblick auf die Montblancgruppe mit der gewaltigen Aiguille Verte (4122 m) als Blickfang und dem gleißenden Montblanc rechts dahinter. Bei der Weiterfahrt nach Chamonix ist das Gelände ziemlich waldreich, doch immer wieder öffnet sich die Sicht auf den einen oder anderen der großen Berge. Bei den letzten Kilometern haben wir den Zackenwald der Aiguilles von Chamonix, diese steinerne Leibwache des Montblanc, direkt über uns. 1786, als Balmat und Paccard erstmals den Montblanc bestiegen, war Chamonix ein abgelegenes Bergdorf, heute gilt es mit seinen 7000 Fremdenbetten, den zahlreichen Bergbahnen und den vielen Möglichkeiten zur Unterhaltung als eine der bekanntesten Metropolen des Fremdenverkehrs und Wintersports. Interessante Ausflüge bieten sich für den Nachmittag an. Vor allem die Fahrt mit der Zahnradbahn nach Montenvers über der Zunge des Mer de Glace bringt uns mitten hinein in diese grandiose Bergwelt, den kühnsten und formenschönsten Teil der gesamten Alpen. Bei einer Biegung kurz vor der Bergstation öffnet sich überraschend der Blick auf den Petit Dru, auf die »Flamme aus Fels«.

Walliser Trachten

Der alte Burgflecken Saillon im mittleren Rhonetal

1 **Conthey.** 561 m. Alter Burgflecken inmitten üppiger Weinberge. Abzweigung eines abenteuerlichen, teilweise ungeteerten Sträßchens durch wilde Schluchten in den großartigen Bergsturzkessels von Derborence (1450 m) unter den Wänden der Diablerets; schöner Arvenwald (Naturschutzgebiet).

2 **St. Pierre-de-Clages.** 518 m. Bedeutende rom. Basilika (12. Jahrh.) nach dem Vorbild von Cluny, schlichte Westfassade aus großquadrigem Mauerwerk, oktogonaler Turm, im Inneren mächtige Rundpfeiler.

3 **Saillon.** 510 m. 2800 Einwohner. Malerisches mittelalterliches Städtchen auf steiler Felsklippe. Festungsmauern und mächtiger Bergfried (13. Jahrh.) einer Burg savoyischer Kastellane.

4 **Martigny.** 471 m. 10000 Einwohner, 900 Fremdenbetten. Wichtiger Straßenknotenpunkt für die beiden transalpinen Routen über den Simplon und den Gr. St. Bernhard. Uralter Ort, das Octodurus der Kelten. Ausgrabungen von Straßenzügen, Tempelresten und einem Amphitheater des antiken Forum Claudii Vallensium, bedeutende Fundstücke davon im Valeriamuseum in Sion. Mittelalterliche Burgruine La Bâtiaz (13. Jahrh.) hoch über dem Flüßchen Drance. Platanengeschmückter Hauptplatz mit zahlreichen Cafés. Schwimmbad.

5 **Verbier.** 1398 m. 27 km von Martigny. Lohnender Abstecher. Berühmter Wintersport- und Ferienort hoch über der Val de Bagnes in einer weiten Sonnenmulde. Viele Seilbahnen und Lifte bis in eine Höhe von 3000 m.

6 **Lac de Mauvoisin.** 1961 m. Fjordartiger Stausee in der düsteren Enge der hintersten Val de Bagnes mit 237 m hoher Bogenstaumauer, eine der höchsten Staumauern der Welt.

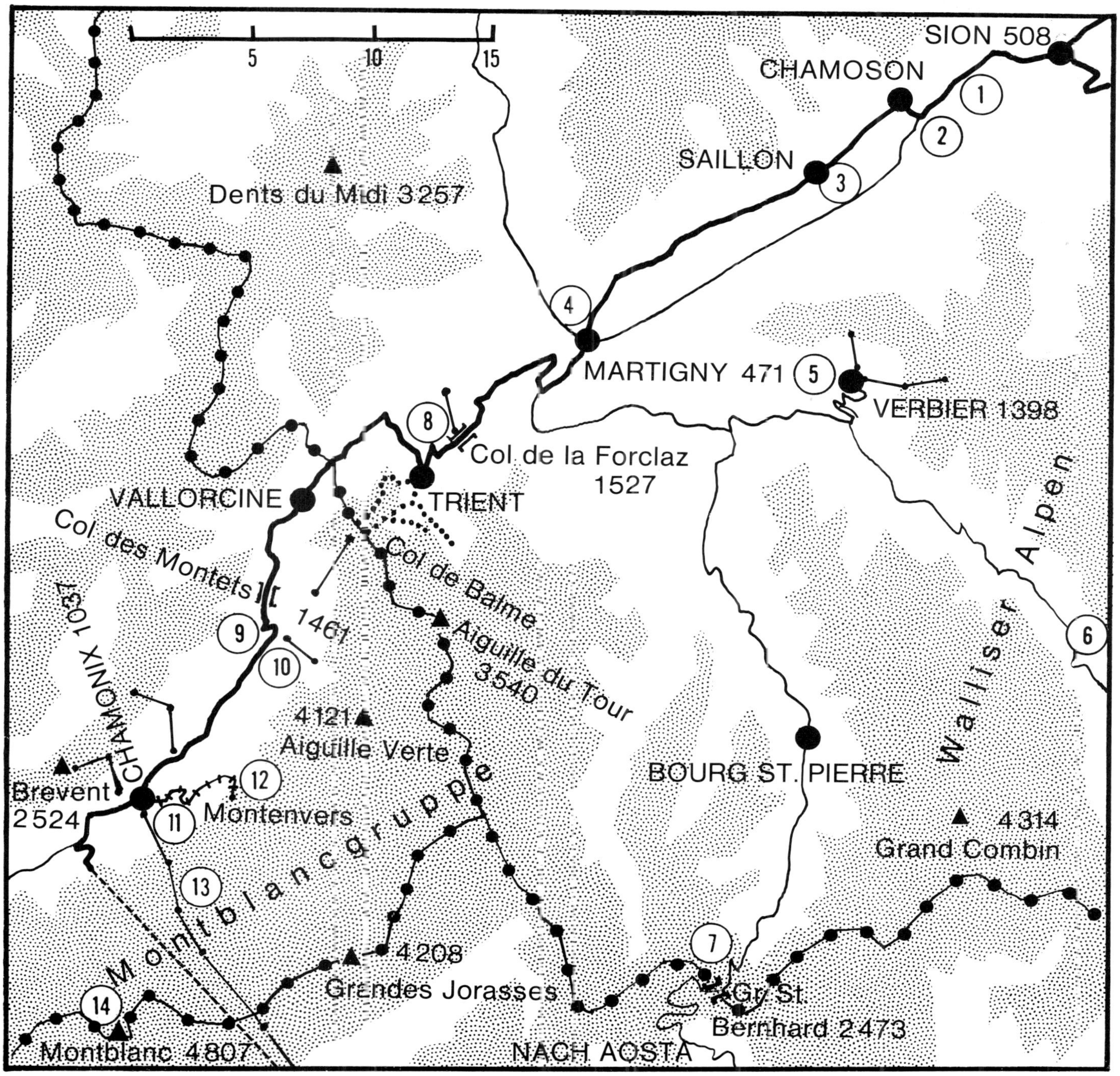

7 **Großer St. Bernhard.** 2473 m. Einer der wichtigsten Alpenpässe, schon zur Römerzeit benützt. Vor wenigen Jahren Fertigstellung eines Scheiteltunnels in 1915 m Höhe. Im Hospiz auf der Paßhöhe kleines Museum. Ursprung der Bernhardinerhunde.

8 **Col de la Forclaz.** 1527 m. 8%. Wichtige Verbindung zwischen dem Rhonetal und dem Kessel von Trient und über den Montetspaß auch mit Chamonix. Die einst berüchtigte Straße wurde in den letzten Jahren großzügig ausgebaut. Bei der Auffahrt prächtige Tiefblicke auf Martigny und die Rhoneebene. Sessellift nach L'Arpille.

9 **Col des Montets.** 1461 m. 8%. Wenig ausgeprägter Sattel zwischen den Tälern von Trient und Chamonix. Herrlicher Blick auf die Montblancgruppe. Ausgangspunkt einer lohnenden Wanderung zur Seilbahnstation La Flégère (1864 m, 3½ Std.).

10 **Argentière.** 1252 m. Touristenort auf der obersten Stufe im Tal der Arve. Kirche mit Fresken aus dem 12. Jahrh. Seilbahn zur Aiguille des Grandes Montets (3297 m) über dem Argentièregletscher.

11 **Chamonix.** 1037 m. 8400 Einwohner, 7000 Fremdenbetten. Ferien-, Bergsteiger- und Skifahrerort von Weltruf. Am Fuß des Montblanc gelegen, mit sehr schönen Ausblicken. 110 Hotels, Spielcasino, Kunsteisbahn, Schwimmbad. Unter vielen anderen Anlagen Seilbahn zum Brévent mit herrlichem Blick auf die Montblanc-Kette.

12 **Montenvers.** 1913 m. Zahnradbahn von Chamonix. Herrlicher Blick auf den langgestreckten Eisstrom Mer de Glace und auf den unerhört wilden Granitberg Petit Dru.

13 **Aiguille du Midi.** 3842 m. Zur Zeit noch höchste Seilbahn der Alpen, kühne Luftschwebebahn in zwei Abteilungen. Phantastischer Blick auf die Gletscher des Montblanc. Möglichkeit der Weiterfahrt über die riesige Gletschermulde Vallée Blanche zur Pointe Helbronner (3452 m) und Abfahrt auf der italienischen Seite nach Entrèves.

14 **Montblanc.** 4807 m. Höchster Gipfel der Alpen. Von Norden reiner Eisberg mit rundem Gipfelkopf, der seine Umgebung weit überragt. Gewaltige Gletscher bis in Talnähe. Erste Besteigung am 8. 8. 1786 durch Jaques Balmat und Dr. Paccard. Heute meist auf der Route Nid d'Aigle – Goûter-Hütte – Bossesgrat in zwei Tagen bestiegen, die für den erfahrenen Hochtouristen kaum technische Schwierigkeiten birgt.

Sion	km
Saillon	18
Martigny	30
Col de la Forclaz	39
Vallorcine	51
Col des Montets	55
Argentière	59
Chamonix	**67**
(ab Wien	1832)

Col de Balme und Trientgletscher

RUNDWANDERUNGEN ÜBER DER VAL TRIENT UND MONTBLANC-BLICK

16

Der Col de la Forclaz und das Tal von Trient gehören geographisch schon zur Montblancgruppe, auch wenn wir von den großen Bergen vorerst nur die Aiguille du Tour (3540 m) und ein Stück Eisbruch des Glacier du Trient (Glacier = Gletscher) sehen. Ein Kamm behäbiger Vorberge trennt uns noch vom Reich des »Monarchen«, wie der Montblanc gerne genannt wird. Doch nichts hindert uns daran, diesen Kamm zu besteigen, auf dem alten Saumweg zum Col de Balme (2204 m) hinaufzustapfen, um uns den ersten Montblanc-Blick auf ganz exklusive Weise zu verdienen. Doch uns lockt nicht nur der Col de Balme, sondern auch die zerrissene Zunge des Trientgletschers ganz hinten im Talschluß. So stehen uns wieder einmal zwei bis drei Möglichkeiten zur Wahl, zwischen denen wir uns je nach Wetter, Lust und Zeit entscheiden müssen. Wir können beide Ziele verbinden, doch dann wären wir sechs Stunden unterwegs, der Col de Balme allein würde uns etwa viereinhalb Stunden beschäftigen, während ein Gang zur Gletscherzunge nur zwei gemütliche Stunden beansprucht. Wir fahren in jedem Fall von der Kirche in Trient noch ein Stück talein. Für den direkten Aufstieg zum Col de Balme lassen wir den Wagen beim letzten Haus stehen.
Hier beginnt der Weg, der über die Wiesen zum Bergfuß zieht, um dann in unzähligen Kehren durch den sehr steilen Wald rasch emporzusteigen. Er mündet auf die weiten Almflächen von Les Herbagères. Immer weiter öffnet sich der Blick nach Norden, wir können schon lange über den Col de la Forclaz ins Rhônetal hinüberschauen und auf die Berge dahinter, die sich um den Grand Muveran scharen. Über uns liegt nun der Col de Balme, ein weiter Grassattel, der uns zum Endspurt anspornt. Erwartungsvoll steigen wir dieses letzte Stück empor. Mit dem Erreichen der Höhe öffnet sich schlagartig der Blick nach Süden. Zu unseren Füßen liegt das langgestreckte Tal von Chamonix, rechts darüber die Kette der Aiguilles Rouges und links viele der großen, bekannten Gipfel der Montblancgruppe. Die eisgepanzerte Aiguille Verte (4122 m) beherrscht das Bild, die sonst so stolzen Drus sind nur bescheidene Vasallen. Den Hintergrund füllt der Montblanc (4807 m) mit seinen von blendendem Licht übergossenen Gletschern und Firnfeldern. Früher, als der Weg über die Tête Noire, der Durchschlupf zwischen Trient und Vallorcine, noch schwierig und verrufen war, diente oft der Col de Balme als Übergang; auch Goethe ist an einem Herbsttag des Jahres 1779 über den Paß gewandert. Aber die Zeiten haben sich geändert. Heute führt von der französischen Seite sogar ein Lift herauf. Wir wollen die von hier nur nach Süden und Nordosten gerichtete Sicht zu einem richtigen Rundblick erweitern und steigen deshalb über die Wiesen noch zur Tête de Balme (2330 m) auf, die nun das Panorama voll freigibt. Als Rückweg wählen wir zur Abwechslung den kleinen Pfad, der am Kamm entlang nach Norden läuft, erst links, dann rechts der Schneide, und der so für recht unterschiedliche Tiefblicke sorgt. Bei den ersten Bäumen tauchen wir steil nach Osten hinab und kommen dann genau bei unserem Auto im Talboden an. – Doch wollen wir den Trientgletscher nicht ganz vergessen. Zu ihm fahren und wandern wir durch das Tal einwärts, immer rechts oberhalb ein Stück über dem Bach, bis wir zur Brücke bei der kleinen Bergwirtschaft kommen. Wir überqueren das Bachbett und folgen dem nun breiten, schutterfüllten Boden, auf dem die letzten, zerzausten Arven um ihre Existenz kämpfen. Der Steig verliert sich zwischen den Felstrümmern. Wir turnen pfadlos bis zur Gletscherzunge hinauf, fasziniert von dem chaotischen Eislabyrinth hoch über unseren Köpfen. Wollen wir nun von hier noch hinüber zum Col de Balme, so müssen wir wieder zurück zur Brücke, um jenseits auf dem Pfad an den Almen von La Remointse vorbei, den üblichen Aufstieg zu erreichen.

Vom Montetspaß sieht man erstmals den Montblanc. Bei der Weiterfahrt nach Chamonix führt die Straße an der jungen Arve entlang.

Farbbild auf den Seiten 150/151: Das unverwechselbare Antlitz von Sion mit seinen beiden bebauten Hügeln. Auf dem linken Hügel sehen wir die Ruinen der ehemaligen Bischofsresidenz, auf dem rechten die Wallfahrtskirche Valère, die wie eine Burg befestigt ist.

Farbbild auf Seite 152: Der bekannteste Gletscher der Montblanc-Gruppe ist das Mer de Glace, das in diesem Abschnitt von zahllosen Querspalten zerfurcht ist. Rechts dahinter der bekannte Kletterberg Dru und die über 4000 m hohe Aiguille Verte.

Farbbild auf Seite 153: Mittelstation der Seilbahn von Les Praz nach Flégère mit Blick zum Mer de Glace und den Grandes Jorasses (4208 m) mit ihrer berühmten Nordwand (Walkerpfeiler). Am gegenüberliegenden Waldhang erkennt man die Trasse und die Bergstation der Montenvers-Zahnradbahn.

17

Chamonix – Val d'Isère

MONTBLANCTUNNEL – COURMAYEUR – KLEINER ST. BERNHARD – TARENTAISE

Wollen wir von Chamonix nach Courmayeur, dem italienischen Stützpunkt am Fuß des Montblanc, so können wir entweder unterirdisch quer durch den Berg dorthin fahren oder »überirdisch« in der Luft über das Massiv reisen – wohlgemerkt ohne Flugzeug. Für uns kommt eigentlich nur die erste Möglichkeit in Frage: der 12 km lange, erst 1965 fertiggestellte Montblanctunnel. Doch vielleicht opfert sich einer der Autoinsassen und fährt den Wagen von Frankreich nach Italien, während die anderen mit den wirklich einzigartigen Seilbahnanlagen quer über das Gebirge schweben. Die erste Bahn bringt uns in zwei Abschnitten von Chamonix hinauf zur Aiguille du Mid , wo in 3800 m Höhe die – noch – höchste Seilbahnstation der Alpen steht. Bei der nächsten Etappe gondeln wir quer über die gewaltigen Gletscherflächen des Glacier du Géant; rechts über uns baut sich die zerrissene Ostflanke des Montblanc du Tacul (4248 m) auf, wo zwischen den Felsrippen steile Eiskanäle in die Tiefe schießen, und die links vom Teufelsgrat abgeschlossen wird, einem steinernen Staketenzaun. Die dritte Bahn schließlich trägt uns von der Turiner Hütte hinab nach Entrèves in Italien und zeigt uns dabei die mit Hängegletschern überzogenen Ostabstürze des Montblanc. Das einstige Bergdorf Entrèves hat durch die Verquickung der alten Häuser mit modernen Hotelbauten weitgehend sein Gesicht verloren. In Courmayeur (1226 m) aber, das sich ein Stockwerk tiefer an den Sonnenhang schmiegt, ist die Architektur im rechten Rahmen geblieben, Holz ergänzt auf harmonische Weise Beton und Glas.

Mit ein paar gut ausgebauten Schleifen zieht unsere Straße noch eine Stufe tiefer ins Aostatal hinab nach Pré San Didier, das gerade auf der Tausendmetergrenze liegt. So haben wir wieder einmal einen Aufstieg von fast 1200 m zu bewältigen, um den nächsten Paß, den Kleinen St. Bernhard (2188 m), zu erreichen. Mit vielen Kehren überlistet die Straße eine bewaldete Steilstufe, zieht anschließend im ganz engen Tal einwärts, um dann in den überraschend weiten Kessel von La Thuile, einem aufstrebenden Wintersportort einzumünden. Mit Hilfe von 20 weiteren Serpentinen steigen wir rasch an den Hängen empor, bald den Wald unter uns lassend, der durch die typische hochalpine Matten- und Felslandschaft abgelöst wird. Die Paßhöhe ist eine weite, vom Wind erfüllte Senke: sie liegt schließlich auf der alpinen Wetter- und Wasserscheide. Eine alte römische Säule – der Paß wurde schon zu Zeiten von Kaiser Augustus mit einem guten Saumweg ausgestattet – trägt nun die Statue des hl. Bernhard von Menthon, der nach der Überlieferung die Herbergen auf der Paßhöhe gegründet hat. Seit dem letzten Krieg sind die Gebäude jedoch zerstört. Die ausgezeichnet trassierte Straße führt nach Süden ins Französische hinunter – endgültig; nun werden wir bis Nizza in Frankreich bleiben. Ziemlich gradlinig geht es hinaus nach La Rosière am freien, sonnseitigen Hang hoch über dem Tal der Isère, das hier Tarentaise heißt. Genau gegenüber ragt der Mont Pourri (3779 m) auf, ein ganzes Bergmassiv mit weit herabziehenden Gletschern. Mit 19 Schleifen senkt sich die Straße über Wiesen und durch Waldstreifen hinab nach Séez und Bourg St. Maurice, von wo fünf Täler sternförmig ausstrahlen. Wir fahren nach Südosten, unserem Tagesziel, dem berühmten Wintersportort Val d'Isère, entgegen. Durch das scharf eingeschnittene Tal kommen wir zur 200 m hohen Staumauer von Tignes, einer der mächtigsten Bauten in den Alpen. Sie staut jedoch nicht den Lac de Tignes auf, wie man aus dem Namen schließen könnte (der Lac de Tignes liegt 5 km weiter oben in einem hübschen Wiesental, ebenso der gleichnamige Ferienort, das wohl modernste Wintersportzentrum Frankreichs), sondern den Lac du Cevril. Mit Hilfe von Tunnels, Galerien und Brücken überlistet die Straße das felsdurchsetzte Ostufer. Eine letzte Steigung führt dann endgültig nach Val d'Isère hinauf.

Den schönsten Montblanc-Blick bietet ohne Zweifel der Brévent, den man von Chamonix mit einer zweiteiligen Seilbahn erreicht. Rechts hinten sehen wir den Montblanc selber, in der Bildmitte den Mont Maudit. Vor den Gipfeln ist der Bossonsgletscher eingebettet, der vom Montblanc bis zu seiner Zunge 3400 Höhenmeter herabfließt.

Seilbahngondeln über dem Géantgletscher. Am rechten Bildrand die Grandes Jorasses

1 **Montblanctunnel.** Scheitelhöhe 1396 m, Höhe des franz. Portals 1274 m. Mit 11,6 km längster Straßentunnel der Welt. Baubeginn 1959, Fertigstellung 1965. Maut. Der Tunnel verringert die Entfernung Chamonix – Courmayeur von 150 km auf 20 km. Bei der Zufahrt von Les Pélérins großartiger Blick auf den Bossonsgletscher, der bis in die Waldregion herabreicht.

2 **Entrèves.** 1306 m. Ital. Bergdorf mit eindruckvollstem Blick auf die gewaltigen Ostabstürze des Montblancmassivs. Abzweigung eines Sträßchens in die Val Ferret. Seilbahn zur Turiner Hütte (3371 m), von dort Verbindungsbahn zur Aiguille du Midi.

3 **Val Veni.** Hochtal von wilder Schönheit unter der ital. Seite des Montblanc. Miagesee am Rand des schuttbedeckten Miagegletschers (siehe Foto). Sehr schöne Wanderung zum Col de la Seigne.

4 **Courmayeur.** 1228 m. 1300 Einwohner, 8000 Fremdenbetten. Die ital. Montblanc-Metropole, internationales Touristenzentrum. Franz. Sprachgebiet.

5 **Aostatal.** Mächtige Talfurche zwischen den höchsten Berggruppen der Alpen, der Montblancgruppe, den Walliser Alpen und der Gran-Paradiso-Gruppe. Altes Kulturgebiet. Kastanienwälder, Obstbaumplantagen, Weinberge. Die Hauptstadt Aosta birgt Sehenswürdigkeiten aus dem Mittelalter und der Römerzeit.

6 **La Thuile.** 1447 m. 600 Fremdenbetten Aufstrebender Wintersportort an der Straße zum Kleinen St. Bernhard. Südlich die Rutor-Wasserfälle.

7 **Kleiner St. Bernhard-Paß.** (Col du Petit St. Bernard). 2188 m. 8%. 42 Kehren. Schon zur Römerzeit benützter Übergang zwischen Aostatal und der Tarentaise.

8 **Bourg St. Maurice.** 840 m. 4600 Einwohner. Alter savoyischer Flecken am Fuß des Kleinen St. Bernhard. Berühmtes Volksfest am ersten Augustsonntag. Abzweigung der Straßen zum Col de l'Iseran und zum Cormet de Roselend.

9 **Cormet de Roselend.** 1968 m. Paß im Streckenabschnitt Bourg St. Maurice und Albertville im Zuge der »Route des Grandes Alpes«. Teilweise noch schlechte Straße. Jenseits der Paßhöhe der große Stausee von Roselend.

10 **Tarentaise.** Das oberste Tal der Isère, eine mächtige Querfurche zwischen den Gebirgsstöcken des Montblanc und der Vanoise. Vielfältige Volksbräuche.

11 **Aime.** 690 m. 14 km westl. von Bourg St. Maurice. Sehenswerte frühröm. Basilika mit schlichtem Mauerwerk aus Hausteinen, im Inneren Fresken aus dem 13. Jahrh. und Krypta aus fränkischer Zeit.

12 **Isère.** Bedeutender Fluß der franz. Alpen, entspringt am Col de l'Iseran, durchfließt die Tarentaise und das Graisivaudan, ebenso Grenoble; mündet nach 290 km in die Rhone.

13 **Mont Pourri.** 3779 m. Gewaltiges Bergmassiv der Vanoise, weit gegen Norden vorgeschoben. Bei der Auffahrt durch die Val d'Isère großartiger Blick auf die weit und steil herabhängenden Gletscherzungen.

14 **Barrage de Tignes.** 1810 m. Eine 180 m hohe, leicht geschwungene Betonstaumauer, die 1946–52 errichtet wurde. Sie staut den Lac du Chevril auf, der drei Dörfer verschluckte.

15 **Lac de Tignes.** 2080 m. Kleiner See in einem schönen Bergkessel. An seinem Ufer der gleichnamige Ort, ein modernes, aufstrebendes Wintersportzentrum. Seilbahn nach La Tovière (2708 m). Zufahrt auf einer Stichstraße, die über die Staumauer des Lac du Chevril führt.

16 **Barrage de Sassière.** 2400 m. Anlage im großen Kraftwerksystem der Val d'Isère. Gewaltige Hochgebirgskulisse mit der Aiguille de la Grande Sassière (3747 m). Zufahrt 5 km, 15%, Abzweigung am Ostufer des Lac du Chevril.

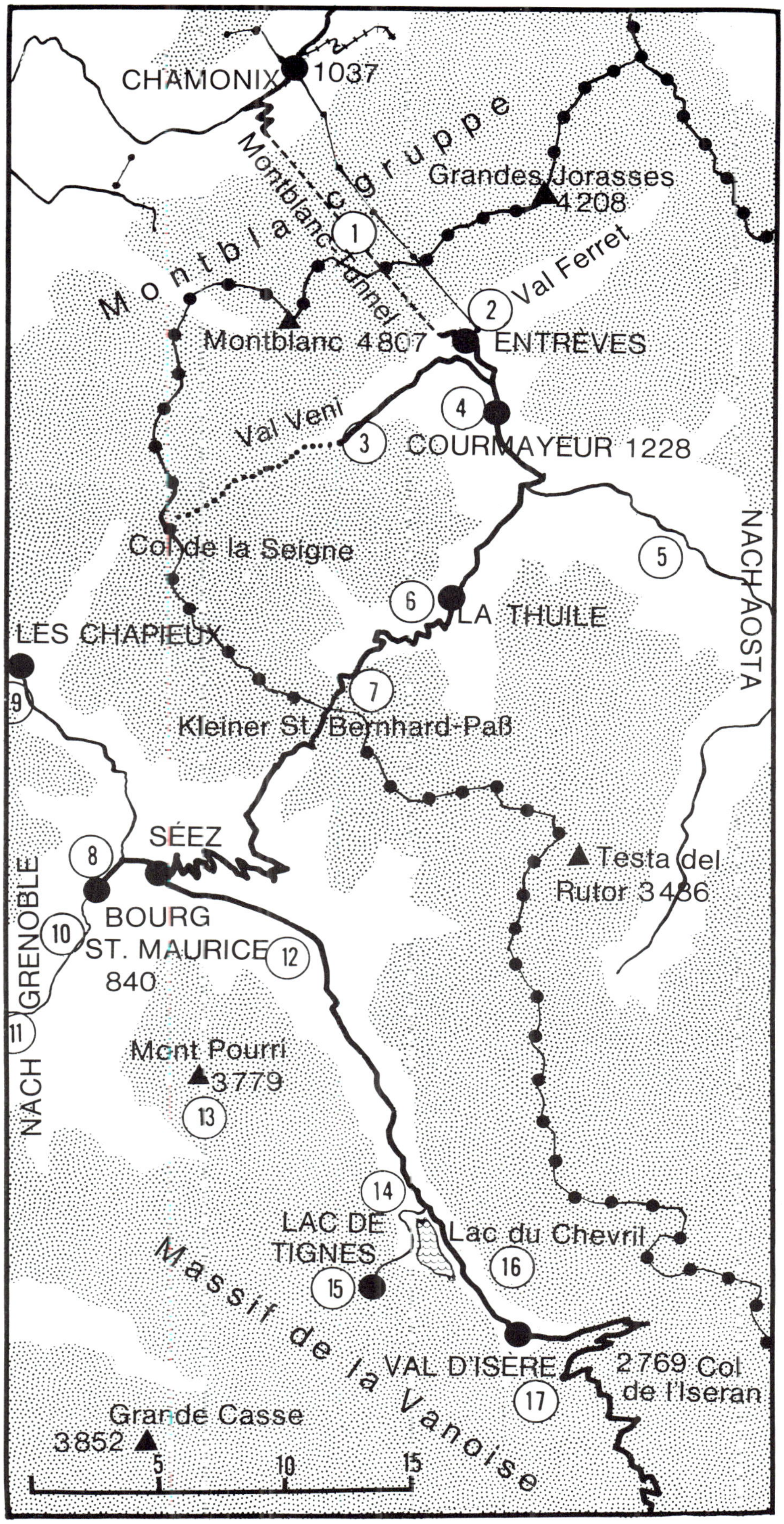

17 **Val d'Isère.** 1840 m. 1400 Einwohner, 8000 Fremdenbetten. Weltberühmte Wintersportstation und Etappenort der »Route des Grandes Alpes« im obersten Talbecken der Isère. Zahlreiche Seilbahn- und Liftanlagen. Interessant die Bahnfahrt zum Rocher de Bellevarde (2826 m) mit großartigem Rundblick, Bergstation in 2775 m Höhe, kurzer Weg zum Gipfel.

Chamonix	km
Courmayeur	20
Pré S. Didier	25
La Thuile	35
Kleiner St. Bernhard	48
Séez	76
Lac du Chevril	97
Val d'Isère	**105**
(ab Wien	1937)

Val Veni – Col de la Seigne

UNTER DEN WILDEN SÜDABSTÜRZEN DES MONTBLANC

17

Der Weg von Courmayeur unter den bizarren Montblanc-Abstürzen der italienischen Seite zu den Seen von Combal und Miage und hinauf zum Col de la Seigne (2516 m) im Grenzkamm nach Frankreich gehört zu den eindrucksvollsten Wanderungen in den Alpen. Im Tal von Chamonix hatten uns die herrlichen, blendend weißen Gletscherströme und Firnhänge begeistert; hier aber, auf der Südseite, herrscht der Fels; mächtige Grate mit wildesten Türmen und Zacken, unter denen die Aiguille Noire de Peuterey (3772 m) Herrscherin ist. Unser Foto des Miagesees zeigt sehr typisch ihre königliche Gestalt. In der Val Veni führt bis zu den Hütten von Visaille ein geteertes Straßerl. Seine Fortsetzung, ein elender Fahrweg, ist so holperig, daß unsere Aufmerksamkeit gänzlich durch das Lenken gefesselt würde und wir von der grandiosen Landschaft nichts mehr zu sehen bekämen. Deshalb lassen wir unser Auto lieber beim Restaurant Visaille stehen. Doch auch die Zufahrt bis dorthin mit ihren einmaligen Ausblicken ist ein wichtiger Teil des heutigen Ausflugs; wir wollen daher mit der Beschreibung bei der Abzweigung von der Hauptroute knapp vor La Saxe beginnen.

Schon bei der ersten langen Steigung öffnet sich der Blick auf den Riesenzahn der Aiguille du Géant und auf die gewaltige siebenzackige Krone der Grandes Jorasses (4208 m). Bald darauf wird auch der Montblanc frei, der uns die jähe, eisüberwallte Brenvaflanke zukehrt. Aus dem Firnbecken des gleichnamigen Gletschers stiegen 1865 vier Engländer mit zwei Führern über die abschreckende Eiswand empor, eine unerhört kühne Leistung für die damalige Zeit; noch heute gilt die Tour als großes, ernstes Unternehmen. Unter der Wallfahrtskirche Notre Dame de la Guérison biegt die Straße um eine Ecke, und wir schauen erstmals in die Val Veni hinein, über deren Eingang die Aiguille Noire de Peuterey als steinerner Wächter steht. In Purtud, rechts der Straße, verbirgt sich hinter den Lärchen einer der schönstgelegenen Zeltplätze der Alpen. Dann erreichen wir die ausgedehnte Ebene Plan Veni. Hundert Rastplätze locken auf diesem Wiesengrund, der im Frühsommer in einem Blütenmeer versinkt. Doch wir fahren noch bis zu den Häusern von Visaille (1659 m) hinauf. Der Wagen wird geparkt, dann führt uns die Wanderung in dem engen Tälchen zwischen den Steilhängen links und der Miage-Moräne rechts einwärts zum Lac de Combal, dem kümmerlichen Rest eines Bergsees, der einst die ganze Talsohle ausgefüllt hatte. Jetzt wird sie nur noch von einem Gitternetz sich verzweigender und wieder vereinender Bäche überzogen, auf den Rasenpolstern dazwischen wiegt sich das Wollgras im Wind. Wir dürfen auf keinen Fall den Abstecher zum Lac de Miage versäumen, der sich hinter dem Moränenwall versteckt. Er ist ein echter Gletschersee mit milchigem Wasser, eines der Ufer mit Lärchen gesäumt, gegenüber fällt die Eiswand schmutziggrau direkt in den See ab. Den Hintergrund bilden die gewaltigen Felsabstürze des Peuterey- und Brouillardgrates, während wir über dem tiefen, u-förmigen Ausschnitt des Miagegletschers, der hier vollkommen mit Schutt bedeckt ist, hineinschauen bis zur Aiguille de Bionnassay (4051 m). Der Weiterweg bringt uns zur blitzsauberen, aus Natursteinen erbauten Hütte Elisabetta Soldini. Etwas unterhalb zweigt der Saumpfad ab, der in langer Steigung an den Almen Lée Blanche vorbei zum Col de la Seigne hinaufzieht. Ein einsames Kreuz steht auf der Paßhöhe, die auch die Grenze nach Frankreich bildet. Über die Kämme, die von der Aiguille des Glaciers und den Aiguilles de Tré la Tête nach Osten in die Val Veni hinabziehen, lugt die dicke Eiskapuze des Montblanc. Recht friedlich aber ist der Blick nach Süden, ins Französische, ins Tal von Chapieux: Berge ohne markante Formen, ohne Gletscher und Firnfelder. Unser Weg jedoch führt zurück in die wildumrahmte Val Veni.

Der Miagesee in der Val Veni (italienische Seite des Montblancmassivs) ist einer der wenigen echten Gletscherseen. Auf dem Foto sieht man deutlich die schmutzigbraune Eiswand des Miagegletschers. Im Hintergrund die Aiguille Noire de Peuterey, der unnahbarste Granitgipfel des Gebietes.

Farbbild auf Seite 160:
Ein typisches Foto aus Courmayeur. Die Horizontlinie wird vom Hauptkamm der Montblancgruppe gebildet. Der auffallende Felszacken trägt den Namen Aiguille du Géant, wird aber auch Dent du Géant, Riesenzahn, genannt.

Farbbild auf Seite 161:
Nur 5 km sind es vom Lac du Chevril zum kleinen Lac de Tignes, an dessen Ufer heute ein moderner Skiort liegt. Im Hintergrund steigt die eisbedeckte Grande Motte (3656 m) auf, ein Hochgipfel der Vanoise.

18

Val d'Isère – La Grave

COL DE L'ISERAN – LA MAURIENNE – COL DU GALIBIER – COL DU LAUTARET

Ein so ausgeprägter Wintersportort wie Val d'Isère wirkt im Sommer leicht ein wenig leer und verschlafen. Wir wollen uns davon jedoch nicht anstecken lassen und lieber schon frühmorgens zum Col de l'Iseran starten, noch bevor der große Touristenstrom unterwegs ist. Mit seinen 2769 m bildet er den Höchstpunkt unserer Reise, ja, er ist überhaupt der höchste richtige Straßenpaß in den Alpen. Kann doch der Colle Sommeiller mit 3009 m nur von einer Seite erreicht werden, auf der Zufahrtsstraße von Bardonecchia am Südportal des Mont-Cenis-Tunnels. Leider läßt sich dieser alpine Höhenrekord in unser Programm nicht mit einbauen – es sei denn, wir fahren statt über den Galibier- und Lautaretpaß über den Mont Cenis und den Col de Montgenèvre nach Briançon. Wir würden damit jedoch eine der schönsten Strecken versäumen. Aber kehren wir zurück zum Col de l'Iseran. Die Straße bleibt vorerst noch im Talgrund der Isère, dann steigt sie, geschickt alle Geländeformationen ausnützend, in wenigen langen Schleifen zur Paßhöhe an. Immer neue Gipfel tauchen auf, besonders schön zeigt sich der Mont Pourri über dem See von Chevril.
Die Paßhöhe ist eine weite, von Gletschern wellig geschliffene Hochfläche mit spärlicher Vegetation zwischen Geröllzungen und Schneefeldern. Nahe dem Hospiz steht eine hübsche, aus Naturstein gebaute Kapelle. Wir wollen auf jeden Fall noch nach Westen zur nahen Pointe des Lessières (3041 m, 3/4 Stunden) hinaufsteigen. Ihr Panorama wird rundum von gewaltiger Fels- und Eisbergen beherrscht, auch der Montblanc zeigt sich noch einmal. Auf der Fahrt vom Paß nach Süden hinab ins Tal des Arc beherrscht die Silberpyramide des Albaron (3638 m) das Bild. Bei Bonneval, einem armseligen Weiler, erreichen wir den obersten, kargen Talboden. Die Häuser sind aus groben Hausteinen gemauert, sie ducken sich unter schweren Schieferdächern. Das Tal des Arc, auch la Maurienne genannt, ist wie die Tarentaise eine tief eingerissene Querfurche zwischen den gewaltigen kristallinen Gebirgsstöcken. Der obere Teil zeigt einen recht strengen Charakter, von Avrieux abwärts jedoch hat es sich ausgesprochen zu einem Tal der Fabriken entwickelt. Wir kommen nach Lanslevillard. Auf einem Hügel thront eine Kirche, die angefügte Sebastianskapelle enthält Fresken aus dem Mittelalter. Im nahen Lanslebourg zweigt die wichtige Paßstrecke über den Mont Cenis nach Turin ab. Entsprechend lebhaft flutet der Verkehr über unsere Straße, der wir nun weiter talaus folgen. Nach Bramas, das links liegen bleibt, treten die Berghänge näher zusammen, der Arc verschwindet in einer Felsschlucht, mächtige Festungsbauten beherrschen den Engpaß. Dann folgt die Kleinstadt Modane mit den langen Verladerampen für den Mont-Cenis-Tunnel, den ältesten Eisenbahntunnel der Alpen. Weitere 17 km fahren wir durch das enge Tal abwärts, bis endlich in St. Michel (712 m) die Straße zum Galibier abzweigt. Wieder einmal klimmen wir in zahlreichen Kehren über steile Hänge empor. Wir gelangen zum kleinen Zwischensattel Col du Télégraphe mit umfassendem Rückblick ins Tal des Arc. Fast eben geht es hinein zu einem weiten, grünen Kessel mit dem Skiort Valloire. In Erwartung des berühmten Dauphiné-Blicks treten wir nun fester auf das Gaspedal und fahren durch das Tal der Valloirette hinauf zum Col du Galibier, dessen Scheiteltunnel in 2556 m Höhe liegt. Die Tunnelröhre ist nur einspurig ausgebaut, wir müssen den Gegenverkehr abwarten, bevor wir hindurchfahren können. Überwältigend der Ausblick vom Südportal auf die Gipfel des Pelvoux-Massivs mit der Barre des Ecrins (4102 m). Immer neue Akzente werden bei der Abfahrt zum nahen Col du Lautaret gesetzt, bis schließlich die gewaltige, eisgepanzerte Meije (3983 m) das Bild beherrscht. Wir können nun auf der Paßhöhe übernachten oder in das nahegelegene, malerische La Grave hinunterfahren.

Die Nordrampe der Galibier-Straße aus der Nähe des Tunnels gesehen. In der Tiefe das Tal der Valloirette, dahinter die Rochers de la Grande Paré.

La Grave (vorne) und Les Hières inmitten der typischen Terrassenlandschaft

Val d'Isère	km
Col de l'Iseran	16
Bonneval sur Arc	30
Lanslebourg	49
Modane	72
St. Michel	89
Col du Télégraphe	100
Valloire	105
Col du Galibier	122
Col du Lautaret	130
La Grave	**141**
(ab Wien	2078)

1 **Belvédère de la Tarentaise.** 2500 m. Besonderer Aussichtspunkt an der Auffahrt zum Col de l'Isèran. Orientierungstafel. Schöne Rundsicht auf die Gipfel um die Val d'Isère. Rückblick auf den gleichnamigen Ort.

2 **Col de l'Iseran.** 2769 m. 10%. Höchster Straßenpaß der Alpen, gut ausgebaut mit gleichmäßigen Steigungen. Nahe der Paßhöhe Sesselbahn zum Pisaillas-Gletscher (Sommerskilauf). Sehr lohnender Aufstieg zur nahen Pointe des Lessières (3041 m, 3/4 Std.) mit prächtiger Aussicht, im Norden bis zum Montblanc, im Süden dominieren Albaron (3638 m) und Charbonnel (3750 m).

3 **Nationalpark der Vanoise.** Ausgedehntes Naturschutzgebiet, das nicht nur die Hochgipfel der Vanoise mit der Grande Casse (3852 m) als Kulminationspunkt umfaßt, sondern auch die einsamen Grenzberge. So hängt dieses Gebiet mit dem ital. Nationalpark Gran Paradiso zusammen.

4 **Bonneval sur Arc.** 1835 m. Einfache Sommerfrische im obersten Tal des Arc. Stützpunkt für Hochtouren im Gebiet der Vanoise und im Grenzkamm zwischen Ciamarella und Albaron.

5 **La Maurienne.** Das tiefe, von eiszeitlichen Gletschern ausgehobelte Tal des Arc. Im oberen Teil von strengem, rauhem Charakter, im unteren Teil jedoch infolge starker Industrialisierung ein Tal der Fabriken geworden. Wichtige, internationale Verkehrsverbindung durch den Mont-Cenis-Tunnel.

6 **Bessans. 1720 m.** 600 Einwohner. Malerisches Dorf knapp nördlich der Hauptstraße, berühmt durch seine alten Trachten und das Holzschnitzerhandwerk.

7 **Lanslevillard.** 1479 m. 300 Einwohner, 500 Fremdenbetten. Touristenort im Arctal. In der kleinen Kapelle St. Sébastien Fresken aus dem 15. Jahrh.

8 **Lanslebourg.** 1399 m. 1000 Einwohner. Größter Ort im oberen Tal des Arc. Abzweigung der wichtigen transalpinen Straße über den Mont-Cenis-Paß.

9 **Mont-Cenis-Paß.** 2083 m. 12%. Wichtigster Straßenpaß zwischen Frankreich und Italien, von Grenoble nach Turin. Gleich südlich der Paßhöhe noch auf franz. Boden ein 5 km langer Stausee. Durch den geplanten Straßentunnel von Fréjus zwischen Modane und Bardonecchia wird der Paß seine verkehrstechnische Bedeutung verlieren.

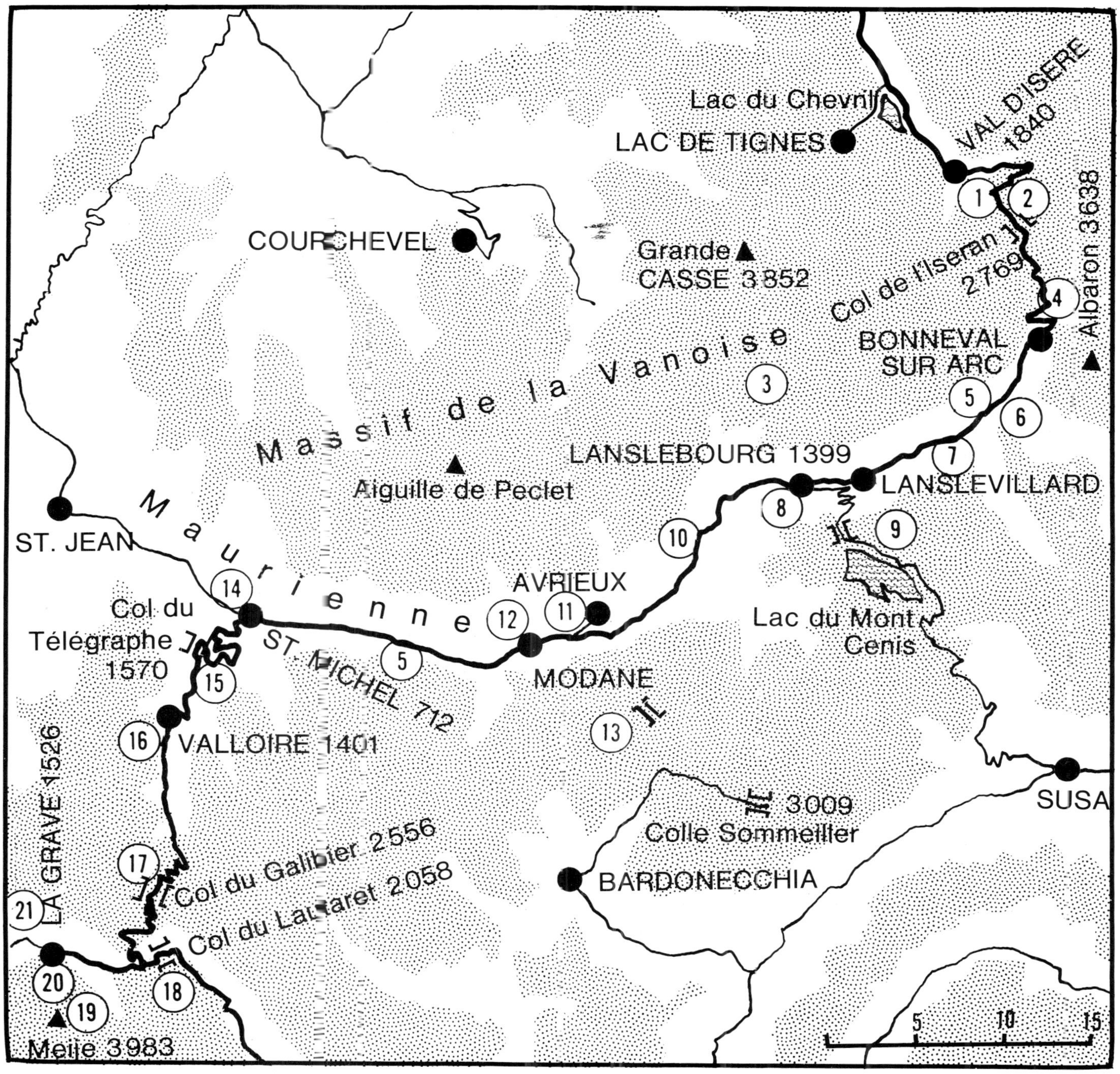

10 **Fort de l'Esseillon.** 1406 m. Gewaltige Festungsanlagen aus sardischer Zeit auf den Trümmern eines prähistorischen Bergsturzes, der das Tal zwischen Bramans und Avrieux einengt. Zufahrtsstraße.

11 **Avrieux.** Kleiner Ort nördlich der Straße mit zahlreichen Fabriken. Interessante Kirche mit Fresken und Skulpturen des 17. Jahrh.

12 **Modane.** 1096 m. 5800 Einwohner. Industriestädtchen und Grenzbahnhof am Eingang zum 13,6 km langen Mont-Cenis-Tunnel, dem ältesten Eisenbahntunnel der Welt, fertiggestellt 1870. Autoverladung. Zur Zeit baut man an dem parallel verlaufenden Straßentunnel von Fréjus.

13 **Col du Fréjus.** 2542 m. Grenzpaß südlich von Modane mit Stichstraße von der franz. Seite. Abstecher für sportlich eingestellte Autofahrer. Abenteuerliches Sträßchen, weiter oben in schlechtem Zustand. 1500 Höhenmeter!

14 **St. Michel de Maurienne.** 712 m. 3800 Einwohner. Größerer Ort an der Abzweigung der Galibier-Straße.

15 **Col du Télégraphe.** 1570 m. 8%. Zwischensattel an der Strecke zum Galibier. Hier muß die Straße ins Nachbartal ausweichen, da die Valloirette in einer gewaltigen Schlucht zum Tal des Arc durchbricht. Rascher Aufstieg über die steilen Hänge. Vom Fort nördlich der Paßhöhe sehr schöner Blick ins Tal und auf die Berge der Vanoise.

16 **Valloire.** 1401 m. 1100 Einwohner, 7000 Fremdenbetten. Sommerfrische und Wintersportzentrum in weitem Talkessel. Sesselbahn nach La Séta des Prés (2548 m).

17 **Col du Galibier.** Scheitelhöhe 2556 m. Einer der höchsten Alpenpässe in großartiger, hochalpiner Landschaft. Schöner Ausblick nach Süden auf die Gletscher und Gipfel des Pelvoux-Massivs, vor allem auf die Meije und die Barre des Ecrins (4102 m). Einbahniger Straßentunnel von 360 m Länge. Höchste Station der berühmten Radrennfahrt »Tour de France«. Zu Fuß in 15 Min. von jedem der beiden Portale zum eigentlichen Paß (2645 m), noch 32 m höher oben steht eine Orientierungstafel, stark erweiterte Aussicht!

18 **Col du Lautaret.** 2058 m. 8%. Weite flache Senke zwischen dem Pelvoux-Massiv und den Aiguilles d'Arves. Wichtige Verbindung zwischen Grenoble und Briançon. Landschaftlich sehr reizvolle Strecke, großartiger Blick auf das wilde Fels- und Eismassiv der Meije.

19 **Meije.** 3983 m. Kühner, weit über die Grenzen des Dauphiné hinaus bekannter Hochgipfel. Er wurde 1877 erst nach 17 vergeblichen Versuchen von E. Boileau de Castelnau und zwei einheimischen Führern bestiegen. In der Südwand verunglückte der berühmte Alpinist Emil Zsigmondy tödlich (1885).

20 **La Grave.** 1526 m. 600 Einwohner. Bekanntes Bergdorf im oberen Tal der Romanche. Sehr schöne Lage unter der Nordwand der Meije.

21 **Les Terrasses.** Kleine Häusergruppe nördlich über dem Tal mit großartigem Blick auf Le Rateau (3809 m) und Meije. Serpentinenreiche Zufahrt.

Von Chazelet zum Lac Lérié

HÖHENPROMENADE VIS-A-VIS DER KÖNIGLICHEN MEIJE

18

So wie das Matterhorn den Schweizer Ort Zermatt beherrscht, so dominiert über La Grave die Meije (3983 m). Doch während es die Walliser verstanden haben, aus dem abgelegenen Bergdorf eine der größten Fremdenmetropolen zu zaubern, ist in La Grave alles beim alten geblieben. Die wenigen Hotels an der Durchgangsstraße können den Charakter des Ortes mit seinen grauen, dickwandigen Häusern nicht beeinflussen. Dafür ist aber auch die Umgebung unberührt und ursprünglich geblieben, und es macht doppeltes Vergnügen ein wenig herumzulaufen und sie zu erforschen. Eine herrliche Aussichtsterrasse ist das Plateau d'en Paris, an dessen Südrand der kleine Lac Lérié liegt. Schon 100 m weiter vorne stürzt das Gelände volle 1150 m in die Schlucht der Romanche ab, die Combe de Malaval genannt wird, wobei man Malaval etwa mit »schlimmes Tal« übersetzen müßte. Unterhalb des Stausees von Chambon fließt die Romanche sogar durch ein »Höllental«, ein ganz teuflischer Fluß also – die Fahrt von La Grave talaus, entlang der Romanche, nach Bourg d'Oisans ist ein entsprechend spannendes Erlebnis.
Doch kehren wir zu unserem Ausflugsziel, dem Lac Lérié, zurück. Jenseits der tiefen Talfurche steigen die felsdurchsetzten Steilhänge wieder zur gleichen Höhe an, legen sich dann allmählich zurück und tragen die weitgedehnten Eisfelder von Mont des Lans und Girose. Die Gratlinie wird von den mächtigen, gezackten Dauphiné-Gipfeln Le Rateau (3809 m) und La Meije gebildet. – Wie schon oft nimmt uns auch heute das Auto einen guten Teil der Aufstiegsmühe ab. An der Lautaretstraße kurz oberhalb von La Grave beginnt ein Bergstraßerl, das anfangs recht steil, dann etwas flacher an den Hängen emporklimmt. Wir kommen bald in den ersten Ort mit dem munteren Namen Les Terrasses, ein Raubvogelnest direkt über La Grave. Die Vorhalle der kleinen Kirche und der altersgraue romantische Turm werden von den Fotofreunden begeistert als Vordergrund verwendet, wenn sie die Meije auf ihrem Bild einfangen wollen. Die Hänge um Les Terrasses sind von unzähligen querlaufenden Steinmäuerchen überzogen, die die Mini-Äcker und die Wiesenflecken vor der Erosion bewahren sollen; man fühlt sich in eine asiatische Plantagen-Landschaft versetzt. Bald darauf quert die Straße einen Rücken, der weit gegen das Tal vorspringt. Hier steht in aussichtsreichster Lage eine kleine Kapelle, und eine für die französischen Alpen typische Orientierungstafel erklärt dem Interessierten das Panorama. Wir fahren mit dem Auto noch ein Stückchen weiter, bis hinter den nächsten Ort, Le Chazelet. Bei der Talstation der beiden Lifte, die links und rechts an den Hängen emporführen, überqueren wir das kleine Flüßchen mit dem kurzen und bündigen Namen Gâ und steigen über den breiten Hang zum Rücken des Serre Bernard empor. In einem weiten Bogen queren wir zum nächsten Bach, dem Rif de Galan – hier mag sich jeder selbst die deutsche Übersetzung überlegen. Nun beginnt unser Weg wieder zu steigen, führt über dem Chalet de la Loge (chalet = Alm) entlang und verzweigt sich bald darauf. Wir halten uns links und wandern durch ein Tälchen zum Plateau d'en Paris hinauf und noch ein Stück weiter nach Süden, bis wir auf den Lac Lérié treffen. Immer noch beherrscht die Meije das Bild, deren Anblick uns während des gesamten Aufstiegs begleitet hat. Sie ist gewissermaßen der heilige Berg der Franzosen, der gewaltigste und abweisendste Hochgipfel, der ganz auf dem Boden Frankreichs liegt, und außerdem der einzige Hauptgipfel des Dauphiné, der von einem Franzosen erstbestiegen wurde. Alle anderen Gipfel hatten ihnen die englischen Alpinisten mit ihren schweizerischen Führern weggeschnappt, nur die Meije wehrte sich erfolgreich. Ungewöhnlich spät, erst 1877, wurde sie dann von E. Boileau de Castelnau mit zwei Freunden erobert

Der Alpengarten am Lautaretpaß mit Blick zum Pic Gaspard und zur Meije. Nach rechts geht es nach La Grave und in das Tal der Romanche hinab.

Farbbild auf Seite 168:
Ein typisches Foto aus La Grave, dem Ziel unserer 18. Etappe. Der kleine, eng zusammengebaute Ort liegt knapp westlich unter dem Lautaretpaß im obersten Tal der Romanche. Im Hintergrund die Meije mit ihren großen Gletschern, in der Mitte der Glacier du Tabucher.

Farbbild auf Seite 169:
Die Glacier-Blanc-Hütte, das Ziel unserer Dauphiné-Wanderung. Die Landschaft wird vom Mont Pelvoux beherrscht, der zwar nicht der höchste, doch der auffallendste und mächtigste Gipfel der Vallouise ist.

19

La Grave – Barcelonnette

BRIANÇON – COL D'IZOARD – QUEYRAS – COL DE VARS

Am Morgen lassen wir uns Zeit mit dem Aufbruch, wollen wir doch durch die steilen Gäßchen noch hinaufwandern zur kleinen Kirche von La Grave, deren schöner romanischer Glockenturm schon seit acht Jahrhunderten Wache hält über die graue Schar der eng zusammengedrängten Häuser. Wir wollen auch dem berühmten kleinen Friedhof einen Besuch abstatten, auf dem – im Angesicht der mächtigen Felsburg der Meije – mancher Bergsteiger begraben worden ist. – Die Fahrt von La Grave zurück zum Col du Lautaret reicht gerade aus, um den Motor warmlaufen zu lassen. Im Juni sind die Wiesen um die Paßsenke übersät mit Narzissen und Anemonen. Sie bildet nicht nur die Wasserscheide zwischen der Romanche im Westen und der Durance, dem Fluß der Briançonnais, sondern auch eine ausgeprägte Klimagrenze. Wir verlassen nun die Zone der Westwinde mit ihren saftiggrünen Matten und den üppigen Nadelwäldern und wechseln hinüber in ein Gebiet, in dem während eines langen, trockenen Sommers die sengende Sonne Herrscherin ist.

Je weiter wir nach Süden fahren, dem Mittelmeer entgegen, desto mehr wird das vertraute Grün durch die lebhaften Farben der nackten, durch die Erosion freigelegten Felsen verdrängt. Schon im Kessel von Briançon spüren wir oft die drückende Hitze, die bereits im Juli alle Vegetation verdorren läßt. Trotzdem wollen wir zur Haute Ville hinaufwandern, der malerischen Altstadt Briançons, mit ihren steilen Gäßchen, der Grande Rue, die eine Wasserrinne mitten auf der Straße ziert, den enggestellten Häusern, dem verwirrenden System seiner Mauern, Schanzen, Kasematten aus dem 17. Jahrhundert. Briançon ist die höchstgelegene Stadt Europas. So dauert die Auffahrt zu unserem nächsten Paß, dem Col d'Izoard (2361 m), nur etwas über eine halbe Stunde. Die Straße zieht an der Schlucht der Cerveyrette entlang einwärts nach Cervières, dem einzigen Ort des Tales. Hier biegt sie rechtwinklig nach Süden ab. Schöne Kieferwälder mit zerrissenen Felsgraten darüber erinnern an Tirol; doch das ist nur ein kurzes Intermezzo. Bald werfen nur noch vereinzelte Lärchen ein zartes Schattenfiligran auf die immer kahler werdenden Hänge. Wir erreichen die Paßhöhe. Jenseits erstreckt sich die Casse Déserte, bleiche, vegetationslose Schuttströme mit bizarr daraus emporragenden, ockerfarbenen bis dunkelroten Felsruinen. Die nun besser ausgebaute Strecke führt rasch abwärts in ein – nach dieser Wüste – recht freundlich wirkendes Wiesental. Steil wird das Gefälle hinunter in das Haupttal mit dem Flüßchen Guil. Nur 2 km talein liegt die mittelalterliche Feste Château-Queyras auf einem Felsriegel, der das Tal versperrt. Sie gab der ganzen Landschaft den Namen. Unsere Straße aber führt talaus durch die lange Schlucht Combe du Queyras – schroffe Felspassagen wechseln mit bewachsenen Abschnitten – zum Straßenknoten Guillestre. Hier beginnt auch gleich die vorzüglich ausgebaute Paßstrecke über den Col de Vars (2111 m). Anfangs windet sie sich mit vielen Kehren auf einem Rücken zwischen zwei Bachtälern hinauf und erlaubt uns schöne Rückblicke auf das Pelvoux-Massiv. Dann erreicht sie den langgestreckten Wintersportort Vars. Durch eine ziemlich sanfte Landschaft geht es schließlich hinauf in die Paßsenke. Nach 700 m Abstieg erreichen wir St-Paul im oberen Tal des Ubaye, einem Seitental der Durance von wilder Schönheit. Kristallklar strömt der Ubaye zwischen hellen Kiesbänken. An einigen Stellen aber rücken die Flanken der Berge so nahe zusammen, daß sich das Flüßchen nur durch Schluchten seinen Weg bahnen kann. Bei Gleizolles zweigt eine Straße zum Col de Larche ab, bei Jausiers eine Aussichtsstrecke um den Bonette-Gipfel, die eine Höhe von 2802 m erreicht. Dann ist es auch nicht mehr weit nach Barcelonnette, in das »kleine Barcelona«, das mit seinem pulsierenden Leben die nahe Provence ahnen läßt.

In der Steinwüste der Casse Déserte gleich südlich der Izoard-Paßhöhe. Zwischen den bizarren Felstürmen und den Schutthalden stehen nur ganz vereinzelte Arven.

1 **Le Monêtier les Bains.** 1470 m. 800 Einwohner, 1500 Fremdenbetten. Ferienort und Wintersportzentrum im Tal der Guisane oberhalb Briançon.

2 **Col de Granon.** 2413 m. 14%. 12 km langes Militärsträßchen von Chantemerle im Tal der Guisan. Sehr schöner Blick auf die Hochgipfel des Dauphiné, wie Mont Pelvoux und Barre des Ecrins.

3 **Serre Chevalier.** 2483 m. Beliebtes Skigebiet über dem Tal der Guisane. Seilbahn von Chantemerle. Schöner Blick auf die Gipfel um die Barre des Ecrins (4102 m). Wesentlich erweiterter Blick vom Sommet de l'Eychauda (2661 m), Fußwanderung von 1 Std.

4 **Croix de Toulouse.** 1996 m. Felsiger Vorsprung unmittelbar über Briançon mit großartigem Tiefblick. Die 6,5 km lange Stichstraße erfordert einen sicheren Autofahrer. Abzweigung in Les Oiseaux.

5 **Briançon.** 1326 m. 10100 Einwohner, 1000 Fremdenbetten. Höchstgelegene Stadt Europas. Malerische Altstadt mit engen, steilen Gassen. Ausgedehnte Befestigungsanlagen aus dem 17. und 18. Jahrh., erbaut nach den Plänen des berühmten Ingenieurs Vauban. Sie sollten die Verbindung über den Col de Montgenèvre decken.

6 **Durance.** Wichtigster Fluß im Südteil der Alpen. Der Quellfluß Guisane entspringt in der Nähe des Galibier-Passes, ab Briançon der Name Durance, unterhalb Embrun zum großen See von Serre-Ponçon aufgestaut. Mündet nach 350 km bei Avignon in die Rhone.

7 **Col de Montgenèvre.** 1850 m. 8%. Transalpine Verbindung nach Turin, parallel zum Mont Cenis. Seilbahn von der Paßhöhe zum Crête du Chalvet (2630 m) mit weitreichender Aussicht.

8 **Vallouise.** 13 km südwestl. von Briançon. Tief in das Massif du Pelvoux führendes Tal mit schmaler, doch geteerter Straße. Der Hauptort heißt ebenfalls Vallouise (1150 m), charakteristische Häuser mit Arkaden. Straße bis zur Cézanne-Hütte (1874 m) imposante Hochgebirgsumrahmung. Lohnende Wanderung zum Refuge du Glacier Blanc (2550 m).

9 **Col d'Izoard.** 2361 m. 12%. Paß in der »Route des Grandes Alpes«. Teilweise schmale Straße. Schöne, an Tirol erinnernde Landschaftsbilder auf der Nordseite, südlich der Paßhöhe die »Casse Déserte«, rostbraune Schuttströme, aus denen bizarre Felszacken schauen.

10 **Château Queyras.** 1384 m. Mittelalterliche Festung auf einem Felsen, der das Tal des Guil beherrscht. Touristischer Mittelpunkt der Landschaft Queras. Mehrere interessante Ausflüge mit dem Auto siehe die Nr. 11, 12, 13.

11 **Belvédère du Monviso.** 2127 m. Von Château Queyras bis l'Echalp gut ausgebaute Straße, dann Fahrweg weiter bis in den wilden Talschluß »Cirque du Monviso« mit den Steilabstürzen dieses gewaltigen Berges, mit 3841 m der höchste Gipfel der Cottischen Alpen.

12 **St. Véran.** 2040 m. 13 km von Château Queyras in einem südlichen Nebental. Höchstgelegene Gemeinde Europas, ein malerisches Dorf mit alten, dunklen Holzhäusern. Weiter talein

Eisbruch des Glacier Blanc
im Pelvoux-Massiv

Fahrweg am nordseitigen Talhang zur Wallfahrtskapelle Notre Dame de Clausis (2390 m).

13 **Sommet Bucher.** 2256 m. 14%. Wald- und Wiesenkuppe knapp südlich des Tales. Überraschender Ausblick 11 km langes, meist ungeteertes Militärsträßchen.

14 **Guillestre.** 1000 m. 1500 Einwohner. Kleines Städtchen 4 km östlich des von der Durance durchflossenen Haupttals. Kirche aus dem 16. Jahrh. mit rom. Vorhalle. Jenseits des Guil die Befestigungsanlage Mont Dauphin aus dem 17. Jahrh. Abzweigung unserer Straße zum Col de Vars.

15 **Embrun.** 870 m. 4800 Einwohner. 22 km talabwärts von Guillestre. Alte Bischofs- und Festungsstadt an der Durance. Schöne rom. Kathedrale Notre Dame aus dem 12. Jahrh. mit lombardischen und provenzalischen Einflüssen. 1 km weiter Beginn des mächtigen Stausees von Serre-Ponçon (20 km Länge).

16 **Col de Vars.** 2111 m. 10%. Ein weiterer Paß der »Route des Grandes Alpes«, verbindet die Landschaften Queyras und Ubaye. Sehr gut ausgebaut. An der Nordauffahrt der langgestreckte Wintersportort Vars.

17 **Ubaye.** Östliches Seitental der Durance. Trotz teilweise breitem Tal eher strenger Charakter, dünn besiedelt. Oberhalb von St. Paul sur Ubaye überspannt die kühne Brücke von Châtelet einen 100 m tiefen Abgrund.

18 **Col de Larche.** 1991 m. Wichtige transalpine Straßenverbindung zwischen Frankreich und Italien. Abzweigung bei Gleizolles. 17 km zur Paßhöhe.

19 **Route de la Bonette.** Scheitelhöhe 2802 m. Eine der höchsten Bergstraßen Europas, gut ausgebaute Strecke, doch erhebliche Steigungen (14%) aus dem Ubaye. Abzweigung bei Jausiers. Aufstieg zum Col de Restefond (2692 m), Schleife um die Cime de la Bonette (2860 m, mit Orientierungstafel), die lediglich der Aussicht dient, und Abfahrt in das Tal der Tinée.

20 **Barcelonnette.** 1132 m. 3400 Einwohner. Altes Städtchen. Touristenzentrum, große aufblühende Skizentren in Pra Loup (1630 m) und Le Sauze (1400 m) mit zahlreichen Seilbahnen und Liften. Schwimmbad. Abzweigung der Paßstraßen vor Cayolle und Allos. Gegründet 1231 von Raimund Berengar, Grafen von Provence, dessen Ahnen aus Barcelona stammten. Daher der Name Barcelonnette.

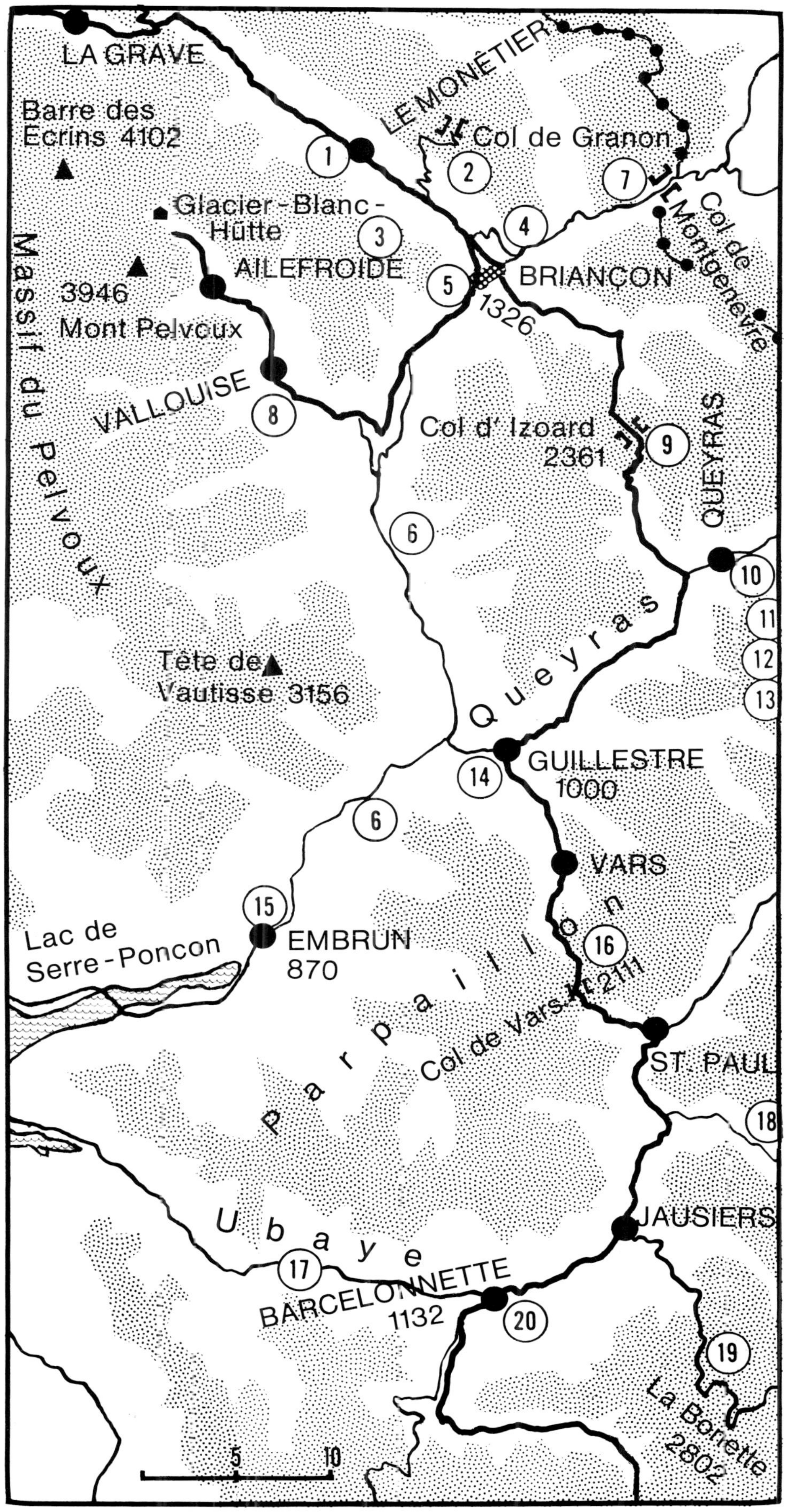

La Grave	km
Col du Lautaret	11
Le Monêtier	25
Briançon	39
Col d'Izoard	61
Avrieux	71
Guillestre	93
Col de Vars	112
Jausiers	134
Barcelonnette	**142**
(ab Wien	2220)

Zum Refuge du Glacier Blanc

UNTERWEGS IN DER URLANDSCHAFT DES PELVOUX-MASSIVS

19

Von Briançon nach Ailefroide sind es 28 km, eine gute halbe Autostunde, ein Katzensprung nur, der sich vielfach lohnt. Lernen wir dabei doch das Massif du Pelvoux näher kennen, dieses Mekka der französischen Touristen. Die erste Bekanntschaft mit der Berggruppe, für die sich bei unseren Alpinisten die Bezeichnung Haut-Dauphiné eingebürgert hat, haben wir bereits auf unserer Fahrt über den Galibier- und Lautaretpaß gemacht. Wie bei den nördlich gelegenen Massiven bildet auch hier der Gneis das Baumaterial, doch die Verwitterung hat so kräftig an Graten und Gipfeln gearbeitet, daß sie heute in unzählige Zacken und Nadeln zerschnitten sind. Dazu kommt die große absolute Höhe des Gebietes – die Barre des Ecrins mit ihren 4102 m Höhe ist der südlichste Viertausender der Alpen –, so daß alle Hochtäler mit dicken Gletschern angefüllt sind, und selbst die Felswände an allen etwas flacheren Stellen Eisverzierungen tragen. Ein Gebirge von faszinierender Wildheit. Wir wollen heute in das Herz dieser Berggruppe eindringen und sogar einen der Gletscher begehen, natürlich nicht in seiner ganzen Länge, das wäre wegen der Spalten viel zu gefährlich. Aber immerhin werden wir seine 500 m breite Zunge überqueren.
Von Briançon fahren wir 7 km talaus nach Prelles, wo nach rechts eine kleine Straße abzweigt, die hoch über der Durance nach Süden zieht und dann in das Tal der Gyronde einbiegt. Die Landschaft wird zu Ehren des französischen Königs Ludwig XI. »Vallouise« genannt und war viele Jahrhunderte lang Zufluchtsstätte der mittelalterlichen Sekte der Vaudoix, die aus der Schweiz hierherkamen und als Vorläufer der Reformation gelten. Wir fahren im Talboden aufwärts zum Hauptort, der ebenfalls Vallouise heißt. Er erhält seinen besonderen Akzent durch die stattlichen Bürgerhäuser mit ihren Laubengängen, die in mehreren Stockwerken übereinander liegen. Bald darauf beginnt die Straße stärker zu steigen, vor uns zeigt sich erstmals der Mont Pelvoux (3946 m). Das ist nicht ein einzelner Berg, sondern ein mächtiges Massiv mit steilen Felsen und Hängegletschern. Wir erreichen Ailefroide (1508 m), die letzte Siedlung im Tal. Doch die Straße führt noch weiter hinauf, wird aber schmal, steil (15%) und windungsreich. Sie endet beim Gasthaus Cézanne (1873 m) inmitten einer richtigen Schutt- und Geröllandschaft, die den nicht ganz passenden Namen Pré de Madame Carle (pré = Wiese) trägt. Eine urweltliche Gegend mit imposanter Hochgebirgsumrahmung. In den beiden hier einmündenden Talbecken liegt je ein großer Gletscher, der Glacier Noir und der Glacier Blanc. Steil hängt die Zunge des »Weißen Gletschers«, die wir bei der Wanderung überschreiten wollen, über die glattgeschliffenen Platten des Talschlusses herab. Keine Angst, wir werden das Eis erst oberhalb der Steilstufe betreten. Ein ordentlicher Weg zieht linkerhand im Zickzack über die Hänge empor und erreicht durch eine versicherte Rinne schließlich den Eisstrom selbst. Die Randkluft (so bezeichnet man eine Spalte zwischen Fels und Eis) ist sorgfältig zugeschüttet, eine notwendige Vorsichtsmaßnahme, treffen wir doch recht viele französische Ausflügler, die allzu sorglos in diesem Gelände herumlaufen. Wir folgen der breiten Trampelspur im Schnee; oder wir wandern, sofern die Sommersonne die Firndecke bereits abgeschmolzen hat, direkt über das blanke Eis hinüber zum anderen Ufer, wo uns der Steig wieder aufnimmt. Bald darauf haben wir auch unser Ziel, die Glacier-Blanc-Hütte (2550 m) erreicht. Wieder beherrscht der Mont Pelvoux das Bild. Nach rechts schließt sich eine Kette schroffer, mit Hängegletschern verzierter Gipfel an, unter ihnen ein Berg mit der kuriosen Bezeichnung Pic Sans Nom, also »Spitze ohne Namen«. Noch stärker aber werden wir vom Anblick des Glacier Blanc gefesselt, der gerade auf Höhe der Hütte einen wilden Gletscherbruch bildet, riesige Spalten klaffen, das Eis ist zu Blöcken und Türmen zerfallen.

Im Frühsommer, wenn das Schneeschmelzwasser von den hohen Bergen dazukommt, sind auch die Zuflüsse des Ubaye richtige Wildbäche. Im trockenen Sommer jedoch geht der Wasserstand weit zurück.

Farbbild auf Seite 176:
4 km oberhalb von St. Paul, das am Südfuß des Col de Vars liegt, treffen wir im Tal des Ubaye auf dieses fantastische Felstor, das mit einer riesigen Säge herausgeschnitten scheint. Es wird von dem Pont de Châtelet überspannt.

Farbbild auf Seite 177:
Die obersten Häuser im Tal des Var am Südfuß des Col de la Cayolle. Im Hintergrund der mächtige Bergkamm, der vom Mont Pelat nach Süden zieht und die Täler des Var und des Verdon trennt. Der auffallende Felszacken ist die Aiguille du Forciao.

20

Barcelonnette – Nizza

COL DE LA CAYOLLE – COL DE VALBERG – CIANSSCHLUCHTEN

Der letzte Tag unserer langen Reise durch die Alpen! Nur noch 162 km sind wir vom Mittelmeer und von Nizza entfernt. Mit dem Col de la Cayolle überqueren wir den letzten Paß, der die Zweitausendmetergrenze überschreitet. Auf dem Weg dorthin kommen wir bald zu einer Straßengabelung, rechts geht es über den Col d'Allos zu den berühmten Schluchten des Verdon. Wir aber bleiben im Tal des Flüßchens Bachelard, das sich bald schluchtartig zusammenschnürt. Die Straße ist schmal, meist fehlen alle Randsicherungen. Tafeln mit der Aufschrift »Garage« weisen auf die spärlichen Ausweichstellen hin. Dann weitet sich das Tal, bleibt aber karg und sehr dünn besiedelt. Bei Bayasse biegt es nach Süden ab. Noch begleiten uns einige Lärchen, doch bald hört auch der letzte Baumwuchs auf, und je höher wir in dem engen Talboden kommen, desto steppenartiger wird die Landschaft.

Wie ein Tor zum Süden öffnet sich schließlich die Paßhöhe (2327 m). Fast vegetationslos ist die Umgebung; was die Erosion an Graswuchs übriggelassen hat, wurde von den großen Schafherden gefressen und zertreten. Über die tiefe Furche des Var hinweg wandert der Blick weit nach Süden zu den Voralpen von Grasse, und dahinter ahnt man im silbernen Dunst das Mittelmeer. Mit Hilfe von acht Schleifen geht es hinab ins oberste Tal des Var. In Entraunes posiert ein hübsches Kirchlein im gewohnten Grau für den Fotografen, ein paar Kilometer tiefer liegt auf einer Talstufe recht malerisch St-Martin d'Entraunes. Unterhalb von Guillaumes zwängt sich der Var durch die Gorges de Daluis (Gorge = Schlucht), die tunnelreiche Straße zieht am oberen Rand entlang und erlaubt immer wieder grandiose Tiefblicke. Doch wir wollen lieber von Guillaumes über den Valberg ins Nachbartal hinüberfahren, denn die Gorges du Cians sind noch um eine ganze Stufe reizvoller und spannender. Zwei Straßen ziehen zum Paß empor, wir wählen wegen der schöneren Ausblicke die südliche Strecke. Auf der Höhe des Col de Valberg (1670 m) mit seinen sanftgewellten Almböden und den lichten Lärchengruppen ist – gleichsam über Nacht – ein gefälliges, modernes Skizentrum entstanden, nur 2 Autostunden von Nizza entfernt. Beim Hotel Blanche Neige beginnt ein Steig, der uns in einer halben Stunde zum kleinen Gipfel des Croix de Valberg bringt, einem schönen Aussichtspunkt für die uns umgebenden Alpes Maritimes (»Seealpen«). Durch die freundliche Wiesenlandschaft fahren wir dann nach Beuil, einem dieser typischen provenzalischen Nester, die wie Adlerhorste auf Felsen oder Geländevorsprüngen thronen. Einst war Beuil Wohnsitz der bekannten Familie Grimaldi. Vier Kilometer unterhalb beginnt die wirklich phantastische Fahrt durch die Obere Ciansschlucht. Nacktes Schiefergestein in allen Tönungen zwischen Schokoladenbraun und tiefem Purpurrot bildet die Wände, den idealen Farbkontrast dazu stellt das lichte Grün des überall herabhängenden Mooses dar. An manchen Stellen treten die Felsen so nahe zusammen, daß nur noch ein schmaler Streifen des Himmels zu sehen ist. Die Straße bleibt meist in Flußnähe und mußte oft kunstvoll aus den Felsen gesprengt werden. Fast 10 km lang ist die Obere Schlucht. Nach einem kurzen Zwischenstück folgt die Untere, die nun schon in die Kalkfelsen gegraben ist – ein bescheidenes Nachspiel zum großen Erlebnis. Beim Pont du Cian stoßen wir wieder auf den Var, dem wir nun bis Nizza treu bleiben. Noch einmal rücken die Felsflanken zur eindrucksvollen Felsschlucht des Défilé de Chaudron zusammen. Immer besser ist die Straße nun ausgebaut, darum treten wir fester auf das Gaspedal – magisch werden wir von der Nähe des Meeres angezogen. Wir erreichen es schließlich gleich westlich des mondänen Nizza, das sich mit seinen blendend weißen Palästen in einem feinen Bogen um die Bucht des Anges zieht.

Ein typisches Bild aus den Seealpen, der südlichsten Gebirgsgruppe des gesamten Alpenbogens. Hier kämpft die Vegetation mühsam gegen die Versteppung an.

Einsamkeit an der Côte d'Azur

1 **Col d'Allos.** 2240 m. 10%. Bequemster Übergang aus dem Tal des Ubaye in das Tal des Verdon (Haute Provence). Teilweise schmälere Straße. Vom Dorf Allos (1415 m), 15 km südlich der Paßhöhe, Abzweigung einer Stichstraße Richtung Lac d'Allos, einem hübschen Bergsee. Vom Straßenende 30 Minuten Fußmarsch dorthin.

2 **Colmars.** 1235 m. Alter Ort an der Südrampe der Allos-Straße. Vollständig erhaltener Mauergürtel aus dem 17. Jahrh.

3 **Gorges du Bachelard.** Lange, enge Schlucht an der nördlichen Zufahrt zum Col de la Cayolle. Straße nur einspurig ausgebaut, jedoch Ausweichen auf Sichtweite, mit dem Wort »Garage« angekündigt.

4 **Col de la Cayolle.** 2372 m. Der letzte Paß auf unserem Weg zum Mittelmeer, der die 2000 m-Grenze noch überschreitet. Schuttreiche und vegetationsarme Landschaft um die Paßhöhe. Schöne Fernblicke. Bei der Auffahrt rechts der Mont Pelat (3051 m), der letzte Dreitausender, dem wir auf unserer Fahrt begegnen. Auf der Südseite reizvolle Felspassagen.

5 **St. Martin d'Entraunes.** 200 Einwohner. Hübsch gelegener Ort im obersten Tal des Var. Abzweigung einer Militärstraße zum Col des Champs, die jedoch in sehr schlechtem Zustand ist.

6 **Var.** Hauptfluß der südöstlichen, allmählich zum Mittelmeer abfallenden Voralpen. Mehrere großartige Schluchten. Wir bleiben nach unserem Umweg über den Col de Valberg und die Cians-schluchten dem Var bis zu seiner Mündung treu.

7 **Guillaumes.** 820 m. 600 Einwohner. Ort im Tal des Var oberhalb der Gorges de Daluis. Abzweigung der beiden Straßen zum Col de Valberg.

8 **Gorges de Daluis.** Eindrucksvolle, tief ins schokoladebraune Gestein eingefressene Schlucht des Var. Die Straße zieht am oberen Rand der Schlucht entlang, sehr schöne Tiefblicke.

9 **Col de Valberg.** 1670 m. Querverbindung zwischen den Tälern von Var und Cians. Zwei Auffahrtsstraßen von Westen, von denen die südliche wegen der schönen Ausblicke vorzuziehen ist. Beide Abzweigungen kurz hintereinander in Guillaumes. Erweiterter Blick von den Kuppen nördlich und südlich der Paßhöhe, kurze Fußwanderungen. Auf dem Paß eine moderne Hotel- und Chaletsiedlung, die für den Wintersport errichtet worden ist.

10 **Beuil.** 1480 m. 400 Einwohner. 5000 Fremdenbetten im Bereich Beuil – Valberg. Ferienort im obersten Tal des Cians, einer der typischen, malerischen Orte der Provence, »Villages perchés« genannt, die auf Felsnasen, ausgesetzten Vorsprüngen und Bergrücken liegen. Abzweigung einer Querverbindung über den Col de la Couillole (1678 m) nach St. Sauveur im Tal der Tinée.

11 **Gorges du Cians.** Eindrucksvolle Straßenführung im Grund einer großartigen Felsschlucht. An mancher Stelle nur wenige Meter breit. Eigenartige braune bis dunkelrote Färbung des Gesteins. Man unterscheidet eine obere (die interessantere) und eine untere Ciansschlucht, den Durchbruch zum Tal des Var.

12 **Défilé du Chaudan.** Schmaler Durchbruch des Var durch die letzten Ausläufer der Alpen zum Mittelmeer. Steile Felswände, ein interessanter Abschnitt der Strecke mit vielen Kunstbauten.

13 **Nizza** (Nice). 295 000 Einwohner. Wichtigste Stadt der Côte d'Azur, internationaler Bade- und Ferienort. Gleich einem Amphitheater um eine weite Bucht des Mittelmeers ansteigend, enge Altstadt, malerischer Hafen, an der Küste die Promenade »des Anglais«, gesäumt mit Luxushotels und Privatpalästen. Schöner Blick vom Hügel der alten Festung auf Stadt und Meer. Weltberühmt der Karneval von Nizza. Ausgangspunkt für interessante Ausflüge. In der Nähe die bekannten Orte Cannes, Antibes, Monaco, Monte Carlo.

14 **Corniches de la Riviera.** Drei weltberühmte Panoramastraßen in Stufen übereinander an den rasch aus dem Meer aufsteigenden Hängen. Sie führen von Nizza nach Osten gegen die ital. Grenze. Am schönsten die oberste Straße, da sie am wenigsten von Villen und Hotels verbaut ist und die am weitesten reichende Aussicht bietet. An der mittleren Corniche der romantisch gelegene Burgflecken Eze. Die untere der drei Straßen zieht an der Küste entlang, führt durch mondäne Badeorte, Fischerhäfen und das Fürstentum Monaco.

15 **Monaco.** 35 000 Einwohner. Winziges Fürstentum, das nur aus drei zusammengewachsenen Orten besteht. Auf einer Halbinsel die altertümliche Stadt Monaco, nördlich davon das moderne und exklusive Monte Carlo, Treffpunkt der großen Welt. Im Hafen viele Luxusjachten. Ozeanographisches Museum mit großartigem Aquarium.

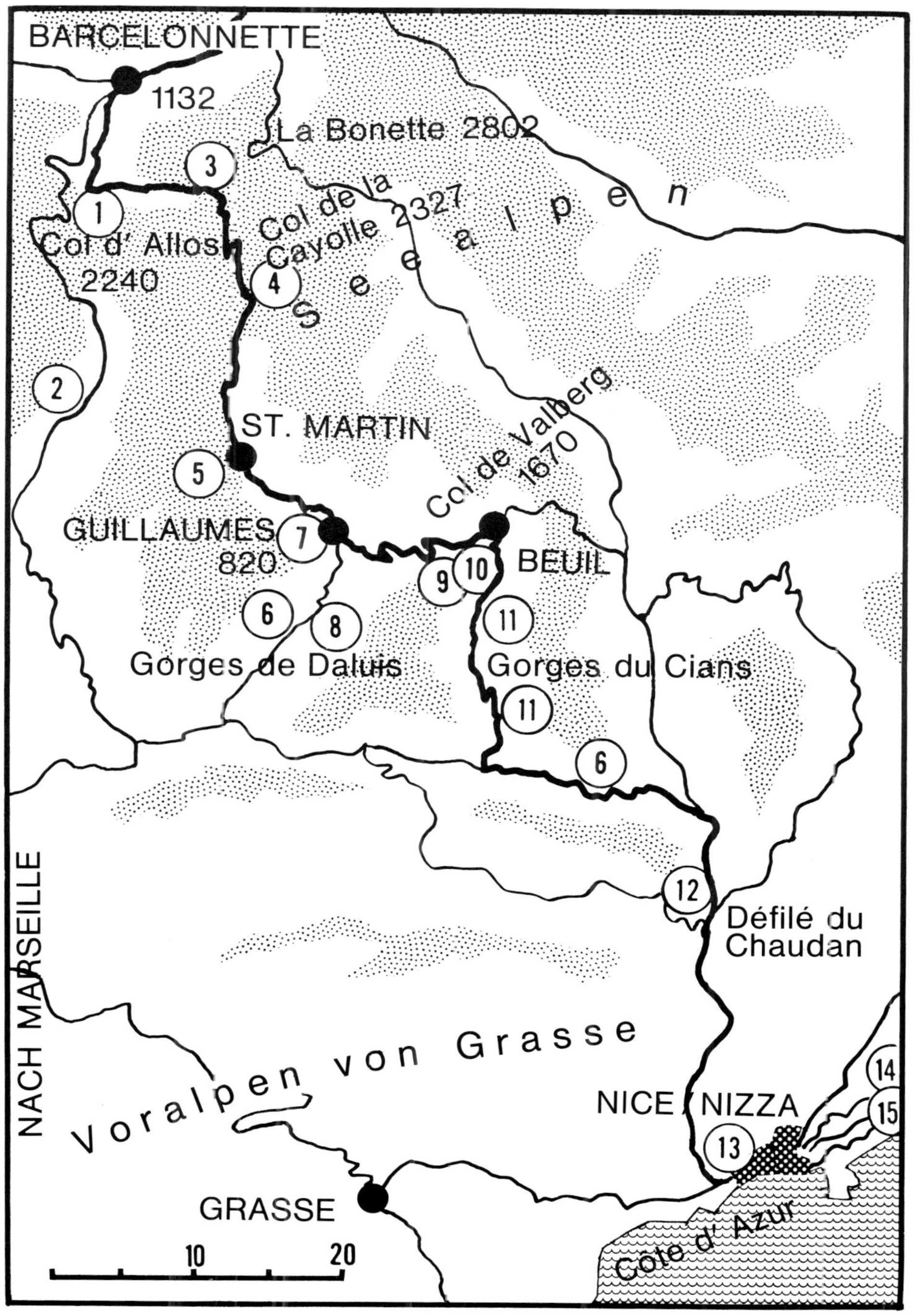

Barcelonnette	km
Col de la Cayolle	30
St. Martin	51
Guillaumes	63
Col de Valberg	77
Beuil	83
Notre Dame	105
Le Plan du Var	131
Nizza	**161**
(ab Wien	2381)

Lac d'Allos und Mont Pelat

RUNDTOUR IN DEN PROVENZALISCHEN ALPEN

20

Der Col de la Cayolle ist die letzte große Barriere, die wir auf unserer Fahrt zum Mittelmeer überklettern müssen. Mit seinen 2327 m gehört er sogar zu den höchsten Pässen unserer gesamten »Traumstraße«. Im Westen wird die Strecke vom Mont Pelat mit seinen Trabanten begleitet, eine Bergkette, die noch einmal bis zu stolzen 3051 m aufsteigt. Doch hier in diesem so niederschlagsarmen und im Sommer heißen Gebiet gibt es trotz der großen Höhe keine Gletscher und Eisfelder mehr – überall tritt der nackte Fels und der graue Schutt an die Oberfläche, ein bescheidener Graswuchs kämpft mit wenig Erfolg gegen die Erosion an. Im Hochsommer herrscht eine erbarmungslose Sonne, die auch uns die Tour zum Lac d'Allos verleiden könnte. Wer im August unterwegs ist, sollte früh von Barcelonnette aufbrechen, um die kühleren Morgenstunden auszunützen. Es wäre schade, gerade diese Wanderung zu versäumen, der Lac d'Allos ist ein wirkliches Schmuckstück, ein freundlicher Bergsee mit tiefblauem Wasser, im Norden stehen hellgrüne Lärchen am Ufer, während im Süden, jenseits der Wasserfläche, die düsteren, schön geformten Felstürme Grandes Tours aufsteigen. Er liegt nicht im direkten Bereich des Col de la Cayolle, sondern drüben, jenseits des Pelat-Kammes hoch über dem Verdon-Tal. Zwei Scharten stehen für den Übergang zur Wahl, der Pas de Lausson und der Col de la Petite Cayolle. Beide sind etwa gleich hoch, über beide zieht ein Weg.
Wir wählen den Lausson für den Hinweg, den Petite Cayolle für den Rückmarsch und haben so die herrlichste Rundtour vor uns. Der Steig zum Pas de Lausson zweigt im Süden der Cayolle-Paßhöhe bald von der Straße nach rechts ab. Wir wandern quer über die Hänge empor, überschreiten zwei Bachrunsen und zwei Rücken und stehen urplötzlich steil über dem kleinen Lac de Lausson, über dem die gebänderte Felswand des Montagne de l'Avalanche als eindrucksvoller Hintergrund aufragt. Wir steigen nach rechts in den nahen Pas de Lausson empor. Unter uns lockt bereits die dunkle Wasserfläche des Lac d'Allos, doch uns treibt vor dem Abstieg noch der Gipfelhunger zum Montagne de l'Avalanche (2732 m), zum »Lawinenberg«, den wir in einer gemütlichen halben Stunde über Schutt und leichte Felsen erreichen. Bei klarem Wetter schauen wir über die Vorberge von Grasse hinweg erstmals bis zum Mittelmeer. Es ist nur noch 70 km entfernt. Nach der Rückkehr in den Sattel folgen wir dem Weg zum Lac d'Allos. Der Steig möchte uns narren, führt scheinbar in eine ganz falsche Richtung, viel zu weit nach Norden. Er zieht jedoch nur in einem weiten Bogen um den Rücken vor uns und erreicht schließlich das Nordufer. Ein kleiner Wanderweg zieht rund um den ovalen, immerhin 1 km langen Bergsee. An schönen Wochenenden herrscht hier oben ein reger Betrieb, denn aus dem Tal des Verdon führt ein schmales, abenteuerliches Sträßchen herauf und endet nur eine halbe Gehstunde unterhalb. Wir entfliehen dem Trubel, folgen wieder dem Weg zum Pas de Lausson bis in halber Höhe, biegen dann jedoch nach links ab. Bald darauf kommen wir auch an die Abzweigung des kleinen Pfades zum Mont Pelat, der durch eine sonnige Mulde zu dem Dreitausender emporzieht. Das wäre auch ein Abstecher für uns, zwei Stunden dauert der Aufstieg. Die Aussicht reicht vom Pelvoux-Massiv im Norden bis zum Mittelmeer im Süden, während wir im Westen noch den Mont Ventoux (1912 m), diesen alpingeschichtlich berühmten Berg, ahnen. Schon im Jahre 1336 wurde er von dem Dichter und Gelehrten Francesco Petrarca bestiegen und zwar »einzig von dem Wunsche geleitet, eine beachtliche Höhe zu erreichen«. Wegen dieses rein touristischen Motivs gilt Petrarca als der erste Bergsteiger. Unsere Rückkehr erfolgt auf jeden Fall über den Col de la Petite Cayolle, da wir auch vom Mont Pelat wieder bis zu der erwähnten Weggabelung absteigen müssen.

Nach 2381 km durch die Alpen haben wir schließlich Nizza an der Côte d'Azur erreicht, die letzte Alpenstadt unserer Fahrt.

Das Auto und seine Ausrüstung

Die Autos werden immer sicherer, kräftiger und einfacher in der Bedienung, gleichzeitig baut man die Alpenstraßen ständig besser aus, verbreitert sie, entschärft die Steigungen, sichert den Fahrbahnrand ab. So können alle in diesem Buch beschriebenen Straßen, selbst so kleine Nebenstrecken wie zur Dolomitenhütte oberhalb Lienz oder von Meiringen nach Rosenlaui, mit jedem Wagen befahren werden. Schwierigkeiten bereitet allenfalls eine zu geringe Bodenfreiheit. Das Auto braucht man heute für eine Pässefahrt nicht mehr besonders herzurichten. Es bleibt aber empfehlenswert, es vorher in der Werkstatt durchschauen zu lassen. Lenkung und Bremsen müssen zuverlässig sein, der Reifendruck sollte stimmen, Zündung und Ventile müssen geprüft werden. Unerläßlich für ein sicheres Fahren ist schließlich ein gutes Reifenprofil. Die Erfahrung hat gezeigt daß Gürtelreifen vor allem durch ihre bessere Haftung und die größere Vielseitigkeit den – nur bei uns – üblichen Sommerreifen überlegen sind.
Zur Ausrüstung für eine Alpenfahrt gehören außerdem: Reservebenzin, Abschleppseil, Spaten, Schneeketten (es kann auf den Pässen auch im August schneien).

Autofahren im Gebirge

Wer vom Flachland ins Gebirge kommt, wird mit Erstaunen feststellen, mit welcher Sicherheit hier nahezu jeder Fahrer seinen Wagen lenkt, mit welcher Selbstverständlichkeit und hoher Geschwindigkeit er z. B. am äußersten rechten Straßenrand entlangfährt, obwohl das Gelände gleich nebenan steil abfällt. Bergstraßen erziehen zwangsläufig zum wirklichen Beherrschen des eigenen Fahrzeuges, die Straßenbreite ist oft gering, es gibt unzählige scharfe und unübersichtliche Kurven, steile Steigungen und jähes Gefälle, gelegentlich auch Nebel, Schnee und Nässe. Ein Abkommen von der Straße kann oft einen Absturz zur Folge haben. Das Flachland mit seinen im Vergleich doch recht gemütlichen Straßen bildet nur eine mäßige Vorschule für das Bergfahren. Deshalb seien hier ein paar Tips gebracht.

Rechts fahren. Die meisten Paßstraßen, ja, selbst viele der Strecken im Tal, sind so schmal, daß man nicht an jeder Stelle mühelos an entgegenkommenden, größeren Fahrzeugen vorbeikommt. Denken Sie vor allem an die überall verkehrenden Postbusse, die bei scharfen Kurven oft noch ein Stück der Gegenfahrbahn benötigen. Es spart viel Lenkarbeit und Nerven, wenn Sie prinzipiell am rechten Straßenrand entlangfahren.

Geschwindigkeit und Bremsweg. Noch wichtiger auf diesen schmalen Straßen ist das richtige Tempo. Hier müssen Sie wirklich auf halber Sichtweite anhalten können. Auch auf breiten, zweispurigen Straßen birgt eine zu hohe Geschwindigkeit große Gefahren, in jeder Kurve kann ein Felsblock, eine Kuh oder ein hängengebliebenes Auto die Fahrbahn versperren.
Bergauf wird man kaum Schwierigkeiten mit der Länge des Bremsweges haben, bei stärkerem Gefälle jedoch und vor allem bei schlechter Straßendecke verschätzt man sich oft ganz gewaltig. Machen Sie doch einmal einen entsprechenden Bremsversuch. Sie werden erstaunt sein, wie spät das Auto zum Halten kommt.

Fahrt bergauf. Die in dem Buch beschriebenen Straßen sind mit jedem gebräuchlichen Pkw gut zu bewältigen, die Steigungen dürften wirklich keine Schwierigkeiten bereiten. Aber trotz der starken Motoren und der guten Kühlsysteme sollten Sie ihr Auto nicht quälen. Fahren Sie auf längeren Strecken bergauf nie mit Vollgas, sondern schalten Sie rechtzeitig zurück. Großer Gang und niedrige Drehzahl sind für das Auto immer schlechter als ein kleinerer Gang mit höherer Drehzahl.

Fahrt bergab. Eine alte Regel schreibt vor, daß man bergab mit dem gleichen Gang fährt, den man bergauf verwenden würde. Sicher ist es ausgesprochen falsch, längere Gefällstrecken mit einem zu großen Gang und deshalb unter ständigem Bremsen zu befahren, das schadet den Bremsbelägen und bringt auch heute noch die Gefahr des Heißlaufens der Bremsen mit sich, was ganz gefährliche Situationen heraufbeschwören kann.
Es ist jedoch ebenso falsch, alle Bergabfahrten einzig mit der Motorbremse zu bewerkstelligen. Manche Gefälle liegen so ungünstig, daß das Befahren im »richtigen« Gang reichlich langweilig wird und man damit den Verkehr blockiert. Als typisches Beispiel sei der Zirlerberg genannt, den heute kaum noch ein Pkw-Fahrer im 1. Gang hinunterschleicht. Man kann hier beruhigt den 2. Gang einlegen, auch wenn das Auto damit »davonläuft«. Man muß nur die Bremswirkung des Motors durch die Fußbremse unterstützen. Dabei darf man aber nicht die Bremse ununterbrochen betätigen, sondern man läßt den Wagen laufen, bis die Drehzahl relativ hoch ist, dann bremst man das Tempo zurück, läßt ihn wieder laufen usw.

Kurventechnik. Man kommt nicht um die Feststellung herum, daß die meisten Autofahrer offensichtlich Zeit ihres Lebens die Technik des Kurvenfahrens nicht wirklich lernen. Man bremst prinzipiell **vor** der Kurve das Tempo herunter und gibt in ihr je nach der Schärfe, der Länge und der Übersichtlichkeit zart bis kräftig Gas. Es ist ein physikalisches Gesetz, daß das Auto in einer Kurve bei der Beschleunigung eine Tendenz nach innen, bei Verzögerung nach außen hat. Sind Sie wirklich einmal durch falsches Einschätzen der Situation zu schnell in eine Kurve gefahren, dann treten Sie nicht während des Lenkens mit voller Kraft auf die Bremse. Es ist viel besser, ganz kurz innerhalb der Kurve geradeaus zu fahren – das ist fast immer möglich – und dabei kräftig zu bremsen, um dann beim Einschlagen der Räder die Bremse sofort wieder loszulassen. Doch das bleibt immer ein gewagtes Manöver. Auf die Dauer lebt man nur mit dem richtigen Tempo sicher! Eine »Traumstraße« in den Alpen sollte man schließlich nicht mit dem Nürburgring verwechseln.

Ausweichen. Mancher Abschnitt unserer Strecke durch die Alpen benützt Straßen, die auch heute noch so schmal sind, daß man nicht an jeder Stelle an entgegenkommenden Autos – zumal an größeren Fahrzeugen – vorbeifahren kann. All diese Straßen sind jedoch ausreichend mit sogenannten Ausweichen versehen, breiter ausgebauten Stellen, die ein müheloses Vorbeifahren erlauben. Wer ein wenig vorausschaut, wird meistens den Gegenverkehr so frühzeitig sehen, daß er ohne Zurückstoßen in eine der Ausweichen fahren kann. Auf allen Gebirgsstraßen hat prinzipiell der Bergauffahrende Vorrang. In der Schweiz jedoch gibt es eine Sonderregelung, die den Postbussen auf den Paßstraßen eine generelle Vorfahrt einräumt.

Rückwärtsfahren. Beim Rückwärtsfahren bergab beobachtet man oft einen entscheidenden Fehler. Viele Autofahrer legen wohl den Rückwärtsgang ein, lassen aber den Fuß auf der Kupplung und regulieren das Tempo mit der Bremse. Damit nimmt man sich jedoch jedes feinere Gefühl für das Auto, bei steilem Gefälle oder rutschigem Untergrund kann man sogar ganz die Gewalt über das Fahrzeug verlieren. Läßt man hingegen sofort beim Anfahren die Kupplung los, dann bremst auch beim Rückwärtsfahren der Motor und hält so das Auto voll manövrierfähig.

Schnee und Eis. Bei Wetterstürzen kann es auch im Sommer durchaus bis in eine Höhe von 2000 m herabschneien. Deshalb seien hier ganz kurz ein paar Tips zum Fahren auf rutschiger Straße gegeben. Die Grundregel lautet: Alles, vor allem Bremsen, Gasgeben, Kuppeln und Lenken, mit äußerster Behutsamkeit ausführen. Bergab das Auto nie »davonlaufen« lassen, es darf nur mit dem Motor gebremst werden. Beim Anfahren wenig Gas geben und die Kupplung vorsichtig kommen lassen. Fangen die Räder an durchzudrehen, dann nicht mehr Gas geben, sondern im Gegenteil das Gas leicht zurücknehmen.

Üben. Das Gefühl für den rechten Straßenrand, für die Breite des eigenen Fahrzeuges und die Sicherheit beim Rückwärtsfahren sind die drei Punkte, die vielen Flachländern die meisten Schwierigkeiten im Gebirge bereiten. Man kann das alles ausgezeichnet z. B. in einem Wald üben. Mit etwas Phantasie wird man für sich selbst recht pfiffige Aufgaben finden.

Steinschlag. An Talstraßen findet man häufig das internationale Hinweisschild für Steinschlag, auf Paßstraßen werden die Schilder weitgehend weggelassen, da hier häufig zu lange Strekken von Steinen bedroht sind. Im Gebirge können nicht nur über Felswände, sondern über jeden Steilhang, ja selbst im steilen Wald Steine herunterkommen. Die Schilder wollen uns vor allem auf die möglicherweise in der Fahrbahn liegenden Steine und Brokken hinweisen, aber auch auf die Gefährlichkeit von Halten und Parken in bedrohten Zonen. Gegen die von oben herabfallenden Steine ist man im Auto weitgehend machtlos, man sieht sie meist erst im letzten Moment und hat auch kaum die Möglichkeit zum Ausweichen. Doch bleibt die Gefahr gering, es bedarf schon eines wirklich sehr unglücklichen Zufalls, wenn man gerade in dem Bruchteil einer Sekunde zur Stelle ist, in der der Stein auf dem Boden – oder auf dem Dach – aufschlägt.

Parken im Gebirge. Stellen Sie Ihr Auto auf einer geneigten Fläche ab, dann ziehen Sie die Handbremse an und legen den entsprechenden Gang ein. Entsprechend bedeutet: Rückwärtsgang, sofern die Nase bergab schaut, 1. Gang, steht das Auto bergauf. Diese Praxis reicht fast immer aus. Nur an steileren Stellen wird man zusätzlich einen etwas mehr als faustgroßen, möglichst keilförmigen Stein unter eines der oberen Räder legen. Eine nette Geste gegenüber den anderen Autofahrern wäre es, den Stein bei der Abfahrt wieder aus dem Weg zu räumen.
Lassen Sie Ihr Auto längere Zeit – etwa während einer Bergtour – stehen, sollten Sie die Parkstelle mit einiger Sorgfalt auswählen. Daß man das Auto nicht gerade in einem steinschlaggefährlichen Gebiet abstellt, liegt auf der Hand; daß man das Auto jedoch möglichst oberhalb der Fahrbahn und nicht unter ihr parken soll, ist schon weniger bekannt. Im Gebirge sind die richtig ausgebauten Parkplätze selten, meist fährt man einfach auf die benachbarte Wiese. Geht nun während Ihrer Abwesenheit ein Regenguß nieder, dann wird das Gras rutschig, und die Räder drehen nun auch bei den kleinsten Steigungen durch. Schließlich sei noch vor Kühen gewarnt, die eine besondere Vorliebe für farbenfrohe Autos haben sie voller Neugier genau untersuchen, die Plastikteile abfressen und ihre Hörner am Lack wetzen.

Die Höflichkeit ist eine Zier ... Im Großstadtverkehr blitzt die Höflichkeit nur noch selten auf, das Autofahren ist zu einem harten Positionskampf geworden. Im Gebirge jedoch trifft man noch auf eine gewisse Zuvorkommenheit. Ein Einheimischer fährt auf einspuriger Straße wohl immer an den Straßenrand, wenn ein schnelleres Fahrzeug ihn überholen will. Daneben fällt natürlich die verbissene Sturheit mancher Fremden besonders auf. Das macht vor allem im Ausland keinen guten Eindruck, und die Einheimischen sind dann mit ihrem Pauschalurteil »so sind die Deutschen« schnell bei der Hand. Besonders die Schweizer und Franzosen schauen uns sehr kritisch an.
Sicher kostet es ein wenig Selbstüberwindung, mit unserem Wirtschaftswunderwagen so weit rechts wie möglich zu fahren, das Tempo ein wenig herabzusetzen, um etwa einen kleinen Fiat 600 mit offener Motorhaube heulend an uns vorbeiziehen zu lassen. Aber es ist eine Tatsache, daß er trotz seiner wenigen PS ungleich schneller von der Stelle kommt, schließlich ist er hier zu Hause und kennt Strecke und Gewohnheiten.

Hotels, Gasthäuser, Zeltplätze, Wohnwagen

Trotz des immer stärkeren Reisestromes bis hinauf in die letzten Alpentäler finden wir meist noch ein Plätzchen zum Übernachten, in Hotels, Gasthäusern oder Privatquartieren, je nach Neigung und Geldbeutel. Wenden wir uns gleich an die lokalen Fremdenverkehrsbüros, die wir von jedem Einheimischen erfragen können, dann sparen wir viel Zeit und Herumfahren. Wollen wir unsere Reisekasse schonen, suchen wir uns kleine, vom Fremdenverkehr wenig berührte Orte in der Nähe der großen Urlaubsmetropolen. Als Autofahrer sind wir damit ebenfalls »dabei« und leben doch billiger. Neben der großen Schar der gut geführten Häuser gibt es immer wieder auch ein paar schwarze Schafe, die den Reise-Boom für unverschämte Preise etc. ausnützen. Haben Sie einen wirklichen Grund zur Klage, dann beschweren Sie sich beim örtlichen Verkehrsbüro. Sie erfüllen damit eine soziale Aufgabe! Schließlich noch einen kleinen Tip für Speiserestaurants: wo sich die Einheimischen treffen, können auch wir meist gut und preiswert essen.

Wer lieber im Zelt schläft, kann dies nicht nur am Meer, sondern ebensogut im Hochgebirge. Das Netz der Campingplätze wird bis hinauf in die höchsten Täler immer dichter. Um nicht zu frieren, sollten wir einen guten Schlafsack besitzen. In der Hochregion, also oberhalb der Ortschaften, ist auch das sogenannte wilde Zelten ein großes Erlebnis. Wir sollten dabei jedoch landwirtschaftlich genutzte Flächen und Wiesen mit Kühen meiden. Das Wasser aus den Bächen kann man trinken, wenn keine Häuser oder größere Almflächen im Einzugsgebiet liegen. In manchen schweizerischen Gegenden (z. B. Engadin) wird das wilde Zelten jedoch nicht gerne gesehen.

Wohnwagen hingegen sind für unsere Traumstraße denkbar ungeeignet, auch wenn die Pässe mit wenigen Ausnahmen gemeistert werden können. Wir nehmen uns aber jede Freude an der Bergfahrten, wenn wir derartig langsam und unbeweglich sind, zudem blockieren wir den Verkehr in fast unzumutbarer Weise.

Die Wanderungen

Der bekannte Schriftsteller Walter Pause hat einer kleinen Buchreihe den treffenden Titel gegeben: »Wer viel geht, fährt gut.« Dies soll auch unser Leitmotiv sein. Gerade bei längeren Sight-Seeing-Fahrten überfallen uns so leicht Mißmut und Unlust und sogar eine gewisse Aggressivität. Dagegen hilft jedoch unfehlbar unser Wundermittel: spazierengehen und bergsteigen, sich anstrengen und etwas erleben. Die zwanzig beschriebenen Wanderwege können trotz des hochalpinen Charakters mancher Route von jedem gesunden Menschen, der noch die Kraft hat, zwei bis drei Stunden bergauf zu steigen, gegangen werden. Es gehören jedoch eine entsprechende Ausrüstung und eine gute Portion Vernunft dazu.

Da Sie sicher auch späterhin noch manches Mal im Gebirge unterwegs sein wollen, sollten Sie sich von Anfang an ein paar richtige Bergstiefel kaufen aus kräftigem Rindsleder mit einer steifen, grobprofiligen Sohle. Nur mit ihnen hat der Fuß zum Beispiel auch auf schmierigem Boden sicheren Halt. Dazu gehören kräftige Wollkniestrümpfe, eine Kniebundhose (kein Cordsamt), ein Flanellhemd, ein Pullover, ein Stoffanorak, ein federleichter Regenmantel aus Perlongewebe und ein Paar Wollhandschuhe. Damit sind wir für jedes Wetter perfekt ausgerüstet.

Doch die beste Ausrüstung nützt nichts, wenn die bergsteigerische Vernunft fehlt. Vor allem müssen wir auf das Wetter achten. Oft finden wir bei dichtem Nebel selbst auf einem gut angelegten Steig nicht zum Ausgangspunkt zurück. Droht eine Wetterverschlechterung, prägen wir uns schon beim Hinweg alle entscheidenden Punkte für den Abstieg ein, merken uns z. B. bei der Abzweigung den richtigen Rückweg. Auf undeutlichen Pfaden oder gar im weglosen Gelände dürfen wir bei zweifelhaftem Wetter sowieso nicht weitergehen. Auch ein Gewitter kommt nie aus »heiterem Himmel«. Die Luft ist schon Stunden vorher gewitterträchtig, die Wolken machen einen zunehmend verdächtigen Eindruck. Selbst wenn man ein Gewitter heranrücken sieht, bleibt bis zu seinem Hereinbrechen noch immer ausreichend Zeit, zumindest aus dem blitzgefährdeten Bereich zu fliehen. Wer im Gebirge vom Blitz getroffen wird, hat es fast ausnahmslos sich selbst zuzuschreiben. Bei Gewittergefahr gibt es nur eine Möglichkeit: rechtzeitig absteigen!

Eine lebensgefährliche Unsitte ist schließlich das Abschneiden von Wegen im Gelände, das wir nicht voll einsehen können. Überall lauern Abbrüche und Steilhänge, Schluchten und Dickichte. Fast ohne Ausnahme sind die Wege im Gebirge so angelegt, daß sie die kürzeste, beste und sicherste Route benützen, das Abschneiden lohnt deshalb sowieso nicht.

Wegbeschreibungen der Wanderungen

1 Durch den Ötschergraben
(siehe Seite 14)

Abzweigung von der Hauptroute: In Mariazell, dem Ziel der ersten Etappe.
Zufahrt mit dem Auto: Auf der Straße nach Mitterbach und St. Pölten etwa 1 km nach Norden, dann links ab zum Hotel Herrenhaus am Erlaufsee (2,5 km) mit Badegelegenheit. Am Ostende des Sees über die Brücke und nach Norden zur Talstation des Sesselifts zur Gemeindealpe (2,5 km).
Ausgangspunkt der Wanderung: Talstation des Sessellifts zur Gemeindealpe knapp westlich von Mitterbach.
Die Wanderung: Mit dem Lift auf den Gipfel der Gemeindealpe (1626 m) mit dem Terzerhaus. Nun auf dem gut angelegten, rot markierten Steig erst steiler, dann flach längs des Westrückens abwärts zum Eisernen Herrgott. Hier rechts ab und in Kehren auf dem steilen Rücken des Geißriedels tiefer. Kurz nach links und dann durch Hochwald gerade hinab zum Gasthaus Stöckl (888 m). Immer noch auf dem rot markierten Weg durch den Greimelgraben in den Ötschergraben. Hier nach rechts und immer in der Talsohle der großartigen Schlucht auf gutem Steig (gelb markiert) talaus bis zum Stierwaschboden. Ab hier zwei Möglichkeiten: 1. Über den Bach und rechts einwärts zum Lassingfall. Im Tal zum Lassing-Stausee und zur Haltestelle Wienerbruck. 2. Auf der linken Talseite bleiben und unter den Hinteren Tormäuern talaus zur Einmündung des Angerbachs (breiter Boden). Über diesen Bach und einer roten Markierung folgend auf einem Fahrweg in weiten Kehren zur Haltestelle Gösing. Die Rückfahrt erfolgt mit der Mariazellerbahn. (Vor dem Aufbruch in Mitterbach nach dem Fahrplan erkundigen!)
Zeiten und Charakter: Gemeindealpe – Wirtshaus Stöckl = $1^1/_4$ Std.; Wirtshaus Stöckl – Ötscher Hias = $1^1/_2$ Std.; Ötscher Hias – Wienerbruck = $1^1/_4$ Std.; gesamt 4 Std. (Ötscher Hias – Gösing = $2^1/_2$ Std.; gesamt Gemeindealpe – Gösing = $5^1/_4$ Std.). Eine leichte Bergwanderung auf guten Steigen, jedoch relativ lang. Auch für Kinder ab 10 Jahren geeignet.

2 Admonter Kalbling und Sparafeld
(siehe Seite 24)

Abzweigung von der Hauptroute: In Admont, dem Ziel der zweiten Etappe.
Zufahrt mit dem Auto: In Admont unter der Bahn hindurch und genau nach Süden durch den Veitelgraben bis zum Gasthaus Paradies. Auf unasphaltierter Straße in Kehren am linksseitigen Hang empor und dann hoch über dem Bachlauf talein zum Gasthaus Nagelschmiede. Hier linksum in die Kaiserau und weiter auf der neuen »Kalbling-Höhenstraße« (Maut, max. 10%) zum Straßenende am Kalblinggatterl.
Ausgangspunkt der Wanderung: Kalblinggatterl (1543 m).
Die Wanderung: Vom Kalblinggatterl nach Norden auf den Kalbling zu, zuerst durch Wald, dann über sehr steile Wiesen gegen die Felsen empor. Knapp unter ihnen nach links und unter der Westwand entlang. Später wieder über steile Wiesen zur flachen Gipfelabdachung. In einem Bogen nach rechts zum Kalbling-Gipfel ($1^1/_2$ Std.) oder knapp vorher links leicht abwärts in einen Sattel und am Schluß steiler auf das Sparafeld.
Zeiten und Charakter: Kalblinggatterl – Kalbling = $1^1/_2$ Std.; Übergang Kalbling – Sparafeld = $^1/_2$ Std. Trotz des angelegten Steigs erfordert die Wanderung einige Trittsicherheit und Schwindelfreiheit. Nicht bei Nebel durchführen! Auch für Kinder ab 8 Jahren.

3 Lawinenstein
(siehe Seite 34)

Abzweigung von der Hauptroute: Auf der Schnellstraße bis 1 km vor Mitterndorf zweigt nach Norden die Tauplitz-Almstraße (Maut, gut beschildert) ab. Fahrt bis zum Parkplatz am Straßenende.
Ausgangspunkt der Wanderung: Parkplatz am Unterende der Tauplitzalm.
Die Wanderung: Vom Parkplatz auf dem linken Fahrweg in wenigen Minuten empor in einen kleinen Sattel. Hinüber zum nun sichtbaren Sessellift. Entweder Liftfahrt oder Aufstieg zu Fuß. In letzerem Fall in einem Bogen oberhalb der Liftstation nach rechts zu einem Gasthaus. Hier scharf nach links empor, unter dem Lift hindurch und nun immer nach Westen, etwa in Richtung des Lifts, erst durch lichten Hochwald, dann durch Latschen und über Grasflecken zur Bergstation. Auf dem gut sichtbaren Steig über das wellige Plateau nur noch wenig steigend zum höchsten Punkt.
Zeiten und Charakter: Zu Fuß in 2 Std.; bei Liftbenützung in 1 Std. Vollkommen gefahrlose und sehr gemütliche Wanderung, auch für Kinder ab 5 Jahren gut geeignet, nur bei Nebel besteht die Gefahr des Verlaufens.

4 Schafberg
(siehe Seite 42)

Ausgangspunkt der Wanderung: St. Wolfgang, Schafbergbahnhof.
Die Wanderung: Fahrt mit der Zahnradbahn zum Schafberggipfel (1783 m). Nach Westen auf einem Steig zur Himmelspforte hinab. Hier rechts ab in die steile Nordflanke (Versicherungen) und rechts hinüber zum Kessel des Suissensees. Bei der Verzweigung rechts und zum Grünsee. Kurz aufwärts und jenseits hinab zum Münichsee (1262 m). Weiter auf dem linken Weg nur leicht steigend über Wiesen zu den Vormaueralmen. Beliebig nach Süden auf den nahen Vormauerstein, nur das letzte Stück ist steiler und etwas felsig. Zurück zu den Almen und schräg links abwärts auf dem markierten Steig in den Hochwald und tiefer unten nach rechts zu den Wiesen der Sommeraualmen. Links hoch über dem Tiefenbach im Hochwald gerade abwärts bis zu einer Kapelle. Rechts ab und hinab nach St. Wolfgang. Durch den Ort zurück zum Bahnhof.
Zeiten und Charakter: Gesamtzeit $3^1/_2$ Std. Bis zum Suissensee erfordert die Tour trotz der Steiganlage einige Trittsicherheit.

5 Riemannhaus
(siehe Seite 52)

Abzweigung von der Hauptroute: Saalfelden, das direkt östlich der schnellen Straße nach Zell am See liegt.
Zufahrt mit dem Auto: Durch Saalfelden und auf der Talstraße nach Maria-alm (802 m). Von der Hauptstraße ab und in den Ort hinüber. Immer diesseits des Baches bleiben! Bei der Talverzweigung links und auf dem nun schon kleinen Straßerl immer im Tal zur nächsten Bachverzweigung. Nun rechts neben dem linken Bach weiter erst über Wiesen, dann im Wald auf einem immer schlechter werdenden Fahrweg empor bis zur abschließenden Schranke. Die Straßendecke ist so holperig, daß sie einen geschickten Autofahrer erfordert.
Ausgangspunkt der Wanderung: Siehe Zufahrt.
Die Wanderung: Vom Ende der öffentlichen Straße auf dem Fahrweg in weiten Kehren über die Schutthalden empor zur Talstation des Materiallifts. Ab hier Fußsteig, der durch die gesamte Steilstufe bis zum Riemannhaus (2177 m) hinaufführt und kaum zu verfehlen ist. An den schwierigen Stellen ist er mit Drahtseilen versichert.
Zeit und Charakter: Vom Straßenende in $2^1/_2$ Std. zur Hütte. Dieser Aufstieg

erfordert Trittsicherheit, Schwindelfreiheit und gutes Schuhwerk.
Wanderung zum Kienberg: Mit dem Auto von Saalfelden über Pabing bis Bachwinkl. Sich links haltend zum Bach und talein zur Brücke. Jenseits auf dem guten, markierten Steig in langen Kehren durch Hochwald aufwärts bis zu einem Bildstock an der Waldgrenze. Der Weg zur Wiechenthaler-Hütte zieht rechts in den Hang, während wir gerade über den Rücken zum freien Gipfel des Kienbergs ansteigen.
Zeit und Charakter: 1½ Std. Wanderung ohne alle Schwierigkeiten, für Kinder etwas einförmig.

6 **Hundstein**
(siehe Seite 62)
Abzweigung von der Hauptroute In Thumersbach, das man von Zell am See auf der Straße nördlich um den See erreicht.
Zufahrt mit dem Auto: Zwischen Brücke und Kirche von der Hauptstraße nach links ab und immer im Talgrund einwärts bis zum Gasthaus Waldheim.
Ausgangspunkt der Wanderung: Gasthaus Waldheim (1000 m) am östlichen Ende des Thumerbachtals.
Die Wanderung: Kurz einwärts zur Bachverzweigung. Zwischen den beiden Tälern auf bequemem breiten Weg durch sehr steilen Wald zur Rupertialm hinauf. Nun entweder gleich bei den Almen wieder nach links in die Hänge und in einer weiten Schleife über freies Gelände in den Sattel vor dem Ochsenkopf oder direkt über die Wiesen auf den oberen Teil des Weges. Der Ochsenkopf (1994 m) läßt sich über den Grasrücken von hier aus in wenigen Minuten besteigen. Der Weiterweg zum Hundstein führt quer durch die Nordflanke des Ochsenkopfs in den nächsten Sattel und zieht dann in einem langen Bogen durch die Nordflanke zum Hundsteingipfel. Näher, aber steiler aus dem letzten Sattel direkt über den Grat (markierter Steig).

Zeiten und Charakter: Gasthaus Waldheim – Rupertialm = 1½ Std.; Rupertialm – Hundstein = 1½ Std.; Gesamtzeit 3 Std.; Gasthaus Waldheim – Ochsenkopf = 2¼ Std. Dank des ausgezeichneten Weges eine gefahrlose Wanderung, auch für Kinder ab 10 Jahren.

7 **Lienzer Dolomiten**
(siehe Seite 70)
Abzweigung von der Hauptroute: Lienz, der Ausgangsort der 7. Etappe.
Zufahrt mit dem Auto: Direkt westlich des Lienzer Bahnhofs über die Gleise und die Drau und links ab nach Tristach. Weiter auf der Straße Richtung Lavant bis zum Waldrand. Hier Abzweigung nach rechts und immer den Schildern zur Dolomiten-Hütte nach. Unterwegs kommt man am Tristacher See (Bad) vorbei. Die Straße ist 10 km lang, überwindet 900 Höhenmeter und steigt bis 15%, schlechte Straßendecke.
Ausgangspunkt der Wanderungen: Der weite Wiesensattel direkt nördlich der Dolomiten-Hütte in 1580 m Höhe.
Wanderung zum Rauchkofel: Beginn der Markierungen direkt im Sattel. Fast gerade über Wiesen zum Wald und in ihm steil zu den Felsen empor. Schräg rechts empor zu einer Grasrunse und steil auf die Gipfelabdachung. Ganz nach links auf den höchsten Punkt.
Wanderung zur Karlsbader Hütte: In wenigen Minuten vom Sattel zur Dolomiten-Hütte (1620 m). Auf dem Fahrweg fast eben talein zum kleinen Wiesenboden bei der Instein-Hütte (1669 m). In weiten Schleifen, zwei Bachbetten überschreitend, über die mit Latschen und Schutt bedeckten Hänge aufwärts. Allmählich nach links und über Wiesen und eine kurze Steilstufe zur Karlsbader Hütte (2260 m), die am Laserzsee liegt.
Zeiten und Charakter: Sattel – Rauchkofel = 1 Std.; Sattel – Karlsbader Hütte = 2 Std. Der Aufstieg zum Rauchkofel erfordert etwas Trittsicherheit, er ist auch für Kinder ab 5 Jahren interessant und abwechlungsreich. Die Tour zur Karlsbader Hütte verläuft auf einem guten, gefahrlosen Weg, für Kinder ab 5 Jahren gut zu begehen, aber vielleicht etwas einförmig.

8 **Rund um den Langkofel**
(siehe Seite 78)
Ausgangspunkt der Wanderungen: Sellajoch (2214 m).
Der Höhenweg um die Langkofelgruppe: Der Steig beginnt beim Sellajoch-Haus knapp nördlich der Paßhöhe. Durch die Steinerne Stadt und über Wiesen zu einem Sattel mit dem Rifugio Comici (2155 m). Nach Norden ein Stück abwärts zum nächsten Wiesenboden und zur Wegverzweigung. Links weiter auf dem Stradalweg (Nr. 526) – nun wieder aufwärts – zum Col da Mesdi (2113 m). Kurz hinab und dann fast eben hinüber zur Ausmündung des Langkofelkars, wo man auf den Santnerweg trifft. Wenige Serpentinen abwärts bis zur Abzweigung des Weges Nr. 527. Auf ihm in einem langen Bogen, meist etwas steigend, um den Plattkofel herum bis ins Fassajoch (2302 m). Nun nach links auf dem Weg Nr. 4 unter den Südwänden der Langkofelgruppe ziemlich eben hindurch und zurück zum Sellajoch.

Der Weg durchs Langkofelkar: Vom Sellajoch mit dem Lift zur Langkofelscharte. Auf dem guten Weg (Nr. 525), der jedoch bis in den Sommer hinein von Firnfeldern unterbrochen wird, durch das gesamte Schuttkar hinab bis in Höhe der Langkofelhütte, die links liegenbleibt. Auf dem größeren Weg weiter abwärts, bis von rechts der Stradalweg einmündet (Nr. 526), siehe oben).
Zeiten und Charakter: Rund um die Langkofelgruppe 6 Std.; Langkofelkar und östlich um den Langkofel 3½ Std.; Langkofelkar – Fassajoch – Sellajoch = 4½ Std. Die Wege sind ordentlich angelegt und mit Nummern markiert, unangenehm ist allenfalls der Schnee im Langkofelkar. Für Kinder ab 10 Jahren kommt evtl. die östliche Rundtour in Frage.

9 **Monte Gaviola**
(siehe Seite 88)
Ausgangspunkt der Gipfelbesteigung: Das Hospiz auf dem Gaviapaß (2621 m).
Der Aufstieg: Der Monte Gaviola (3025 m) ist der erste Gipfel südöstlich der Paßhöhe. Man kann von der Straße schon den Steig sehen, der durch die Nordflanke emporführt. Vom Hospiz beliebig über Gras und rundgeschliffene Felskuppen zum Nordfuß des Berges, wo der im 1. Weltkrieg angelegte Weg beginnt. Anfangs auf recht gutem Steig im Zickzack über den Schutt empor, später wird der Weg kleiner und rutschiger. Knapp unter dem Grat verläuft er sich weitgehend im Geröll. Nun nicht den Spuren nach rechts folgen! Ein fast verschütteter Steig zieht schräg nach links empor, überwindet zwei kleine Felsriegel und verliert sich hinter einer Kante. Nun über Schutt und plattigen Fels noch soweit nach links, bis man den Hang zum Gipfel überblicken kann. Auf ihm zum höchsten Punkt empor.
Zeit und Charakter: Vom Paß zum Gipfel 1½ Std. Die Tour darf nur bei gutem Wetter und in schneefreiem Zustand begangen werden! Den Rückweg mit Steinmännern markieren! Bei richtiger Wegwahl erfordert der Aufstieg keine Kletterei.

10 **Piz Umbrail**
(siehe Seite 96)
Ausgangspunkt der Gipfelbesteigung: 200 m nördlich der Schweizer Zollstation auf dem Umbrailpaß (Wegweiser).
Der Aufstieg: Von der Straße in weni-

gen Minuten auf die erste Stufe. Nun über die stark gewellten Wiesen nach Nordwesten, wobei die zahllosen Steige, die zu kleinen Verteidigungsanlagen führen, etwas verwirren. Man muß immer den größten Weg heraussuchen, der ständig auf den sichtbaren Piz Umbrail zuläuft. Bis knapp unter die grauen Schuttfelder. Hier leicht nach rechts und auf dem nun nicht mehr zu verfehlenden Steig schräg über die steilen Geröll- und Sandhänge empor auf die Abdachung nördlich des Gipfels. Nun ziemlich gerade – eher etwas links halten – über Schutt zum Gipfelgrat und knapp rechts der Schneide zu den drei fast gleichhohen Gipfeln.
Zeit und Charakter: Vom Paß zum Gipfel 2 Std. Ist der Steig in gutem Zustand, dann bietet der Piz Umbrail keine Schwierigkeiten. Unannehmlichkeiten können jedoch Firnfelder bereiten. Nicht bei Nebel! Bei den Grenzposten erkundigen!

11 **Fuorcla Surlej**
(siehe Seite 104)
Abzweigung von der Hauptroute: In Silvaplana.
Zufahrt mit dem Auto: Von der Abzweigung bei Silvaplana in 1,5 km hinüber nach Surlej zur Talstation der Corvatsch-Bahn.
Die Wanderung: Mit der Seilbahn zur Mittelstation. Auf gutem, neuem Weg hinüber in die Fuorcla Surlej (2755 m). Über den ersten etwas steileren Hang nach Westen hinab zu einer Wegverzweigung. Wir halten uns rechts und wandern immer schräg rechts abwärts bis zum Hahnensee. Noch knapp vor dem See Abzweigung nach links. Durch Wald hinunter nach Surlej.
Zeit und Charakter: Mittelstation – Fuorcla Surlej = 20 Min.; Fuorcla Surlej – Surlej = 2 Std. Der ordentliche, aber steinige Weg bietet keinerlei Schwierigkeiten; auch für Kinder ab 6 Jahren geeignet.

12 **Monte Tamaro und Monte Gambarogno**
(siehe Seite 112)
Abzweigung von der Hauptroute: An der Straße zwischen Cadenazzo und Locarno knapp vor der Brücke über den Tessin.
Zufahrt mit dem Auto: Von der Abzweigung über Magadino nach Vira. Hier links ab (Schild Indemini), unter der Bahn hindurch und in einigen Kehren an den Hängen empor. Bei der nächsten Gabelung scharf nach links. Von nun an immer auf der Hauptstraße in zahllosen Kehren zum Neggiasattel (1395 m) empor.
Ausgangspunkt der Wanderung: Neggiasattel zwischen Monte Tamaro (links) und Monte Gamborgno.
Aufstieg zum Monte Tamaro: Auf gutem Steig über den mit Buschwerk bewachsenen Hang direkt über dem Sattel empor zu einem Vorkopf. Auf oder nördlich neben dem Grat zum Gipfel (1962 m).
Aufstieg zum Monte Gambarogno: Über den breiten Wiesenrücken nach rechts empor zur Bergstation eines großen Lifts. Auf steilem Viehweg zum Grat und linksum zum Gipfel.
Zeit und Charakter: Neggiasattel – Monte Tamaro = 2 Std.; Neggiasattel – Monte Gamborgno = 1 Std. Die beiden Touren sind ohne Schwierigkeiten. Auch für Kinder ab 5 Jahren geeignet.

13 **Lucendrosee und Lucendropaß**
(siehe Seite 120)
Ausgangspunkt der Wanderung: Gotthardpaß (2108 m).
Die Wanderung: Vom Nordende der Paßhöhe auf Fahrweg hinüber zur schon sichtbaren Staumauer des Lucendrosees. Unter der Mauer hindurch und jenseits auf breitem Serpentinenweg empor. Am Nordufer des Sees entlang und zu den Lucendroalmen. Nun immer an den Hängen links über dem Bachtal einwärts zum obersten Boden und steil hinauf zu den Militärbaracken am Paß (2524 m). Zur Lücke im Lucendro-Ostgrat: Von den Hütten in den weiten Schuttsattel hinab und auf einem kleinen Steig quer zum Grat hinüber (10 Min.). Zum Südgipfel des Pizzo della Valletta (2748 m): Von den Hütten auf kleinem Steig längs des Grates nach Osten (links), wobei die ersten Felszacken links umgangen werden; ein Stück steiler auf dem Grat empor, dann entweder in die sehr steile rechte Flanke oder über Blockwerk direkt auf dem Grat; sobald das Gelände flach wird nach links hinüber in einen Schuttsattel und über ein zyklopenhaftes Blockfeld zum Gipfel. Der höchste Punkt wird durch eine Felsnadel gebildet, die nur in sehr schwieriger Kletterei erreicht werden kann.
Zeiten und Charakter: Gotthardpaß – Lucendroalmen = 1 Std.; Lucendroalmen – Lucendropaß = ³/₄ Std.; Lucendropaß – Pizzo della Valletta = ³/₄ Std. Bis zum Lucendropaß dank des guten Steigs für jeden zu begehen, der weitere Aufstieg zum Gipfel des Pizzo della Valletta erfordert einige Gewandtheit. Die Tour ist wegen der reichen Abwechslung für Kinder sehr geeignet.

14 **Große Scheidegg**
(siehe Seite 130)
Abzweigung von der Hauptroute: In Willigen direkt südlich von Meiringen.
Zufahrt mit dem Auto: Von Willigen auf der kleinen, teilweise steilen (12%) Straße nach Rosenlaui und zum Parkplatz bei der Schwarzwaldalp (1454 m).
Die Wanderung: Am Gasthaus Schwarzwaldalp links vorbei und auf dem Fahrweg hinauf zu den Wiesen von Alpiglen (1661 m). Etwa auf halber Höhe der Almfläche liegen drei Hütten nebeneinander. Von ihnen fast eben nach links zum Rand der freien Fläche, über zwei Bäche und dann wieder aufwärts über Wiesen zum Ahorniseck, einer scharfen Grasschneide. Auf ihr empor bis in Höhe der Großen Scheidegg (1961 m) und in diesen weiten Sattel hinüber. Abstecher nach Norden zu P. 2117: Vom Sattel anfangs auf dem Rücken, dann links in der Flanke des Kühmattenhubels um diesen Kopf herum in die Scharte dahinter. Bis hierher breiter Promenadeweg, der nun nach links zum »First« abbiegt. Wir bleiben jedoch auf dem Grat (pfadlos), der bald steiler ansteigt. Wir folgen ihm solange, bis er senkrecht in eine kleine Scharte abbricht.

Zeiten und Charakter: Schwarzwaldalp – Alpiglen = 40 Min.; Alpiglen – Große Scheidegg = 1³/₄ Std.; Große Scheidegg – Punkt 2117 = 30 Min.; Gesamtzeit 3 Std. Bergwanderung ohne Gefahren. Man muß nur aufpassen, um bei Alpiglen die richtige Abzweigung zu finden, denn der Weg über das Ahorniseck ist viel spannender als der übliche Aufstieg, der weiter nördlich verläuft. Für Kinder vielleicht etwas einförmig.

15 **Am Fuß des Montblanc de Cheilon**
(siehe Seite 138)
Abzweigung von der Hauptroute: In Sion, dem Ziel der 15. Etappe.
Zufahrt mit dem Auto: In Sion über die Bahngleise und die Rhone. Gleich dahinter folgt die Straßengabelung. Nun entweder rechts auf der größeren Strecke über Vex, Euseigne (sehenswerte Erdpyramiden) talein, oder links abbiegend nach Bramois hinüber und über Mase und St. Martin in das innere Tal. Auf der dann gemeinsamen Straße nach Les Haudères. Hier rechts ab und hinauf nach Arolla. Am Beginn des kleinen Ortes rechts empor auf der Serpentinenstraße bis zum obersten Hotel.
Die Wanderung: Auf dem Fahrweg nach rechts, bis zu der Stelle, wo »Cab. des Dix« mit roter Farbe auf einen Felsen gepinselt ist. Nun gerade auf dem

Fußweg aufwärts. Im Zweifelsfall hält man sich immer etwas links. Der Steig zieht einwärts in das Tal und ist bis zum Pas de Chèvres nicht mehr zu verfehlen.
Zeit und Charakter: Arolla – Pas de Chèvres = $2^1/_2$ Std. Die ganze Tour verläuft auf einem steinigen, aber überall sehr gut begehbaren und völlig gefahrlosen Weg. Nur das letzte Stück in die Scharte empor ist etwas steiler. Auch für Kinder ab 10 Jahren geeignet.

16 **Col de Balme und Trientgletscher**
(siehe Seite 148)
Ausgangspunkt der Wanderungen: Trient am Westfuß des Col de la Forclaz.
Wanderung zu Col und Tête de Balme: Von der Kirche in Trient mit dem Auto auf der Dorfstraße talein, über den Bach und noch 1 km weiter zu den letzten Häusern von Le Peuty. Nun zu Fuß in der bisherigen Richtung weiter über leicht steigende Wiesen zur Ausmündung des Baches Nant Noir. Über die Brücke und jenseits gleich durch den sehr steilen Wald in zahlreichen Kehren hinauf zur Baumgrenze. Nun bald nach rechts schräg über die Wiesen zu den Almen von Les Herbagères (2033 m) und in den nun sichtbaren Sattel empor. Der Weg berührt dabei nicht den tiefsten Einschnitt, sondern eine Kuppe knapp links (östlich) darüber. Beim Weiterweg zur Tête de Balme (2321 m) steigt man die wenigen Meter in die tiefste Einschartung ab und wandert jenseits gerade über die Grashänge zum Gipfel empor. Von hier in wenigen Minuten über den Grasgrat nach Norden zur etwas höheren Nachbarkuppe mit dem Namen L'Arolette (2330 m). Jetzt rechts abwärts in den Sattel vor dem folgenden Gipfel, dem Croix de Fer, wo man wieder auf einen Weg trifft. Man wählt bei der Verzweigung den rechten, oberen Weg, der knapp unter dem Croix de Fer nach Norden zieht. Auch der folgende ganz kleine Kopf, Pointe du Van, wird links umgangen. Anschließend folgt man ein Stück dem Grat, umgeht den nächsten Graskopf rechts und trifft schließlich auf einen Steig, der quer über den Grat läuft. Auf ihm steigt man nach rechts ab. Bei der Verzweigung im Wald geht man geradeaus weiter – nicht links! – und kommt genau beim Auto in Le Peuty heraus.
Wanderung zum Trientgletscher und Übergang zum Col de Balme: Mit dem Auto von der Kirche in Trient auf der Dorfstraße talein, über den Bach und nun auf holperiger Straße noch 2 km zu einem Kieswerk (Vorsicht Lkw-Verkehr!). Von hier auf dem Weg immer rechts über dem Bach einwärts bis zur Brücke bei der Bergwirtschaft (1583 m). Hier über den Bach und weiter im Bachtal, anfangs auf Steig, dann pfadlos, bis zur Zunge des Gletschers. Zurück zur Brücke und jenseits auf dem Steig empor bis vor den nächsten Bach. Nicht über ihn, sondern vorher steil bergauf zu den Les-Grands-Almen. Von hier langer, fast waagrechter Querweg über La Remointse nach Les Herbagères. Weiter wie bei der Wanderung zum Col de Balme.
Zeit und Charakter: Trient – Col de Balme – Tête de Balme – Trient = $4^1/_2$ Std.; Trient – Trientgletscher = $1^1/_4$ Std.; Trient – Trientgletscher – Col de Balme – Trient = 6 Std. Diese verschiedenen Wanderungen verlaufen auf guten Steigen und bieten keine Schwierigkeiten und Gefahren. Für Kinder ist die Tour zur Gletscherzunge zu empfehlen, die beiden anderen Möglichkeiten sind recht lang.

17 **Val Veni**
(siehe Seite 158)
Abzweigung von der Hauptroute: Von Entrèves am Südportal des Montblanctunnels Richtung Courmayeur bis zu den ersten Häusern von La Saxe. Hier zweigt in spitzem Winkel nach rechts die Straße in die Val Veni ab.
Zufahrt mit dem Auto: Auf der Straße in die Val Veni und immer südlich oberhalb des Baches talein bis Visaille.
Ausgangspunkt der Wanderung: Restaurant Visaille am Ende der Teerstraße in der Val Veni.
Die Wanderung: Von Visaille auf dem Sträßchen einwärts bis zur Verzweigung am Combalsee. Abstecher nach rechts zu den Häusern und zum Miagesee. Anschließend auf der linken Straße weiter talein am Südrand der Combalebene entlang. Dann steigt der Fahrweg steiler an zu den Unteren Lee-Blanche-Almen. Bei der Verzweigung links einwärts zu den Oberen Lee-Blanche-Almen und weiter zum Col de la Seigne (2516 m).
Zeit und Charakter: Visaille – Lac de Combal = $^3/_4$ Std.; Lac de Combal – Rifugio Elisabetta = $1^1/_4$ Std.; Rifugio Elisabetta – Col de la Seigne = $1^1/_4$ Std.; gesamt $3^1/_4$ Std. Die guten Wege bieten keinerlei Gefahren und Schwierigkeiten. Mit Kindern sollte man nur bis zu den beiden Seen gehen, wo es viele Spielmöglichkeiten gibt.

18 **Lac Lérié**
(siehe Seite 166)
Abzweigung von der Hauptroute: La Grave, das Ziel der 18. Etappe.
Zufahrt mit dem Auto: 1 km oberhalb von La Grave führt die Lautaretstraße durch einen Tunnel. Beim Ostportal zweigt das Sträßchen nach Les Terrasses ab. Es steigt mit einigen Kehren steil (15%) an den Hängen empor. Bei der Verzweigung biegt man nach links ab und kommt so nach Les Terrasses und nach Le Chazelet (1750 m).
Die Wanderung zum Lac Lérié: Von Le Chazelet fährt man mit dem Auto noch 500 m weiter bis zur Talstation der beiden Skilifte. Nun links über den Bach und auf dem linken der beiden Wege über die Wiesen empor. Weiter oben hält man sich rechts und kommt so noch rechts des Lifts auf den Rücken empor. Nun nahezu waagrecht um den Serre Bernard – der Kopf rechts oberhalb – im Süden herum. Nach dem Galanbach beginnt der Weg wieder zu steigen. Bei der nächsten Verzweigung hält man sich links und kommt in ein kleines Tälchen. Es mündet auf eine Hochfläche, die der Weg bis fast zum südlichen Rand überquert. Er trifft genau auf den kleinen Lac Lérié (2380 m).
Zeiten und Charakter: Le Chazelet – Liftstation = 1 Std.; Liftstation – Lac Lérié = $1^1/_2$ Std.; gesamt $2^1/_2$ Std.

19 **Refuge du Glacier Blanc**
(siehe Seite 174)
Abzweigung von der Hauptroute: In Briançon.
Zufahrt mit dem Auto: Von Briançon auf der Hauptstraße talaus bis zu dem kleinen Ort Prelles (7 km). Hier nicht über die Durance, sondern rechts bleiben und auf dem kleinen Sträßchen, das bald hoch über dem scharf eingeschnittenen Tal entlangführt, nach Villard Meyer. Bald darauf biegt es rechts in das Vallouise-Tal ein. Immer auf der Hauptstraße bis Ailefroide und dann auf dem kleinen Straßerl steil (15%) hinauf zur Cézanne-Hütte.
Die Wanderung: Von der Cézanne-Hütte einwärts zum Talschluß. Nun auf dem Weg in vier Kehren am steilen Hang empor bis zur Gabelung. Man hält sich rechts und steigt noch ein gutes Stück über den Steilhang hinauf, bis in Höhe der ersten Gletscherstufe. Nun auf den Eisstrom selbst und quer hinüber an das andere Ufer. Auf dem Weg endgültig zur Hütte empor.
Zeiten und Charakter: Refuge Cézanne – Gletscher = $1^1/_2$ Std.; Gletscher – Refuge du Glacier Blanc = $^1/_2$ Std.;

gesamt 2 St. Trotz des angelegten Weges eine hochalpine Tour, man sollte sich vor allem auf dem Gletscher an die richtige Trasse halten, um in keine versteckten Spalten und Löcher zu stürzen. Auch für Kinder ab acht Jahren interessant.

20 **Lac d'Allos**
(siehe Seite 182)
Ausgangspunkt der Wanderung: Col de la Cayolle.
Die Wanderung: Bei der ersten Biegung unterhalb der Paßhöhe auf der Südrampe der Straße zweigt nach rechts ein markierter Steig ab, der anfangs die Hänge quert, später leicht ansteigt. Bei der Verzweigung über dem kleinen Lac de Lausson wählt man den oberen Steig, der rasch zum Pas de Lausson (2605 m) hinaufzieht. Jenseits nicht gerade abwärts zum bereits sichtbaren Lac d'Allos (2229 m), sondern in einem weiten Bogen rechts um einen Rücken herum und dann bei den ersten Bäumen wieder nach links zu diesem reizvollen Bergsee. Ein kleiner Pfad führt rund um den See. Beim Rückweg folgt man anfangs wieder dem Steig zum Pas de Lausson, biegt bei der ersten Gabelung jedoch links ab. Bei der bald darauf folgenden zweiten Gabelung schlägt man den rechten Weg ein und steigt zum Col de la Petite Cayolle (2642 m) auf. Jenseits auf dem Weg solange abwärts, bis nach rechts der Fahrweg zum Col de la Cayolle abzweigt.
Zeiten und Charakter: Col de la Cayolle – Pas de Lausson = 1¼ Std.; Pas de Lausson – Lac d'Allos = ¾ Std.; Lac d'Allos – Col de la Petite Cayolle = 1¼ Std.; Col de la Petite Cayolle – Col de la Cayolle = 45 Min.; gesamte Rundtour 4 Std. Wanderung auf Wegen ohne besondere Gefahren; auch für Kinder ab zehn Jahren geeignet.

Paß- und Höhenstraßen
Eine kleine Statistik der wichtigsten Bergstraßen, die bei unserer Strecke und den dazugehörigen Wanderungen befahren werden.

Name des Passes, Gipfel etc.	Höhe	Land	max. Steigung	Ausgangs- und Zielort der Straße	Etappennummer
Monte Ceneri	554 m	CH	7%	Lugano – Bellinzona	12
Hals	655 m	A	11%	Pottenstein – Pernitz	1
Rohrer Sattel	853 m	A	8%	Pernitz – Rohr im Gebirge	1
Ochssattel	854 m	A	12%	Rohr im Gebirge – St. Aegyd	1
Schwarzbachwacht	868 m	D		Berchtesgaden – Bad Reichenhall	5
Gscheid	982 m	A	13%	St. Aegyd – Halltal	1
Iselsberg	1204 m	A	10%	Mölltal – Lienz	6
Sighignola	1321 m	I		Valle Intelvi	12
Mendelpaß	1363 m	I	12%	Eppan – Fondo	9
Neggiasattel	1395 m	CH	13%	Lago Maggiore	12
Montblanctunnel	1396 m	F/I	6%	Chamonix – Courmayeur	17
Schwarzwaldalp	1454 m	CH	15%	Rosenlauital	14
Col des Montets	1461 m	F	8%	Valorcine – Chamonix	16
Col de la Forclaz	1527 m	CH	8%	Martigny – Trient	16
Kalblinggatterl	1543 m	A	15%	Admont	2
Roßfeldstraße	1553 m	D	13%	Berchtesgaden	5
Col du Télégraphe	1570 m	F	8%	St. Michel – Galibierpaß	18
Sattel am Rauchkofel	1580 m	A	15%	Lienz	7
Tauplitzalm	1600 m	A	9%	Mitterndorf	3
Val Veni	1659 m	I		Courmayeur	17
Col de Valberg	1670 m	F	11%	Guillaumes – Beuil	20
Karerpaß	1742 m	I	15%	Fassatal – Bozen	8
Le Chazelet	1750 m	F	15%	La Grave	18
Col San Angelo	1791 m	I	12%	Höhlensteintal – Misurina	7
Passo Tre Croci	1809 m	I	14%	Misurina – Cortina	7
Malojapaß	1815 m	CH	12%	St. Moritz – Chiavenna	11
Refuge Cézanne	1873 m	F	15%	Vallouise	19
Campolungopaß	1875 m	I	13%	Arabba – Corvara	8
Tonalepaß	1883 m	I	12%	Val di Sole – Ogliotal	9
Arolla	2050 m	CH	10%	Val d'Hérens	15
Col du Lautaret	2058 m	F	8%	La Grave – Briançon	18
Falzaregopaß	2105 m	I	8%	Cortina – Buchenstein	8
Gotthardpaß	2108 m	CH	10%	Airolo – Andermatt	13
Col de Vars	2111 m	F	10%	Guillestre – Barcelonnette	19
Grödner Joch	2137 m	I	12%	Corvara – Grödental	8
Ofenpaß	2149 m	CH	10%	Münstertal – Engadin	10
Grimselpaß	2165 m	CH	9%	Haslital – Goms	14
Kleiner St. Bernhard	2188 m	I/F	8%	Aostatal – Bourg St. Maurice	17
Sellajoch	2214 m	I	11%	Grödental – Fassatal	8
Sustenpaß	2224 m	CH	9%	Wassen – Meiringen	14
Berninapaß	2323 m	CH	10%	Oberengadin – Puschlav	11
Col de la Cayolle	2327 m	F	10%	Barcelonnette – Guillaumes	20
Auronzo-Hütte	2330 m	I	16%	Misurina	7
Col d'Izoard	2361 m	F	12%	Briançon – Guillestre	19
Franz-Josephs-Haus	2362 m	A	12%	Glocknerstraße	6
Fuscher Törl	2404 m	A	12%	Glocknerstraße	6
Hochtor	2504 m	A	12%	Glocknerstraße	6
Umbrailpaß	2504 m	CH	11%	Bormio – Münstertal	10
Col du Galibier	2556 m	F	13%	St. Michel – Lautaretpaß	18
Edelweißspitze	2571 m	A	14%	Glocknerstraße	6
Gaviapaß	2621 m	I	18%	Ogliotal – Bormio	9
Stilfserjoch	2757 m	I	12%	Bormio – Vintschgau	10
Col de l'Iseran	2769 m	F	10%	Val d'Isère – Maurienne	18